기독교 허Her스토리

기독교 허Her스토리

백소영

숨겨진 이름을 찾아서

재능과 열정을 제도와 상황에 빼앗겨
일찍 죽기도, 오래 아프기도, 고통 받기도 했으나,
나에게 존재의 힘을 건네 주었던 나의 여성 계보,
김영신, 이시진 할머니,
조숙자, 조은자, 조범신 이모,
백경숙, 백정숙, 백명숙 고모,
그리고 어머니 조혜자….

당신들의 숨겨진 이름을 새기며
이 책을 바칩니다.

차례

프롤로그: 그녀들을 기억하며 9

기독교
허 Her 스토리

1 예수님의 제자로서 말씀을 사모한 베다니의 마리아 15
2 사마리아 여인의 관점에서 묻다 21
3 막달라 마리아의 '기쁜 소식' 27
4 우머니즘과 기독교의 '선택적 친화성' 33
5 교회의 보호자 뵈뵈 39
6 테클라와 트리피나의 여성 연대 45
7 동정녀 테클라의 영성 51
8 소비문화 한복판에서 묵상하는 이집트의 마리아 57
9 교회의 제도화, 여성의 패배? 63
10 몸의 고통과 여성의 언어 69
11 비리디타스, 힐데가르트를 살려 낸 힘 75
12 베긴, 어게인 81
13 카타리나의 후예들 1, 카타리나 쉬츠 젤 87
14 카타리나의 후예들 2, 카타리나 폰 보라 93
15 결혼은 여성의 '소명'인가요? 99
16 낭만적 결혼을 넘어, 취리히의 안나 105
17 마녀를 만든 사람들 111
18 아마도 저는 마녀인가 봐요 117
19 닉싱 Nixing, 거절하기 123

20 아직 도래하지 않은 여성을 기다리며, 헥싱과 엑싱 129
21 마리 당티에르의 '엑싱' 135
22 신의 대륙에 선 앤 허친슨 141
23 신음하는 케이크, 신음하는 맥주 148
24 세일럼의 '고통받는' 소녀들 154
25 신대륙에서의 여성 담론, '공화주의적 모성' 160
26 여왕인가 노예인가, '낭만적 여성성'의 함정 166
27 여왕도 종도 아닌, '노새'의 삶을 산 여인들 172
28 북아메리카의 미리암, 해리엇 터브만 178
29 여성의 성서, 엘리자베스 캐디 스탠턴 184
30 나는 내 인생의 작가예요, 샬롯 브론테 190
31 한 여자의 힘, 스크랜튼 대부인 197
32 로제타와 에스더의 길 204
33 조선 여성 그리스도인으로 사는 법? 211
34 불꽃으로 빙벽에 맞선 여인, 나혜석 1 218
35 불꽃으로 빙벽에 맞선 여인, 나혜석 2 225
36 '아버지'의 언어로 여성의 의미를, 전밀라 232
37 혼자가 아닌 연대의 힘으로, 최덕지 238
38 나야 뭐, 황득순 이야기 244
39 교회가 페미니즘을 싫어하는 이유 251
40 기독교 영페미니스트들이 온다 258
41 기독교와 페미니즘은 공존 가능한가? 264

에필로그: 보이지 않는 '그녀'를 드러내며 271

그녀들을 기억하며

프롤로그

기독교
허 Her 스토리

"값비싼 향유를 주께 드린, 막달라 마리아 본받아서…"

은혜로운 찬송을 부르며 신자들 대부분은 의심조차 하지 않았으리라. 건장한 청년의 1년 연봉에 해당한다는 비싸고 귀한 나드 향유, 그래서 평민들은 결혼이나 장례와 같이 아주 특별한 날을 위하여 평생에 한 번 준비할까 말까 한다는 기름을 예수님의 발에 부은 여인은 막달라 마리아였다고 말이다. 아무도 의문을 품지 않았고, 성경을 찬찬히 읽어 확인하지도 않았다. 하지만 정말 자신할 수 있는가? 향유를 주님께 부은 여인은 막달라 마리아였다고?

마태복음과 마가복음은 '향유 붓는 여인'을 비교적 비슷하게 기록한다. 마가복음 14장에 의하면 그 일은 시몬의 집에서 일어

프롤로그: 그녀들을기억하며 9

났다. "예수께서 베다니 나병환자 시몬의 집에서 식사하실 때에 한 여자가 매우 값진 향유 곧 순전한 나드 한 옥합을 가지고 와서 그 옥합을 깨뜨려 예수의 머리에 부으니"(3절). 그러나 마가는 여자의 이름은 언급하지 않는다. 마태복음 26장도 내용이 같다. "예수께서 베다니 나병환자 시몬의 집에 계실 때에 한 여자가 매우 귀한 향유 한 옥합을 가지고 나아와서 식사하시는 예수의 머리에 부으니"(6-7절).

아, 네 복음서 중에서 둘이 일치하니 이 일이 벌어진 장소는 베다니 시몬의 집이었구나! 이렇게 쉽게 결론지을 수가 없다. 성서학자들은 마가복음이 제일 먼저 기록되었고 처음 그리스도인들에게 돌려 읽혔다고 본다. 그리고 마태와 누가는 마가의 본문을 참고해서 각자 복음서를 작성했다고 한다. 그렇다면 마태는 마가의 증언을 거의 그대로 인용한 셈이다. 여자가 향유 붓는 모습을 보고 분개한 자가 '어떤 사람들'(마가)이거나 '제자들'(마태)이라는 정도만 미미하게 다를 뿐이다. 그렇게 분개한 이유가 비싼 향유를 팔아서 가난한 사람들을 돕지 않고 낭비했다는 것이라고 두 복음서가 똑같이 말한다. 예수님의 평소 교훈을 적용한다면 당연히 분개할 일이었다. 무려 삼백 데나리온이나 하는 값비싼 향유를 그리 사용할 일인가!

그런데 잠깐, 이상하다. 머리에 부었다고? 팔레스타인은 건조하고 흙먼지가 많이 날려서 비위생적일 수밖에 없는 지역이라, 식사에 초대된 손님들의 발을 깨끗한 물로 씻어 드리는 것은 일종의 환대 의례였다. 그러나 '머리에 기름을 붓는다'는 것은 상징하는 의미가 다르다. 유대 전통에서 제유식은 왕의 등극을 의미한다. 유혈혁명을 통한 힘의 등극이 아니라, 하나님의 영이 인정하여 등극하는 왕이라는 의미이고, 성령의 임재를 상징하는 '기름부음'이다. 만약 그렇다면 거기 모인 제자들이든 사람들이든 분개하기 전에 먼저 의아해해야 했었다. 왜 기름을 머리에 붓지? 아니, 사실 제자들이라면 이미 인지하고 있었어야 했다. 두 복음서 기자들은 이 사건을 예수님이 예루살렘으로 입성하신 뒤에 일어난 일로 기록한다. 사건의 실제 발생 순서가 그러하다면 '예수께서 왕'이신 것은 너무나 당연한 일이 아닌가! 예수님을 유대인의 왕, 호산나 호산나 찬양하며 우리를 구원해 줄 왕으로 반겼는데, 그분 머리에 나드 향유를 부은 것이 어찌 낭비일까!

제자들이나 사람들과 달리 예수님은 여자의 행동을 매우 칭찬하셨다. 마가복음 기자는 예수님이 이렇게 칭찬하셨다고 전한다. "가난한 자들은 항상 너희와 함께 있으니 아무 때라도 원하는 대로 도울 수 있거니와 나는 너희와 항상 함께 있지 아니하리라. 그는 힘을 다하여 내 몸에 향유를 부어 내 장례를 미리 준비하였느니라. 내가 진실로 너희에게 이르노니 온 천하에 어디서든지 복음이 전파되는 곳에는 이 여자가 행한 일도 말하여 그를 기억하리라"(마가복음 14장 7-9절). 마태복음 26장 11-13절도 마가복음의 증언과 거의 일치한다. 이 사건은 그저 일상의 환대 사건이 아니다. 예수님의 장례 준비를 상징한다. 그러니 앞으로 복음을 전하는 사명을 이행할 때마다 이 사건을 반드시 전하고, 그리스도를 따르는 공동체에서 기억하여라. 이것이 예수님의 준엄한 당부였다.

그러면 누가복음은 어떻게 증거하는가? 흥미롭게도 누가는 '향유 부은 여인' 본문을 비교적 앞쪽에 배치했다. 예수님이 아직 예루살렘에 입성하시기 전이다. 누가복음 7장에서는 예수님이 어느 바리새인의 식사 초대에 응하신다. 그때 한 여자가 등장하는데 마태복음이나 마가복음과는 사뭇 다르게 묘사된다. "그 동네에 죄를 지은 한 여자가 있어 예수께서 바리새인의 집에 앉아 계심을 알고 향유 담은 옥합을 가지고 와서 예수의 뒤로 그 발 곁에 서서 울며 눈물로 그 발을 적시고 자기 머리털로 닦고 그 발에 입 맞추고 향유를 부으니"(37-38절).

"한 여자"가 졸지에 "죄를 지은 한 여자"가 되었다. 물론 인간이기에 죄를 짓지 않고 살아가는 사람은 없지만, 유대 전통에서 "죄를 지은"이라는 표현은 매우 특별한 의미가 있다. 사람을 두 종류로 나누는 것은 인류의 보편적 습속 중 하나인데, 유대인들에게 사람은 단연코 의인 아니면 죄인이었다. 그러니까 이 여자는 유대의 율법을 따르지 않는 여자다. 특히 바리새파는 율법 조항을 일일이 지킨다는 명목으로 자신들을 분리시켰다(이것이 '바리새'의 뜻이다). 집주인인 시몬은 자기가 의인으로 살아간다고 자부하던 바리새파이었기에(40절 참조) 마음속으로 예수님을 의심했다. "이 사람이 만일 선지자라면 자기를 만지는 이 여자가 누구며 어떠한 자 곧 죄인인 줄을 알았으리라"(39절).

그러고 보니 시몬은 예수님을 온전히 따르는 마음으로 식사에 초대한 것이 아닌 듯하다. 민중이 예수님을 따르는 것과 예수님의 파격 행보를 보고서는 예수님이 어떤 사람인지 간파하려고 한 듯하다. 만약 이 시몬이 마태복음과 마가복음의 그 시몬과 동일 인물이라면 아마도 나병에 걸렸다가 예수님의 기적 행위로 나았을 바리새파 사람인 것일까? 사연이 어찌 되었든 예수님은 시몬의 속마음을 읽으시고 비유를 전하신다. 41절부터 전개되는 '탕감 받은 자의 감사' 비유다. 오백 데나리온 빚진 자와 오십 데

나리온 빚진 자 둘 다 빚을 갚을 능력이 없음을 채권자가 알고서 빚을 탕감해 주었다면, 어느 채무자가 채권자에게 더 감사하겠냐는 질문이었다. 시몬이 "많이 탕감함을 받은 자니이다"(43절) 대답하자 예수님은 "네 판단이 옳다" 하시고서는 시몬과 여자를 비교하신다. 시몬은 예수님이 식사하러 들어오실 때 발 씻을 물도 주지 않은 반면에, 여자가 향유와 눈물, 머리털을 환대의 도구로 사용한 것이 얼마나 큰 사랑과 감사의 표현인지를 강조하시며 여자에게 "네 죄사함을 받았느니라"(48절), "네 믿음이 너를 구원하였으니 평안히 가라"(50절) 말씀하신다. 누가복음의 경우에는 '향유 붓는 여인' 사건이 예수님의 장례와 관계가 없다.

'가난한 자들을 위한 복음서'라는 별칭에 어울리게 누가복음 기자는 특유의 신학적 구성을 복음서에 강하게 드러냈고, 이 사건 역시 '죄사함'이라는 메시지를 전하는 데 사용하고 강조하느라 그 여자의 이름을 밝히지 않고 대신 '죄 많은' 여자로 묘사했다. 이처럼 누가복음 본문의 초점은 죄사함이었지만, 이후 교회 전통에서는 이 본문을 그 여자가 평소 행실이 율법에 어긋났던 여자, 죄 많은 여자임을 증거하는 본문으로 활용했다. 급기야 가톨릭 교회의 해석권에 힘입어 그 여자가 '막달라 마리아'였다고까지 믿게 되었다. 이것이 전통傳統의 힘이다. 남자들이 이름을 가리고 심지어 다른 인물로 오해해도 아무 의심도 받지 않고 전해 내려오는 메시지와 습속의 총합, 그것을 전통이라 할 때 한 가지는 확실하다. 이 전통'들'을 만드는 작업에 여성은 참여해 본 적이 없었다는 것이다. 그러니까 '히스토리history'는 '그의his' '이야기story'였다는 말이다.

물론 성경에는 여성의 이름이 많이 등장한다. 단순히 남성의 보조자가 아니라 하나님의 딸로, 선지자로, 제자로 등장하는 사례도 많다. 그래서 성경이 '계시의 말씀'인 것이다. 강력한 가부장제를 통과하면서 오직 남자들만 전하고 기록한 텍스트인데도, '이 사건을 말하고 기억해야 한다'는 예수님의 말씀이 삭제되지 않은 까닭은, 그 '남자들'이 성령의 사람들이었기 때문이다. 하지만 그들이 '완전히' 성령에 사로잡힌 사람들은 아니었음을 마태와 마가와 누가의 본문만 읽어도 이미 드러나지 않는가! 그다지 큰일을 하지 않은 시몬의 이름은 기록하면서 '말하고 기억해야 하는' 여자의 이름은 왜 누락한 것인가? 왜 "한 여인" 혹은 "한 죄 많은 여자"로만 기록하였는가? 이 질문이 기독교 복음과 교회의 역사를 '그녀의 이야기 Her story'로 읽어 내야 하는 이유이다. 물론 그녀들'만'의 이야기라는 배타적 초청은 아니다. 그녀들의 이야기를 밝히고 전해야, 하나님의 계시인 성경의 핵심이 더더욱 풍성하게 드러난다는 뜻이다. 그래서 이제 시작한다. 하나님을 만났고 예수님과 동행했으며 성령 안에서 자신의 소명을 살아 냈던 여자들의 이야기를.

예수님의 제자로서
말씀을 사모한 베다니의 마리아

기독교
허 Her 스토리 **1**

    요한복음은 예수님의 발에 향유를 부어 그분의 장례를 준비한 여자가 베다니의 마리아였다고 전한다. 유월절 엿새 전이었다. 예수님은 자주 찾으시던 베다니의 나사로 집에 이르셨다. 예수님을 위해 잔치가 벌어졌고, 마르다는 여느 때처럼 식사 준비로 분주했다. "예수께서 죽은 자 가운데서 살리신"(12장 1절) 나사로는 예수님 곁을 지키고 있었다. 마리아의 오빠와 언니를 묘사한 뒤에 3절에 이렇게 나온다. "마리아는 지극히 비싼 향유 곧 순전한 나드 한 근을 가져다가 예수의 발에 붓고 자기 머리털로 그의 발을 닦으니 향유 냄새가 집에 가득하더라."

    누가복음의 증언과 겹치는 지점은 향유를 '발'에 부었다는 것이다. 마가와 마태가 '머리'에 기름을 부었다고 증언하는 반면, 누가와 요한은 '발'에 기름을 부었다고 한다. 2 대 2, 무승부 인가? 비슷하지만 서로 별개인 두 사건인가, 아니면 같은 사건을 누군가 다르게 증언하고 있는 것인가? 앞의 글에 이어 이번에도 의심이 담긴 질문을 던져 본다. 나만 이런 의문을 품은 것이 아니다. 여성주의 성서학자 엘리자베스 쉬슬러-피오렌자Elisabeth Schüssler-Fiorenza는 이러한 비판적 분석 방법론을 '의심의 해석학'이라고 불렀다.[1] 신앙이 부족하여 의심이 생긴다는 뜻이 아니다. 실제 사건이 실제 상황 그대로 전해지지 않았다는 것, 남성 중심의 취사선택이나 왜곡된 강조로 오해가 빈번하게 발생했음을 인정하자는 '팩트 체크'인 셈이다.

혹자는 이는 적어도 두 번 발생한 별개의 이야기라고 말한다. 여인 하나는 예수님 머리에 향유를 부었고, 베다니의 마리아는 예수님 발에 부었다는 말이다. 그럼 발에 향유를 부었다던 누가복음의 여인은 누구인가? 의심을 품고서 한 번 물어보자. 삼백 데나리온이나 하는 그 비싼 향유를 여인이 예수님에게 부은 사건이 (그것도 베다니를 거점으로) 두 번이나 발생했을 가능성이 얼마나 될까? 이는 필시 같은 사건으로 보인다. 그리고 무슨 이유인지 마가와 마태는 이 여인의 이름을 가렸다. 그리고 요한이 12장 본문에서 비로소 여인의 이름을 밝힌다. 바로 베다니의 마리아다. 예수님을 자주 초대하던 나사로의 집에서 으레 있던 환대의 발 씻김이었는데, 그날은 물 대신 순전한 나드 향유로 씻겨 드려서 특별했다. 더구나 수건이 아니라 마리아 자신의 머리털로 예수님의 발을 닦아 드렸다.

요한복음에는 마태가 '제자들'이라고 뭉뚱그렸던 투덜거림의 주체도 분명히 드러난다. "제자 중 하나로서 예수를 잡아 줄 가롯 유다가 말하되 어찌하여 삼백 데나리온에 팔아 가난한 자들에게 주지 아니하였느냐 하니"(4-5절). 이 구절만 읽어도 요한복음 본문이 실시간 생중계가 아님이 확인된다. 이 본문은 적어도 유다가 예수님을 팔아넘긴 사건 이후에 기록되었다. 요한복음을 읽고 있는 초대교회 교인들도 예수님의 십자가 사건 이후의 사람들이다. 요한복음의 저작연대를 2세기까지로 늦게 잡는 사람들도 있다. (그럼에도 1세기 말로 보는 것이 다수설이다.) 정확한 연대는 알 수 없으나 사복음서 중에서는 가장 늦게 쓰인 복음서라는 것은 분명하다. 이 본문을 기록한 저자는 유다의 불평 뒤에 숨은 속내까지 밝혔다. "이렇게 말함은 가난한 자들을 생각함이 아니요. 그는 도둑이라 돈궤를 맡고 거기 넣는 것을 훔쳐 감이러라"(6절). 이쯤 되면 요한복음의 저자는 틀림없이 세베대의 아들 사도 요한이다. 아니면 적어도 예수님이 사역하시는 동안 제자들 사이에서 일어난 일들에 정통하거나 이를 전해 들은 인물이다.

그런데 요한복음 저자는 이 사건의 주체인 '향유 붓는 여인'의 이름을 명백하게 밝힌다. 왜일까? 가장 늦게 쓰였으면서, 먼저 쓰인 복음서들이 기껏 그 이름을 가린 의도가 헛되게 그 이름을 불러낸 까닭은 무엇인가? 성서학자들 사이에서, 특히 여성주의적 시각의 학자들 사이에서 여러 추론이 설왕설래하지만, 한 가지 확실한 것은 '요한 공동체'는 이 여인의 이름을 명백히 알고 있었으며 굳이 가릴 필요가 없는 공동체였다는 것이다. 이는 요한 공동체 안에서 여성의 제자됨이 갖는 권위가 전혀 문제가 되지 않았음도 시사한다.

베다니의 마리아가 예수님의 제자라고? '제자'라고 불릴 자격은 열두 제자에게만 있지 않나? 일단 누가복음 10장을 보면 칠

십 인(어떤 사본은 칠십이 인)의 제자들을 세우시고 이들을 둘씩 파송하시는 장면이 나온다. 수제자, 애제자, 핵심 제자를 언급한다면 그 이름이나 수에 제한이 있겠지만, 예수님의 제자라고 칭할 만한 추종자들이 최소한 칠십 명이다. 더구나 성서 곳곳에 "예수를 따르는 여인들"이라는 표현이 자주 나오고, 남자 제자들이 다 도망간 십자가 아래나 무덤까지 따라간 여자 제자들의 이름은 복음서도 증거하고 있는 마당이다. 만약 '제자'라는 말이 스승의 발아래 앉아 스승의 말씀을 듣고 배우며 스승의 뜻대로 살아가고자 애쓴 추종자들의 칭호라면, 베다니의 마리아가 '제자'가 아닐 이유가 없는 셈이다.

또 우리나라만큼 성인 남성과 여성이 엄격하게 내외하던 유대 문화에서 세례가 혼성으로 시행되었을 가능성은 희박하다는 것이 성서학자들의 중론이다. 그러니까 남자 제자들이 남성 새신자들에게 세례를 베푸는 동안, 여성 새신자들에게는 여자 제자들이 세례를 베풀었을 것이라는 말이다. 심지어 남자 제자들 열두 명과 짝을 이룰 만한 여자 제자들 열두 명이 있었으리라는 가설도 있다. 그 정도까지 나가지 않더라도 예수님의 여자 제자들이 있었다는 '팩트'는 인정해야 한다. 그렇다면 누가 예수님의 여자 제자였을까? 그 명단이 어찌 되든 베다니의 마리아가 제외될 가능성은 매우 희박하다. 마리아는 예수님의 발치에 앉아 스승의 말씀을 듣다가 언니의 질책과 스승의 인정을 받은 전적이 이미 있지 않은가!

예수님의 부활·승천 이후 예수님의 제자들은 복음 전파에 혁혁한 공헌을 했다. 제자들은 예수님이 잡히시고 십자가에 달리실 당시에는 무서워 벌벌 떨며 도망갔지만, 성령 강림 이후로는 "땅끝까지 이 복음을 전하라"는 예수님의 마지막 명령을 죽음으로 지켜 냈다. 사도행전은 그 생생한 기록이다. 그런데 사도행전에는 막달라 마리아나 베다니의 마리아가 선교의 삶을 어떻게 실천했는지에 대한 증거는 없다. 그러니 상상할 수밖에 없다. 그래서 피오렌자는 초기 기독교 선교 역사의 재건이라는 과제에서, 사라지고 가려진 여성들의 이름과 사역을 기억해 내는 일은 '오직 성경으로'는 어렵다고 했다. 성경에 없다는 말로 베다니의 마리아가 '필시' 살아 냈을 사역의 실재를 삭제할 수는 없다는 말이다. 그래서 피오렌자는 사료들을 뒤져야 하고 구전 전승도 주목해야 한다고 했다. 만약 사료들마저 다 사라져 근거가 없다면, 상상도 가능하다는 용감한 제안까지 했다.

상상은 망상과 달리 막연히 머릿속에서 생각나는 대로 꾸며 내는 이야기가 아니다. '역사적 상상'이라는 말이 더 정확할 것이다. 비록 사도행전에는 기록되지 않았지만, 베다니의 마리아는 이후 사도로서 어떤 삶을 살았을까? 그렇다, 사도다. 베다니의 마리아도 사도의 조건을 충족한다. 예수님 생전에 그분을 스승으로 쫓으며 스승의 메시지를 가까이서 들었던 제자였고, 성령 강림의 현장에 있던 백이십 명 중에도 있었을 터이니. 바울은 예수님을 부활 이후에야 만났지만 교회 전통에서 사도라고 부르는데, 마리아를 사도라 부르지 못할 이유가 무엇인가? 사도인 베다니의 마리아가 어떤 삶을 살았을지 상상해 본다. 언젠가 서울 YWCA에서 여성들의 성경 읽기 모임을 하면서 나는 마리아가 다시 베다니로 돌아갔을 것이라고 '상상'했다. 히브리어로 '베다니'는 '가난한', '비참한'이라는 뜻이 있다. 예수님이 자주 들르신 마리아의 집은 바로 베다니에 있었다. 전형적으로 수도 변두리 마을의 특징적 가난이 베다니에도 가득했을 것이다. 베다니는 먹고 살기 위해 도시로 품팔이를 가지만 정작 거주지는 성城안일 수 없는 사람들의 마을이었다. 그래서 마리아는 가난한 사람들이 가득한 고향 마을로 돌아갔을 것이다. 값비싼 향유를 몽땅 예수님의 발에 부은 것은 다시 못 볼 스승의 장례를 준비하기 위함이었으나, 이제 자기와 늘 함께할 가난한 이들에게로 가서 그들에게 '기쁜 소식'이 되는 '하나님 나라'의 메시지를 전하고 그들과 함께 삶을 나누고자 했을 것이다. 그것이 예수의 제자요 초대교회 사도였던 베다니의 마리아의 삶의 족적이 아니었을까?

사마리아 여자의
관점에서 묻다

기독교
허 Her 스토리 **2**

　대학 시절 심리학 개론 시간에 인간의 인지 발달에 대해 배웠다. 사람은 대여섯 살 무렵이 되면 가역可逆적 사고를 할 수 있다고 한다. 유치원에 갈 무렵의 아이들은 사회적 관계에서 매우 중요한 덕목인 '입장 바꿔 생각하기'가 가능하다는 말이다. 실로 놀라운 일이다. 자아와 엄마의 경계조차 구별하지 못하고 자기중심적 주장만 하던 아이가, 자라면서 자기가 아닌 다른 이의 상황과 의미를 헤아릴 수 있게 된다니!

　그런데 유치원 시절에는 잘 되는 이 '가역적 사고'가 정작 어른이 되어서는 영 발현되지 않는 사람들이 있다. 심리학자들은 부자나 엘리트처럼 재화와 권력이 많은 사람들이 가역적 사고를 상실하는 경향이 있다고 말한다. 자신의 생존을 위하여 타자의 입장을 살피고 헤아릴 필요가 없기 때문이다. 그래서 이런 사람들은 소위 '갑질'을 한다. 누군가에게 잘 보일 필요가 없으니, 상대방의 처지나 의미 따위는 관심 밖이다. 이런 보편적인 인간 심리가 사회에서 작동된다면, 결국 구성원 중 가역적 사고를 치열하게 하는 쪽은 '을'에 해당하는 사람들일 수밖에 없다. 살아남기 위해서다. "저 손님이 지금 목이 마른 듯하네." "사장님이 앉을 자리가 필요하신 눈치인데?" 매순간 생존을 위해 '상대방의 입장'을 헤아리는 데 매진한다. 그럴 수밖에 없다. 생존에 불리한 사회적 자리가 중첩된 경우라면 더욱 그러할 일이다.

예수님이 사시던 1세기 팔레스타인도 상황은 다르지 않았다. 유대인과 사마리아 사람, 남자와 여자가 만났을 때 가역적 사고를 요구받는 쪽은 늘 후자였다. 유대인이 사마리아 사람을 대하는 신앙적 우월의식은 그 역사가 길다. 북왕국 이스라엘이 먼저 앗수르에 망하면서(기원전 721년) 생겨난 비극이었다. 가뜩이나 왕국 분열 이후 예루살렘 성소에서 예배를 드리지 못하던 북왕국 사람들을 신앙적으로 멸시하던 마당이었다. 그런데 나라마저 망하고 앗수르의 혼혈정책으로 민족의 정체성이 흐리게 되자 유대인의 눈에 사마리아는 '하나님이 버린 사람들'이었다. 가부장제 사회에서 남자가 여자에게 느끼는 우월감이야 두말할 필요도 없다. 유대교 랍비들은 여자로 태어나지 않았음을 매일 하나님에게 감사 기도했다고 한다!

그렇다면 사마리아 여자가 유대인 남자와 만났다면 누가 가역적 사고를 해야 할까? 요한복음 4장을 보면 예수님이 유대를 떠나 갈릴리로 돌아가시는 길에 사마리아에 있는 수가라 하는 동네에 들르셨다. 그곳은 야곱과 요셉 이후 이스라엘 후손이 쭉 살아온 꽤 전통 있는 지역이다. 마침 예수님이 앉으신 우물도 '야곱의 우물'이었다. 정오 즈음이었고, 제자들은 먹을 것을 구하기 위해 동네에 들어간 상황이다. 가뜩이나 외간 남자와 여자의 만남인 데다가 한눈에 봐도 유대인 남자다. 예상치 못한 장소에서 예수님과 마주친 사마리아 여자는 속으로 무슨 생각을 했을까?

    수많은 남자 설교자들은 이 본문을 해석하면서 여자의 속마음보다는 과거사를 더 강조해 왔다. "남편이 다섯이나 있었고 현재 살고 있는 자도 남편이 아니라"(18절)는 정보에 초점을 맞추어 이 여자를 속단한 셈이다. 한국 교회의 경우에는 '일부종사'를 윤리적 가치로 여기는 유교 가부장제의 전제까지 더해져서 해석이 더욱 가혹했다. 아주 가끔 이 여자의 사회경제적 처지를 해석하려는 경우도 있었지만, 주류 해석에서 사마리아 여자는 그야말로 '행실이 나쁜', '성적으로 문란한', '육적 욕망이 강한' 여자였다. 이런 전제가 깔리면 물을 길으러 나온 '정오'라는 시간조차 부정적 해석을 뒷받침해 주는 근거가 된다. 굳이 그 뜨거운 대낮에 사람들의 눈을 피하여 나온 것은 부도덕한 행실로 구설수에 올라 따돌림을 당하고 있기 때문이라는 것이다.

    하지만 요한이 전하는 4장의 핵심 메시지는 여자의 과거 행실에 있지 않다. 사마리아 사람이요 여자인 '불리한' 조건에도 불구하고 여자는 예수님을 헤아리기보다는 먼저 질문을 던진다. "당신은 유대인으로서 어찌하여 사마리아 여자인 나에게 물을 달라 하나이까?"(9절) 평소 사마리아인들을 사람 취급도 하지 않고 더러운 듯이 피하는 유대인들의 '형식주의적 의로움'에 대한 저항이 잔뜩 담긴 물음이다. 당돌한 질문에 예수님도 예사롭지 않게 대답하신다. "네가 만일 하나님의 선물과 또 네게 물 좀 달라 하는 이가 누구인 줄 알았다면 네가 그에게 구하였을 것이요, 그가 생수를 네게 주었으리라"(10절).

나라면 어땠을까? 주변에 아무도 없다. 남자다. 그것도 유대인 남자다. 험악한 인상은 아니지만 소위 '관행'을 모두 어기고 있다. 심지어 대화의 논리도 이상하다. 처음엔 물을 달라더니 자기가 생수를 주겠단다. 나였다면 얼른 자리를 떠나 마을로 돌아가려 했을지도 모른다. 정상이든 아니든, 수작을 거는 것이든 아니든 안전한 상황이 아니라 여겼을 테니 말이다. 하지만 여자는 곧 예수님에게 반문한다. 예수님에게 우물물을 길을 그릇이 없다는 실제적인 불가능성만 언급하는 것이 아니다. "우리 조상 야곱이 이 우물을 우리에게 주셨고 또 여기서 자기와 자기 아들들과 짐승이 다 마셨는데 당신이 야곱보다 더 크니이까?"(12절) 예수님의 심상치 않은 언행을 보면서 사마리아 여인은 매우 의미심장하게 묻는다. 이제 당신이 내 질문의 의도를 파악해 보라! 유대인 남자에게 '감히' 사마리아 여자에 대한 가역적 사고를 요청하는 상황이었다.

그래서 예수님이 '속에서 영생하도록 솟아나는 샘물'을 주겠다고 대답하셨을 것이다! 여자의 영적 갈증을 꿰뚫어 보셨기에 그렇게 제안하신 것이 아닐까. 사마리아 여자도 이미 이 사람이 "야곱보다 큰 이", 그러니까 조상의 약속보다 더 큰 약속을 제공할 수 있는 사람이라는 것을 직감했을 것이다. 그러니 "우리 조상들은 이 산에서 예배하였는데 당신들의 말은 예배할 곳이 예루살렘에 있다 하더이다" 하고 물었겠지. 당신들 유대인은 우리의 의미 따위는 헤아리지 않지. 예배의 장소도 신앙의 해석도 독점했으니까! 그렇게 우리 사마리아 사람들을 열등의 기호로 만들었으니까. 하지만, 생각하고 또 생각해 봐도 이상한 일이다. 영이신 여호와께서 어찌 예루살렘 성전에만 계실까! 우리 조상들과의 약속은 무엇이었나? 평소 이런 질문이 내면에서 계속 솟아났지만 사마리아 사람인 '주제'에, 여자인 '주제'에 자꾸 영적인 질문을, 전통을 거스르는 질문을 '갑들'에게 발화할 수는 없었기에, 이 여자가 사람들과 진지한 대화를 피하게 되었는지도 모른다. 정오에 물을 길으러 나간 것은 어쩌면 그 때문이 아닐까?

"여자여, 내 말을 믿으라. 이 산에서도 말고 예루살렘에서도 말고 너희가 아버지께 예배할 때가 이르리라.… 아버지께 참되게 예배하는 자들은 영과 진리로 예배할 때가 오나니 곧 이 때라.… 하나님은 영이시니 예배하는 자가 영과 진리로 예배할지니라"(21-24절). 여자는 과거에 남편이 다섯이었으며 지금 사는 이도 남편이 아니라는 (그러니까 여자가 마음에서 우러나와 '주인'으로 따르지 않는다는) 예수님의 말씀을 듣고 예수님을 '선지자'라고 인정했다. 예수님의 이 말씀을 듣고서 비로소 그분이 '메시아 곧 그리스도'이심을 확신한다. 그리고 물동이를 버려두고 동네로 들어가 사람들에게 외쳤다. 비로소 발화했다. "와서 보라. 이는 그리스도가 아니냐"(29절).

이어지는 장면에서는 여자의 증언을 듣고서 사마리아 사람들이 예수님을 그리스도로 받아들이는 이야기가 전개된다. 그러니까 사마리아 최초의 복음 전도자는 이 여자인 셈이다. 여자가 증언한 내용은 무엇이었는가? "내가 행한 모든 것"(39절)이 단순히 사마리아 여자의 과거 행실에 대한 것이었다면, 여자는 남편들을 언급하는 부분에서 물동이를 내던졌을 것이다. 그러나 과거를 맞추는 일은 영험한 무당도 하는 일이다. 이스라엘이 앙망하던 메시아는 개인의 길흉화복이나 맞추는 사람이 아니다. 사마리아 여자는 영적인 질문을 늘 가슴에 품고 살았던 사람이다. 영적 갈급함에 목말랐던 신앙인이다. 그랬으니 예수님과 그렇게 깊은 영적 대화를 나눌 수 있었겠지. 생수는 여자만 마신 것이 아닌 듯했다. 제자들이 기껏 구해 온 먹거리조차 사양하시면서 예수님은 매우 흡족해하셨다. "내게는 너희가 알지 못하는 먹을 양식이 있느니라"(32절). 스승의 의미를 알지 못하는 제자들은 자신들이 없는 사이에 뭔가 드셨나 보다 했지만, 예수님은 벌써 배가 부르셨다. "보내신 이의 뜻을 행하며 그의 일을 온전히 이루는 것"(34절)이 예수님의 양식인데, 예수님의 말씀을 찰떡같이 알아들은 사마리아 여자와 대화하시면서 이미 넉넉히 채우신 것이었다. 사람이 어찌 빵으로만 살겠나! 사마리아 여인은 가역적 사고가 상호주체적으로 발생한 풍성한 영적 식탁의 주인공이었다.

막달라 마리아의
'기쁜 소식'

기독교
허 Her 스토리 **3**

"하나님께서 신약성서를 정경화하는 역사가 진행되는 동안 '마리아 복음서'를 감추신 까닭은 자명합니다. 바로 막달라 마리아의 예수님 이해가 옳지 않았기 때문이죠." 사뭇 긴장감이 감도는 가운데 이 발언이 울려 퍼진 곳은 한 영화 감상회였다. 한국에서는 그리 흥행을 하지 못했던 영화〈막달라 마리아: 부활의 증인〉상영이 끝나고 거기 모인 관객들과 '시네토크'라는 행사를 진행하던 중이었다. 소극장으로 운영되는 곳에서 종종 하는 행사였는데, 아무래도 논란이 될 만한 외경 본문을 기초로 만들어진 영화인지라, 여성신학자를 응답자로 초청한 듯했다.

하여, 도전적인 질문들을 머릿속에 떠올리며 보려니 처음부터 편하게는 영화를 감상하지 못했다. 개신교 신자는 신약 27권을 '하나님의 영감'으로 기록되고 정경으로 '닫힌' 본문이라고 신앙고백을 하지 않는가! 더구나 마태, 마가, 누가, 요한복음이 이미 경전 안에 들어와 있는데, 이 복음서들이 전하는 예수님과는 사뭇 다른 인품이나 메시지를 전달하는 복음서라니, 그 등장이 달갑지 않을 것은 자명한 일이다. 실은 20세기 중반 이집트 나그함마디에서 수천 년간 숨겨졌던 두루마리 항아리가 무더기로 나오면서 이 '불편한 대면'은 피할 길이 없게 되었다. 도마 복음서를 위시해서 초기 기독교 역사에서 소위 '주류' 담론과 맥을 같이하지 않는 기록들이 그 항아리들에 담겨 있었다. 기독교가 제도 종교로 성장해 가면서 교리화 작업이 진행되고 여러 차례의 공의회를 통해 정통 신앙을 확립하는 가운데 '비주류'로 분류된 문서들이 소각되기 이전에 숨겨졌던 것이다. 마리아 복음서는 정확하게는 이 당시에 함께 발견된 것은 아니고 그보다 반세기 전(1896년)에 발굴되었지만, 정경화 작업이 끝나고 단일한 신약성서를 오랫동안 사용하던 상황에서는 하나의 범주로 묶어서 '나그함마디 문서'라고 부른다.

    이 문서들이 발견되었을 때, 성서학자들의 흥분은 이루 말할 수 없었다. 오직 네 복음서에만 의존해서 복원해야 했던 예수님의 생애와 메시지를 더욱 정교하고 입체적으로 그릴 수 있을 것 같아서였다. 그러나 학계와 달리 교회 전반에서는 경계심이 컸다. 하나님의 섭리를 근거로 그것들이 숨겨지고 역사 속에서 가려진 까닭은 그 메시지가 하나님이 기뻐하시는 내용이 아니었기 때문이라고 주장했다. 맨 처음 인용한 한 남자 목사님의 문제 제기도 같은 맥락이었다. 그 질문에 나는 또 하나의 질문을 던짐으로 대답을 대신했다. "만약 그렇다면요, 그것이 하나님의 경륜이었다면, 저도 묻고 싶습니다. 여성의 증언이 효력을 가지지도, 전통으로 인정되지도 않던 당시에는 마리아 복음서가 숨겨져 있다가, 드디어 여성도 한 주체로 인정받고 여성의 목소리가 증인의 위치에 있을 수 있게 된 이 시점에 그 복음서가 드러난 것 또한 하나님의 경륜이 아닐까요? 그것이 땅속에 묻히지 않았다면 가부장적 기독교 역사를 통과하는 동안 완전히 제거되었을 테니까요."

물론 나의 이 반문은 마리아 복음서의 내용을 신약성서에 포함된 네 복음서와 똑같은 권위로, 그리고 아무런 신학적, 신앙적 성찰 없이 다 받아들여야 된다는 의미가 아니다. 하지만 신약에 포함된 네 복음서조차도 각자의 상황과 시각에 따라 같은 사건을 달리 해석하거나 선택적으로 기록하지 않았는가. 그렇다면 도마, 빌립, 마리아 등 분명히 예수님의 제자였던 다른 사도들의 복음서를 읽는 것조차 두려워할 필요는 없지 않을까? 그럼에도 오늘의 신자들은 외경으로 분류된 복음서에는 아예 관심조차 없는 것을 신앙적 충성으로 여기는 경향이 짙다.

하긴, 우리 시대까지 올 것도 없다. 이미 예수님의 남자 제자들부터 마리아의 '기쁜 소식'을 거부했으니까. 마리아 복음서에 따르면, 안드레는 형제들에게 반문한다. "자매의 말을 어찌 생각하십니까? 주께서 이 말씀을 하셨다니 도저히 믿을 수가 없습니다. 우리가 알던 것과 너무나도 다릅니다."[1] 베드로도 반문했다. "우리가 모르는 비밀을 이런 식으로 여자에게 말씀하셨다니 가당키나 합니까? 관습을 뒤엎고 여자의 말에 귀 기울여야 옳습니까? 정녕 우리보다 더 사랑하사 이 여자를 택하신 것입니까?"[2] 마리아 복음서 17장에는 이처럼 남자 제자들의 의심이 가득하다. 마리아가 예수님에게 직접 전해 들었다는 내용 자체를 논의하기 전에, 남자 제자들이 문제 삼고 있는 것은 자기들에게는 하지 않은 이야기를 예수님이 막달라 마리아에게만 따로 하셨을 리가 없다는 '권위에 대한 회의'였다. 하지만 정경 속 네 복음서만 보아도 우리는 둘 사이에 특별한 대화가 가능했을 정황을 충분히 유추할 수 있다. 남자 제자들이 다 도망갔던 무덤가에서 예수님은 막달라 마리아와 대면하셨다. 어디 기록된 순간뿐일까? 이를 근거로 막달라 마리아를 예수님의 비밀 아내인 양 그려 내는 사람들도 있다지만, 그건 그야말로 '복음'의 영적 차원과 이를 깨달은 제자와 스승 간 대화의 기쁨을 모르니 가능한 상상이다.

"정녕 우리보다 더 사랑하사 이 여자를 택하신 것입니까?" 베드로의 이 유치한 비교를 비웃기라도 하듯이 빌립 복음서 59장 9절에는 이런 구절이 나온다. "예수는 어느 사도보다도 마리아를 특별히 아끼고 사랑하셨다. 자주 그녀의 입술에 입맞춤을 하기까지 했다. 그가 마리아를 사랑한다는 사실을 안 사도들이 물었다. 왜 저희들보다 그녀를 더 사랑하십니까? 이에 예수가 대답했다. 내가 그녀만큼 너희들을 사랑하지 않는다는 게 가당키나 한가?"[3] 그러게 말이다. 예수님의 수제자가 마리아인가 베드로인가, 예수님이 이 둘 중에 누구를 더 사랑하셨나? 이런 것들을 묻는 것은 중요치 않다. 모든 인류를 향한 하나님의 큰 사랑을 가슴에 품으신 예수님이 어찌 제자들을 편애하셨겠나!

영화 〈막달라 마리아〉 한 장면을 보면 예수님이 한적한 곳에서 마리아와 영적인 깊은 대화를 나누시는 모습이 있다. 그런데 베드로가 몸을 숨기고 그 모습을 보면서 질투 어린 눈빛을 보낸다. 필시 마리아 복음서 본문을 근거로 재현한 장면일 것이다.

이건 가능성이 있다. 따라서 막달라 마리아가 예수님의 귀한 사도임을 인정한다면, 마리아에게 예수님이 전하신 말씀 중에 다른 사도들이 듣지 못한 이야기가 있다고 해서, 그 말이 '거짓', '허언', 나아가 '이단'이라고 속단할 수는 없는 일이다. 남자 제자들 가운데는 예수님의 '하나님 나라'에 담긴 보편적 차원을 받아들이며 막달라 마리아의 증언에 귀 기울인 사람도 있었다. 레위는 이렇게 말했다. "우리 원수를 닮아 여자를 거부하고자 함인가요?"[4] 레위가 말한 '원수'란 누구인가? 그것이 그리스도인을 핍박하는 유대인이든, 유대인을 핍박하는 로마 사람들이든, 분명한 것은 하나님 나라의 통치 질서가 자신들이 견고하게 쌓아 놓은 체제를 흔든다고 생각하여 예수님과 그분을 따르는 사람들을 제거하려던 자들일 것이다. 그들과 '달리' 그리스도인은 여자라고 해서 증인이나 사도됨을 제한하지 않는다는 신앙고백이었다.

물론 나는 예수님과 마리아를 영화 〈막달라 마리아〉가 재현한 그대로 받아들이자고 주장하는 것은 아니다. 그 영화에서 예수님은 마치 신경증 환자와도 같이 매우 예민하고 불안한 사람으로 등장한다. 그것은 영적 민감성을 표현하기 위함일 수도 있겠지만, 기적을 행하시거나 사람들 사이에서 기운을 느끼시거나 할 때 행동이 과장되게 묘사되고 심지어 자주 기절하시기도 한다. 물론 기절하는 이는 메시아일 수 없다는 말이 아니다. 감독이 재현한 영화를 역사화하지는 말자는 말이다.

마찬가지로 그렇게 불안정한 예수님이 심정적으로 의지하는 막달라 마리아의 역할 역시 역사적으로 받아들이는 것은 곤란하다. 하지만 영화 속에서 재현된 막달라 마리아는 하나님의 말씀을 사모하고 하나님의 영 안에 거하는 영적인 자매였다. 주체로서 자신의 삶을 당당하게 선택하고 싶었음에도 관습이 옭아매는 현실 앞에서 서서히 미쳐가던 즈음에 예수님을 만났다. 그때 막달라 마리아와 눈 맞추며 예수님이 카리스마 넘치는 확신으로 선포하셨다. "너는 귀신 들리지 않았다!" 마리아는 예수님의 이 말씀에 비로소 해방감을 느낀다. 이는 실제로도 그러하였을 것이다. 경전 안의 묘사에서 마리아를 괴롭혔다는 일곱 귀신이 반드시 영적인 악귀만 의미할까? 남성 중심의 유대교가 마리아에게 강요했던 관습들, 이를 거부할 때마다 실제로 억압과 비난들에 직면했다면 미치지 않고서야 어찌 버텼을까! 그런데 예수님이 "너는 미친 것이 아니라"고 인정해 주셨다. 그 말씀에 비로소 영이 살아나서 마리아는 예수와 동행했고 자신을 살린 그리스도의 말씀을 '기쁜 소식'으로 기록했다.

기독교 허Her스토리 4

우머니즘과 기독교의 '선택적 친화성'

"여자도 사람이다." 누가 아니랬나? 조선 시대도 아니고 21세기를 살아가면서 이런 외침을 듣는다면 코웃음을 칠 사람들이 많을 것이다. "오히려 상전이다, 상전!" 이렇게 되받아치며 발끈하는 사람들도 적지 않게 예상된다. 표면만 보아서는 그럴 수도 있다. '레이디 퍼스트lady first'로 낭만화된 남성들의 '기사도' 문화는 어느덧 일상 예절이 되어서 문을 열어 주거나 도로 안쪽으로 여성을 보호하는 것을 당연시하게 되었으니 말이다. 행여 여자도 똑같은 사람이니 추운 것을 같이 견디고, 무거운 것을 같이 들자고 제안하면 개념 없는 '한남'('한국 남자'의 줄임말인데, 최근 젊은 여성들 사이에서 부정적인 의미로 사용)이 되어 버린다. 이런 시절에 '여자도 사람'이라는 것을 굳이 주장하고 실천하는 페미니즘 운동까지 해야 한다는 말인가?

바야흐로 '페미니즘 리부트feminism reboot'의 시대라 한다. '리부트'에서 이미 명시가 되어 있듯이, 사상으로서의 페미니즘은 한 세대 전에 이미 한국에 들어왔으나 동력이 꺼진 듯 했었다. 몇몇 대학가를 중심으로 학문적 관심 속에서, 그것도 여학생 위주로 명맥을 이어 갔으나 일상으로까지 확장되지는 못했다. 그런데 컴퓨터 전원을 껐다가 다시 켜듯, 최근 수년간 일반 대중도 쉽게 들을 만큼 '페미니즘'이라는 단어와 '페미니스트'라는 주체가 활동성을 지니고서 모습을 드러내었다. 그런데 모든 사상운동이 그러하듯 대중화가 되면 정리 되지 않은 주장이나 일관성 없는 행동이 난무하게 된다. 당사자들조차도 성찰적 시각을 확보하는 과정을 생략하고 대세의 흐름에 뛰어들기 때문이다.

그러다 보니 발생하는 일 하나가 일명 '선택적 혼종성elective hybridity'이다. 종교사회학자 막스 베버Max Weber의 '선택적 친화성elective affinity'에서 착안하여 최근 내가 사용하는 용어인데, 논리적으로 전혀 친화성이 없고 나아가 상반되기도 하는 두 사상이나 실천이 행위 주체의 의미 추구에 따라 선택적으로 공존하다가 어느덧 한 묶음이 되는 것을 의미한다. 최근 젊은 페미니스트 중에서 종종 발견되는 현상인데, '낭만화된 여성 보호'라는 근현대 가부장 문화와 '여성 주체화'라는 페미니스트적 주장을 내적 갈등 없이 자기 의미 안에 함께 받아들이는 것도 이러한 사례 중 하나이다.[1]

물론 사람이 진공상태에서 살 수는 없기에 이미 존재하는 문화적 전제와 새롭게 접한 사상이나 가치 사이에서 자신에게 유리한 방향으로 '선택적인 친화성'이 생기는 것은 당연하다. 막 발생하는 자본주의 사회의 적극적인 행위 주체였고 동시에 자신은 하나님에게 영광 돌리는 '주님의 도구'라고 신앙고백 하는 개신교 신자였던 16-18세기 서구 유럽의 개인들이, '자본주의 정신'과 '프로테스탄트 윤리'를 선택적으로 붙여서 '근현대 노동윤리'를 만든 것처럼 말이다. 이는 베버가 그 단어를 주장하게 된 계기이기도 하다.[2] 어디 그들뿐인가? 개신교를 문명의 도구로 받아들인 개화기 한국의 엘리트 남성들에게도 '선택적 친화성'이 보인다. 개인보다 공동체가 우선이던 유교 사상을 정치 체제 면에서는 버렸는지 몰라도, 오랜 수행성으로 몸에 배어 버린 '남존여비'의 응시와 실천은 '여자는 남자의 조력자'라는 개신교적 여성관을 크게 반겼다. 여자가 '종(노예)'은 아니다. 존재론적으로 말해서 똑같이 평등한 '사람'이다. 다만 공동체가 효율적이고 안정적으로 유지되기 위해서는 머리가 하나여야 하는 법이니, 여자는 심장처럼 귀중한 기관은 될 수 있을지언정 기능적으로는 '머리인 남자'의 지배를 받고 그를 따라야 한다. 한국의 양반 남성들은 남녀의 역할이 다르다는 유교적 가르침에 익숙했으니 '돕는 배필'이라는 성경의 가르침이 반가웠을 것이다. "오호라. 역시 하늘의 법은 통한다더니 기독교에서도 그리 말하는구나!" 필시 한국 개신교 엘리트 남성들은 그렇게 생각했을 것이다. '부인'이라고 부르며 아내를 깍듯하게 존중하던 유교 양반문화를 낭만적 가부장제인 개신교의 여성관과 결부시켜 이를 '하나님의 뜻'으로 여기게 된 셈이다.

세계관과 가치관이 서로 선택적으로 융합되는 과정을 들려줄 때마다 학생들은 골치 아프고 복잡하다며 머리를 흔들지만, 이 과정을 아는 것은 중요하다. 페미니스트들에게도 마찬가지이다. 친화성이 선택적이었다면 그 결합으로 부정적인 결과가 생길 때 통째로 버리는 것이 아니라 비본질적인 접합을 떼어낼 수 있는 시각과 힘을 가질 수 있어야 하기 때문이다. 더구나 '선택적 혼종성'의 경우는 더욱 심각하다. 도저히 양립할 수 없는 두 사상이나 실천을 자신에게 유리한 방식으로 뒤섞어 버리는 것은 생존 전략은 될 수 있을지언정, 그렇게 해서는 이 땅에 페미니즘이 만들고 싶은 새로움, 즉 '여성도 사람'이라서 비로소 '모두가 사람'인 세상, 그래서 '모두의 의미가 들려지고 반영되는' 세상은 올 수 없기 때문이다.

서구 중산층 페미니스트들이 놓친 지점이 이 부분이다. 이들은 백인 중산층 엘리트 여성으로서 자신들이 누리는 문화에는 익숙했다. 그러면서 자신을 '전업주부'의 자리에 놓았던 근현대 산업자본주의 구조에 '만' 격분했다. 이들이 "우리도 사람이다" 하고 외쳤을 때, '사람'의 의미는 전문교육을 받고 전문직에 종사하며 투표권을 통해 정치적 의사를 행사하는 '시민'을 뜻했다. 그래서 여성 교육권과 투표권 획득을 위한 운동을 전개했고, 이어서 여성에게 불리한 구조를 비판했다. 그리고 이것이 '페미니즘'이라고 외쳤다. 물론 틀리지 않았고 필요했던 외침이었다. 이들의 의미 추구 덕분에 여성들은 교육권과 투표권을 확보했으며, 공적 영역에서 젠더 평등의 고용, 성인지감수성 등을 고민하게 되었다. 그런데 이런 과정을 통과하면서, 전문성을 쌓으려 하지 않고 결혼하여 집안에 안주하려 하는 여성들을 마치 '열등의 기호'인 양 바라보는 경향이 페미니스트 그룹 안에 어느덧 생겨나기 시작했다.

그런데 서구 백인 중산층 엘리트 여성의 의미 추구의 내용과 결과가 곧 페미니즘이라고 인식될 무렵, 같은 여성이면서도 다른 의미를 담은 목소리가 터져 나왔다. 같은 시간, 같은 공간을 통과했지만 다른 자리에 놓여 있던 여성들, 바로 흑인 여성 노예 출신들의 "우리도 여성이다!" 하는 외침이었다. 페미니즘이 그동안 시스템과 문화를 만들어 내는 주체에 포함되지 못했던 사람들의 의미를 담아야 한다면, 그리고 그 사람들이 '여성'이라면, 왜 우리의 의미는 담기지 않느냐는 반문이었다. 맞는 말이다. '낭만화된 가족'은커녕 단 한 번도 책임 있는 가장이 없던 여자들, 가족계획은 물론 생계형 노동을 잠시라도 멈출 기회조차 누릴 수 없던 '흑인 여성'의 경험은 '여성 경험'이 아니란 말인가? 우리는 차라리 그 '주부'라는 것을 '전업'으로 해 볼 수 있는 상황이면 좋겠다! 그렇게 남자들이(세상의 힘을 가진 사람들이) 우리를 보호해 주면 좋겠다! 노예근성이 아니다. 그녀들의 삶의 자리는 여성의 자아 성취만 위협하는 것이 아니라 생존 자체를 위협했기 때문이다. 그래서 그녀들은 페미니즘이라는 커다란 우산 안에 작은 우산을 하나 더 만들었다. 이것이 '우머니즘womanism', 즉 돌보는 아빠 없이 오롯이 혼자 가장의 몫을 다하면서, 억압적 시스템 안에서 생계를 위해 버티면서, 어린 자녀들을 위해 억척스럽게 살아 낸 흑인 엄마들의 의미를 담은 주장이다.[3]

그녀들은 늘 배고프고 고달프고 힘들었지만, 어린 생명을 보듬고 살려 내는 일을 포기하지 않았다. 그녀들은 세상에서 힘이 없었지만, 보호자와 구원자를 마냥 기다리지만은 않았다. 그녀들 자신이 자녀들에게 언제나 '보호자'였고 '구원자'였다. 기독교 전통에서는 '보혜사'를 의미하는 단어로 'helper'를 사용하는데, 이는 '조력자'를 뜻하지 종의 위치나 기능상의 종속성을 결코 의미하지 않는다. 만약 우머니즘과 기독교의 성령론이 결합된 해석이 가능하다면, 성령의 감동을 받은 보호자인 사람은 오히려 기능상으로는 더 성숙하고 더 베푸는 자이다. 이를 위계적으로 바라볼 필요는 없지만, 굳이 위계로 보자면 아래라기보다는 위다. 어른이라서, 엄마라서, 내가 너보다 더 강하기에, 기꺼이 너를 살리기 위해 버티고 자기 몫을 해내고 억척스럽게 살아 내는 이름이다. 그래서 결국 자녀들에게는 '구원자'인 존재들이다. 예수 그리스도를 떠올리게 하는 단어다. '보호자'와 '구원자'로서의 어머니! 이 표현은 서구 백인 중산층 엘리트 여성들로서는 가부장제에 종속되게 하는 악한 이데올로기의 표상이었다. 그러나 우머니스트들에게는 '나로 살아 내면서' 동시에 '너를 살려 내는' 생존의 표상이다. 우리를 살리시기 위해서 기꺼이 버티고 몫을 해내시다가 결국엔 자신의 살과 피까지 내주신 예수 그리스도를 '본받아' 우리가 작은 구원자로 살아 내는 것이 기독교인의 소명이라면, 우머니스트들의 삶의 의미와 만나는 지점이 있다고 본다.

교회의 보호자
뵈뵈

기독교
허 Her 스토리 **5**

'보호자' 뵈뵈를 소개하기 위한 서언이 길었다. 4장의 우머니스트 이야기 말이다. 그녀들은 종속적인 그림자 노동을 강요받았기 때문에 보조자로 살아간 여성들이 아니라고 했다. 흑인 노예요 여성이라는 이유로 보조자의 자리에 폭력적으로 배치되었더라도, 자신을 스스로 지켜 내면서 자기보다 더 약한 존재들을 살리는 '보호자'의 삶을 선택한 여성들이었다. 나는 사도 바울이 로마서에서 뵈뵈를 '보호자'라고 소개한 것을 그 맥락에서 읽고 싶다. "내가 겐그레아 교회의 일꾼으로 있는 우리 자매 뵈뵈를 너희에게 추천하노니 너희는 주 안에서 성도들의 합당한 예절로 그를 영접하고 무엇이든지 그에게 소용되는 바를 도와줄지니 이는 그가 여러 사람과 나의 보호자가 되었음이라"(로마서 16장 1-2절).

뵈뵈의 이름은 성서에서 로마서 16장의 이 두 절에서만 언급된다. 바울은 로마서 마지막 장에 그동안 자신의 사역을 도운 동역자들의 이름을 열거하면서 제일 처음으로 뵈뵈의 이름을 말했다. 뵈뵈의 이름이 가장 앞에 나온 이유는 무엇보다도 그녀가 로마에 있는 그리스도인들에게 보내는 이 편지(로마서)를 가지고 가는 사람이었기 때문일 것이다. 그걸 어떻게 알까? 로마서 16장 첫 부분의 정황이 그러하다. 그녀를 추천하고 필요를 채워 주라는 말은 뵈뵈가 긴 여정을 거쳐 이 편지를 들고 로마 교인들을 방문한 상황임을 나타낸다. 실은 그것도 놀라운 일이다. 원본이 컴퓨터에 저장되어 있는 상태에서 유에스비USB에 담긴 복사본을 전달하는 것도 아니고, 단 하나뿐인 편지를 여자에게 맡기다니!

뵈뵈는 겐그레아 교회의 일꾼이라고 소개된다. 겐그레아는 고린도에서 그리 멀지 않은 상업 항구이다. 그런데 거기서 로마까지 가려면 길이 결코 만만치 않다. 배를 타고 지중해의 여러 섬을 거쳐 항해해야 하니 멀고 험난한 것은 말할 것도 없고, 로마까지 직항이 있는 것도 아니었다. 배로 갈 수 있는 최종 항구에 내려서도 내륙으로 약 200킬로미터 정도를 걸어야 로마에 당도할 수 있었다. 뵈뵈 혼자 갔는지 동행이 있었는지를 문안 인사에서 확인할 길은 없지만, 예산을 넉넉하게 가지고 안전하고 편하게 떠난 여행이 아닌 것은 확실하다. 오랜 여행으로 지치고 허기지고 힘겨웠을 테니 필요를 채워 달라는 부탁으로 미루어 보아, 뵈뵈는 쉽지 않은 여행길을 각오하고 떠났고, 보내는 바울 역시 이를 충분히 예상하고 이런 당부를 미리 편지에 남겼을 것이다.

그럼 다른 편지들처럼 남자 제자나 동역자를 보내지 왜 여자를? 그러게 말이다. 멀고 험한 길이 남자라고 해서 안전하다는 확신은 없겠지만 그래도 여자보다는 안심할 수 있을 듯하다. 그러고 보면 바울의 심중이 궁금하기는 하다. 왜 뵈뵈였을까? '일꾼'으로 번역된 헬라어 '디아코노스 diakonos'는 집사만 의미하지는 않는다. 교사의 역할, 나아가 목회자의 역할을 수행하는 사람도 디아코노스였다. 겐그레아 교회는 고린도 교회보다 규모가 작았을 것이다. 그러니까 '일꾼' 뵈뵈는 겐그레아 교회가 존립하고 성장하는 데 매우 필수적인 지도자의 역할을 담당한 자매였음이 틀림없다. 더구나 바울은 뵈뵈를 '우리' 자매라고 불렀다. '우리'라는 말은 평소에도 친밀함과 소속감이 드러나는 언어다. 하물며 그리스도인이 된다는 것이 위험하고 늘 주변의 공격을 받던 바울 시절에는 오죽했으랴. 그런 때에 바울은 망설임 없이 말한다. 뵈뵈는 믿을 만한 사람이라고, 친밀하며 우호적인 '우리' 사람이라고.

어디 그뿐인가? 바울은 뵈뵈가 "여러 사람과 나의 보호자가 되었던" 여성이라고 설명한다. 보조자가 아니라 보호자이다. 돕는 것을 넘어 지키는 자이다. 그러니까 바울의 사역을 보조하는 조력자가 아니라 곤경에 처했거나 약해진 바울을 보호해 준 사람이라는 말이다. 뵈뵈는 바울을 어떻게 보호했을까? 무슨 상황에서? 성서 본문 자체를 기반으로 해서 이야기를 펼쳐 내는 데는 한계가 있다. 그러나 사도행전 18장 18-19절을 읽어 보면 상상력을 펼칠 실마리가 보인다. "바울은 더 여러 날 머물다가 형제들과 작별하고 배 타고 수리아로 떠나갈새 브리스길라와 아굴라도 함께 하더라. 바울이 일찍이 서원이 있었으므로 겐그레아에서 머리를 깎았더라. 에베소에 와서 그들을 거기 머물게 하고 자기는 회당에 들어가서 유대인들과 변론하니."

18장 전후 맥락을 통해 상황을 살펴보면 이렇다. 바울은 고린도에 있는 유대인들에게 '예수가 그리스도이심'을 전하다가 법정에 끌려가게 되었다. 그러나 헬라인 총독이 보기엔 고소를 한 유대인들이나 고소를 당한 바울 모두 성가시다. 사람을 신성화하는 것을 금하는 유대인들의 종교 전통 문제에 관심도 없을뿐더러 자기가 관여할 까닭이 없었다. 하여 그의 눈에는 모두 똑같은 '유대인들'일 뿐인 이들을 몽땅 법정 밖으로 쫓아내어 버렸다. 이에 화가 난 유대인들이 법정 앞에서 회당장에게 폭력을 행사하기도 했다.

이 일이 일어난 지 며칠 뒤에 사도 바울이 간 곳이 겐그레아이다. 뵈뵈가 일꾼으로 있던 그곳이다. "겐그레아에서 머리를 깎았더라." 유대인 중의 유대인, 베냐민 지파의 자랑이던 바울이 유대인들의 오랜 신앙고백과 상충하는 선포로 동족과 갈등을 빚고 고린도를 떠나면서 어떤 심정이었을까? 바울은 겐그레아에서 머리를 깎고서 곧이어 에베소로 갔는데, 가자마자 첫 행적이 회당에 있던 유대인들과 변론한 것이었다. 사도행전의 이후 내용을 보면 바울은 여기서 그치지 않고 아예 예루살렘으로 올라간다. 헬라 지역에서 유대 전통을 사수하는 동족과 부딪히는 일도 만만치 않았으나, 유대 본토 예루살렘에서 그리하는 것은 이야기가 다르다. 목숨을 잃을 수도 있는 일이다. 그 터닝 포인트의 한중간에 바울이 겐그리아에서 "머리를 깎는다."

물론 뵈뵈를 그리스도인의 길로 이끈 것은 바울이었을 것이다. 고린도에서 브리스길라와 아굴라가 그리스도인이 되던 즈음에 뵈뵈도 바울의 복음을 접했을 것이다. 하지만 복음을 전해 준 사람이라 하여 늘 영성이 견고하리라는 법은 없다. 고린도에서 동족 간에 폭력과 갈등이 난무하는 난리를, 그것도 이교도 총독 앞에서 겪으며 바울이 낙심했을 수도 있다. 자신의 신앙고백이 흔들려서가 아니라, 굳어진 유대인들의 종교적 신념이 견고한 성벽처럼 느껴져 용기를 잃었을 수도 있다. 차라리 헬라인들에게 '예수가 그리스도이심'을 전하는 것은 쉬울 수 있었다. 특별한 인간은 신이 '성육화한 존재'라는 이해를 신플라톤 사상이나 헬라의 신관에서는 수용할 수 있었기 때문이다. 하지만 유대교는 여호와 하나님과 인간 사이의 존재론적 불연속성을 고백하는 종교다. 사람은 결코 신이 될 수 없다는 것이 유대교 신앙의 정수이다. 특정 인간이 자신의 신성을 주장하면 그 사람을 중심으로 권력 구조가 바벨탑처럼 위계화될 것을 알고 경험했던 히브리인들의 신앙고백 때문이다. 실은 그 때문에 바울도 초반엔 예수를 그리스도라 전하고 다니는 기독교인들을 앞장서서 응징했었다.

자신이 깨달은 복음을 전하려는 간절함이 있으나 전도는 계속 좌절되는 상황, 그럼에도 멈추지 않고 다시 새롭게 출발하는 바울의 여정 사이에 '머리 깎음' 사건이 있었다. 동서고금을 막론하고 '머리를 깎는다'는 의미는 결단과 각오를 의미한다. 바울의 머리는 누가 깎아 주었을까? 문득 그런 궁금증이 인다. 물론 뵈뵈라고 주장하는 것은 아니다. 그럴 가능성은 매우 낮다. 어찌 여자가 외간 남자의 머리를 깎았을까. 하지만 겐그레아 교회의 일꾼 뵈뵈가 훗날 바울에 의해 '보호자'로 칭함을 받고 있다는 데서 나는 상상하게 된다. 헬라적 어원을 갖는 이름으로 미루어 뵈뵈는 이방인이다. 동족을 향한 선교를 두고 고민하는 바울을 보며 뵈뵈는 어떤 조언을 했을까? "예수님 귀한 줄 모르는 유대인들, 그까짓 거 버려 버리라"고 말했을 리 없다. "당신은 헬라어에도 능한 지식인이니 이참에 헬라 세계에만 집중하라"고 부추겼을 리도 없다. 그랬다면 바울은 그녀를 '보호자'라고 칭하지 않았을 테니. 필시 뵈뵈는 바울의 두 마음을 보았을 것이다. 동족을 향한 애정과 그럴수록 자꾸 상처 입어 주저하게 되는 마음을 모두 헤아렸을 것이다. 뵈뵈는 무슨 말로 바울의 영혼을 살려 냈을까? 뵈뵈의 보호는 비단 바울을 향한 것만은 아니었다. 뵈뵈가 보호한 '여러 사람'은 어떠한 곤경에 처했던 그리스도인들이었을까? 세세한 말과 행동은 알 길 없으나 뵈뵈는 용감하고 굳건했으리라. 좌절하지 않고 물러서지 않았으리라. 그렇기에 바울은 로마 교인들에게 보내는 단 하나의 편지를 그녀 손에 들려 줄 수 있었던 것이 아닐까. 뵈뵈가 전한 로마서는 이렇게 오늘날 우리에게까지 닿아 회심과 결단의 텍스트가 되었다.

테클라와 트리피나의
여성 연대

기독교
허 Her 스토리 **6**

타미리스, 아주 이상한 일이 생겼어요. 테클라가 어떤 외국인의 교묘하고 망상적인 이야기를 듣는 데만 열중하느라 사흘간 식음을 전폐한 채 창가를 떠나지 않고 있어요. 테클라처럼 얌전한 처녀가 이렇게 마음을 빼앗길 정도라면 대단한 사람임이 분명해요. 그 남자는 이코니움 전체를 혼란에 빠뜨렸고 당신의 테클라도 혼란에 빠뜨렸어요.… 모든 사람이 순결하게 살아야 한다고 말이죠.… 내 딸 테클라는 바울의 설교에 사로잡혀서 거미줄처럼 창가에 붙어 있어요. 그 아이는 굉장한 열망과 큰 기쁨으로 귀를 기울여요.[1]

'바울과 테클라 행전' 2장 6-8절에 등장하는 이야기이다. 이

'행전'의 이름을 아마 처음 들어본 독자들도 있으리라. 2세기 교인들에게 널리 읽혔다는 이 행전은 바울과 동역한, 귀족 출신 그리스도인 여성 전도자 테클라의 인생 여정을 담고 있다. 그러나 역사성을 논하기에는 사료들이 빈약하다. 일단 사도행전이나 바울 서신 어디에도 테클라라는 이름이 등장하지 않는다. 하지만 기록되지 않았다고 해서 실재하지 않았다고는 할 수 없다. 더구나 꼭 '이코니움에 사는 귀족 처녀 테클라'라는 특정 개인이 실재하지 않았더라도 초대교회에는 테클라와 비슷한 삶을 살아간 이방인 귀족 출신의 그리스도인 여성들이 많았다. 브리스길라도 대표적인 예이다. 그러니 지금부터 소개하는 테클라 행전의 이야기들을 들으며 '역사냐 허구냐' 하는 사실 확인의 시각보다는 2세기 여성 전도자들의 실재성과 고백문학에 담긴 의미를 함께 붙잡았으면 한다.

첫 인용 구절은 테클라의 어머니가 딸의 약혼자에게 하소연하는 장면이다. 소아시아 지방 선교여행 중이었던 바울은 이코니움에 이르러 어느 가정에 초대되어 설교를 하고 있었다. 테클라의 집은 창문을 열면 바울의 설교가 충분히 들릴 정도로 가까운 거리에 있었는데, 딸이 끼니도 거르면서 바울의 말에 집중하는 모습이 걱정스러웠던 어머니는 바울 설교를 함께 들어 본 듯하다. 바울은 "순결을 지키고 몸을 더럽히지 않아야 장차 부활이 주어질 것"(2장 16절)이라 가르치고 있었다. 바울은 정말 그렇게 말했을까? 물론 바울이 임박한 종말을 믿으며 일상의 결혼생활보다 독신 전도자의 삶을 더 권장하기는 했지만, 정경에 속한 바울의 여러 서신을 보면 결혼하고 성생활을 한다고 해서 부활의 몸이 못 된다는 가르침을 전한 적이 없다. 2세기 무렵, 그러니까 상당히 영지주의적 영향이 강하고 제국의 박해가 본격화되던 시절에 그리스도인 사이에서 큰 공감을 얻었던 '몸의 부활과 순결함'에 대한 고백적 이해가 이 문헌에 담긴 것으로 보인다.

하여튼 테클라의 어머니는 딸이 결혼하지 않기로 선택하면 어쩌나 전전긍긍했다. '가산제'로 운영되는 당시의 경제 시스템에서 유망한 귀족 가문의 자제가 결혼을 거부한다는 것은 집안 망할 소리였기 때문이다. 그럼에도 결국 테클라는 독신 선언을 하고 말았다. 약혼자 타미리스도 말릴 수 없는 신념이었다. 결국 어머니는 자기 딸을 행정관에게 고발하기에 이른다. "저 불의한 것을 태워 버리십시오. 모든 여자가 그녀로부터 교훈을 얻어 그런 잘못을 저지르지 않도록 타미리스를 거부한 그녀를 야외극장 한가운데서 태워 버리십시오"(5장 8절). 이쯤 되면 친엄마가 맞는지 의심이 갈 만하다. 하지만 이런 '류'의 엄마는 몇몇 일탈적 예외 사례라기보다는 제도가 만들어 낸 것이다. 정도 차이야 있겠지만 가산이나 지위를 지키기 위해 자녀를 희생시키는 일들은 동서 막론하고 전통사회 귀족 가문에서 흔히 발견되기 때문이다. 가문 지키기에 앞장서는 이러한 여자들은 이론적으로 표현하자면 '거세된 여성'과 '명예 남성'의 혼종이다. '거세된 여성'이란 여성으로 태어난 이상 남자를 따르며 남자 그늘에서 순종적으로 사는 것이 운명이라고 믿는 가부장제의 희생양을 일컫는 말이다. '명예 남성'은 희생양이 되기 싫어 권력을 지닌 남성의 자리에 자신이 올라가려는 경우인데, 생물학적으로는 여성이지만 그 역할이나 지위가 남성과 같다 하여 이름 붙은 말이다. 전통사회의 귀족 부인들은 현행 제도 안에서 특권을 누리는 존재들이기에 대부분 제도가 요구하는 삶의 방식을 절대화하기 마련이다.

총독 앞에 끌려간 테클라는 어찌 되었을까? 그 뒤에 일어난 일들은 믿기 힘든 일화들로 가득하다. 테클라는 결국 화형대에 묶이게 되었지만 이내 땅이 갈라지면서 안에서 물이 뿜어져 올라오고 하늘에서 비와 우박이 내려와 장작불을 꺼뜨렸다. 이 일로 다친 사람들도 많다. 두려워진 총독이 풀어 주자 테클라는 바울과 함께 선교여행을 떠난다. 그러나 안디옥에서 알렉산더라는 귀족이 테클라의 아름다움에 반해 길거리에서 성추행을 하다가 테클라가 반항하는 바람에 큰 모욕을 당하게 되고, 이 일로 테클라는 원형 경기장에서 사나운 맹수들의 먹이가 되는 형벌을 받게 된다. 그런데 굶은 암사자가 오히려 테클라를 보호하며 그녀를 향해 달려드는 곰과 수사자를 죽여 버렸다. 어디 그뿐인가? 계속해서 들어오는 맹수들을 피해 테클라가 성난 바다표범이 있는 큰 웅덩이로 뛰어들자 테클라를 감싼 빛과 불 때문에 바다표범들이 죽어서 물 위에 둥둥 떠올랐다고 한다. 관중석의 여인들도 가만히 있지 않았다. 맹수들이 계속 들어오자 계피와 같은 최면 유향제를 사용하여 맹수들을 잠재우며 온 힘을 다해 테클라를 지키고자 했다. 이쯤 되니 총독도 결국엔 손을 들고 그녀를 풀어 주었다. "나는 하나님의 종 테클라를 풀어 주노라"(9장 21절).

물론 테클라에게는 기도와 조력을 해 주던 사람들이 많았고, 나 역시 하나님의 기적에 불가능이 없음을 믿지만, 이쯤 되면 이 놀라운 구원의 기적들이 1세기 사도들의 순교 현장에서는 왜 일어나지 않았는지 의문이 생긴다. 학자들이 제시하는 한 가지 답은 테클라 행전에 담긴 '몸의 구원'을 부활 테마와 연결하여 읽어 내야 한다는 것이다. 불과 물, 맹수로 위협해도 하나님의 보호하심이 그리스도인을 구원하실 것이라는 신앙고백이 담겼다는 것이다. 실제로 테클라가 안디옥에서 만난 귀족 여인 트리피나의 일화도 이 주장에 힘을 실어 준다. 트리피나는 왕족 여인이었는데 근간에 딸을 잃고 슬퍼하던 중이었다. 그런데 총독에게 고발당한 테클라가 형 집행을 기다리는 동안 순결을 지키고 싶다면서 자신을 별도로 격리해 줄 것을 요청했고, 이에 트리피나가 자원해서 잠시 테클라를 돌봐 주겠다고 했다. 그런데 둘이 함께 있는 동안 딸 또래의 테클라에게 마음을 열었던 트리피나는 자연스레 복음을 듣고 부활에 대해서 알게 되었다. 하지만 자신의 죽은 딸이 영원히 하나님의 품에 있고 부활의 날에 몸으로 다시 살아날 것이라는 말을 선뜻 믿기가 어려웠다. 그런데 트리피나는 원형경기장에서 끔찍하고 잔인한 방식으로 공격당하는 테클라의 수난을 지켜보다가 그 자리에서 실신해서 죽었다가 테클라가 풀려나자 기적적으로 다시 살아나게 된다. 이날 이후 트리피나는 부활이 있음을, 자신의 딸도 곧 부활할 것임을 비로소 확신하게 되었다. 그리고 테클라를 자기 딸로 선포한다. 테클라는 고향 이코니움으로 돌아가 육신의 어머니를 전도하고자 했지만, 물리적으로 멀어지는 것이 '그리스도 안에서 새롭게 가족이 된' 이 둘을 갈라놓지는 못했다. 테클라가 돌아간 뒤에도 트리피나는 자신의 확신을 삶으로 살아 내었다. "그녀는 주의 말씀을 가르쳤고 많은 여자들이 회심하였다. 트리피나의 가정에 큰 기쁨이 있었다"(9장 24절).

안타깝게도 테클라는 친어머니 테오클리아를 회심시키지 못했다. 테클라의 영성이 부족했다기보다는 테오클리아의 '완악함'이 견고했기 때문일 것이다. 하나님의 계시를 전하는 모세의 메시지를 거부했던 이집트 파라오의 마음처럼 말이다. 하나님의 계시도, 이웃의 영성도 그 틈을 비집고 들어올 수 없을 만큼 '자기답' 안에 사로잡혀 갇혀 있는 마음 상태가 '완악함'이다. 역설적이게도 테클라는 친어머니를 잃고 그리스도 안에서 새롭게 어머니를 얻은 셈이다. 18세에 바울을 따라 처녀의 몸으로 고향을 떠날 때, 테클라의 마음 한구석에 어머니에 대한 안타까움과 미안함이 왜 없었을까. 그러니 자유의 몸이 되자마자 고향으로 달려와 제일 먼저 어머니를 전도하려 했을 것이다. 하지만 테클라는 결국엔 '몸의 어머니'와 헤어져 셀루키아 지역의 로데온산으로 가서 홀로 독신 수도자의 삶을 이어간다. 테클라가 무려 90세까지 장수하였던지라, 그 산에 머무는 동안 사연도 사건도 많았다. 다음 장에서 테클라의 이후 삶에 대해 더 소개하기로 한다.

동정녀 테클라의 영성

기독교
허 Her 스토리 **7**

테클라는 셀루키아의 로데온산으로 간 후에 어떻게 살았을까? 일단 '산'이라는 지형적 특성에서 유추할 수 있듯이 테클라가 복잡한 도시를 떠나 독신 수도자의 길을 걸었다고 전해진다. 그녀의 고향이나 바울과 동행한 지역들이 모두 무역 중심지요 풍요롭고 화려한 도시였음을 기억한다면, 테클라의 선택은 이전의 삶과는 상당히 동떨어진 셈이다. 고향과 안디옥에서 겪었던 수난과 그녀를 구원해 주신 하나님의 기적 이야기는 입에서 입을 타고 전해졌고, 수많은 귀족 여인들이 테클라를 찾아왔다. 신자들은 그녀를 '동정녀 테클라'라고 불렀는데, 세상을 버리고 테클라와 같은 영성 수행의 길을 선택하는 여인들이 점점 늘어났다.

그녀들이 추구한 것은 '거룩한 구별됨'의 영성이었다. 종교사회학자 막스 베버는 이러한 영성을 '저세상적 금욕주의 otherworldly asceticism'라고 불렀다.[1] 이는 초대교회부터 중세의 수도원 운동에 이르기까지 기독교 전통 안에서 꾸준히 관찰되던 영성이다. '저세상'이라는 말은 죽음 이후 피안의 세계를 의미하지 않는다. 세속 사회를 떠난다는 의미에 더 가깝다. 성 프란시스코가 하나님의 아들이 되는 선택을 하면서 육신의 아버지가 주신 모든 소유를 다 버린 것도 이 범주의 영성이다. 이 영성이 '금욕적'인 까닭은 물욕이나 권력욕은 물론 기본 욕구에 해당하는 식욕과 성욕도 절제하면서 '세상과 구별되기를' 추구했기 때문이다. 물론 세상의 온갖 탐욕에 사로잡힌 사람이 하나님의 영과 교류함으로써 얻게 되는 영성을 동시에 획득하기란 어려운 일이다. 탐욕이란 결국 자기 확장에의 욕망이고, 영성은 하나님의 뜻을 갈망하는 성품이기 때문이다. 하지만 한편으로는 질문도 생긴다. 거룩한 영성을 얻기 위해서 신자는 반드시 '금욕적'이어야 하는 것일까? 물질이든 자리든 성이든 그 탐욕이 나를 사로잡지 않을 정도로 '바르게' 사용하면서 영성을 길러 내는 방법은 없느냐는 말이다. 이러한 질문은 후에 개신교 신자들의 맥락에서 나오게 되었는데, 이는 차후에 살펴보기로 하고 여기서는 기독교 역사 초기에 유행한 '저세상적 금욕주의'에 집중해 본다. 고대 교회 공동체에서는 특히나 성적 금욕이 크게 강조되었다. 테클라도 자신이 전하는 복음의 내용보다는 하나님이 기적을 통해 그녀의 '처녀성'을 보호해 주셨다는 특별함이 칭송받고 있었다. 도대체 거룩의 영성을 선택할 수 있으려면 왜 꼭 '성적 순결'을 지키기 위해 결혼이라는 제도도 거부하고 도시의 화려함을 외면해야 했던 것일까?

한 가지 답은 초대교회가 성장하던 당시 도시 문화에서 찾을 수 있다. 바울 서신 중 비교적 후대에 쓰였기에 바울의 저작이라기보다는 '바울학파'의 저작이라고도 불리는 '에베소서'의 훈계를 일례로 보자. 저자는 '하나님을 본받는 자'의 모습, 즉 '빛의 자녀'가 되는 신앙인의 거룩한 삶을 성욕과의 대척점에서 말하고 있다. "음행과 온갖 더러운 것과 탐욕은 너희 중에서 그 이름조차도 부르지 말라. 이는 성도에게 마땅한 바니라. 누추함과 어리석은 말이나 희롱의 말이 마땅치 아니하니 오히려 감사하는 말을 하라"(5장 3-4절). 물론 여기서 '음행'이 성적 방종을 의미하지, 성욕 자체를 비판한다고 볼 수는 없다. 더러운 것이나 탐욕 역시 이교도들의 우상숭배 제의 의식과 결부된 특정 방식의 성행위와 관련이 있다. 하지만 성적 타락이 만연한 문화에서 살아가다 보면 성욕 자체와 성적 방종을 구별하기란 쉽지 않다. 테클라가 바울을 따라 선교여행을 가겠다고 했을 때 바울이 한사코 말렸던 이유만 보아도 당시 여성을 향한 성희롱이나 성폭력이 얼마나 비일비재했는지 짐작할 수 있다. 안디옥에서 고귀한 신분이라는 알렉산더가 대낮 대로변에서 테클라에게 뻔뻔히 수작을 걸었던 것도 다 이런 문화적 배경을 반영한다.

테클라를 비롯하여 귀족 여인들은 이렇게 성적으로 대상화되고 희롱당하는 '일상'의 삶에 노출되어 있었다. 그녀들은 자신의 처지를 어떻게 생각했을까? 그저 여자로 태어난 죄이다? 어쩌면 그렇게 체념할 뻔했다. 하지만 그리스도의 십자가 아래에서는 남자나 여자나 차이가 없다고, 모두 하나님의 '자녀'로서 하나님의 영 안에서 진정한 나로 영혼의 자유를 누리며 살아갈 수 있다는 말씀이 얼마나 반갑고 기뻤을까? 그야말로 '복음'이었을 것이다. 테클라가 3일이나 식음을 전폐하고 바울의 설교를 들었던 것은 단지 바울이 달변가였기 때문만은 아니었다고 본다. 테클라의 거주지를 찾아와 그녀에게 복음을 전해 들은 귀족 여인들이 나름 풍요롭고 안락했던 자신들의 물질적 환경을 버리기로 결심한 것도 마찬가지이다. 그러니까 그리스도의 복음에 사로잡힌 여성들은 자신을 남성의 종속물로 여기는 '세상'에 머물 수 없었던 것이다. 성적 순결 자체가 거룩함과 동일시되거나 부활의 조건이 된다는 선포는 이런 배경에서 나온 극단적 주장이었을 뿐이다. 더구나 초기 기독교인들이 겪었던 박해와 순교는 현존하는 제도에 대한 혐오와 경멸을 더욱 가중시켰을 것이다. 그래서 고대 교회 전통에서는 성적 순결과 영성의 추구를 동일시하는 태도가 유난히 강했다.

요는, 이 맥락을 이해해야 동정을 지키기 위한 그 눈물겨운 서사를 '성성sexuality 혐오'와 동일시하지 않게 된다는 것이다. 이를 염두에 두지 않고 고대 교회의 순결 서사를 읽어 온 까닭에 주류 교회는 지금까지도 하나님이 창조하신 성성을 제대로 인정하지 못하고 있다. 종종 들려오는 금욕주의적 종교인들의 왜곡된 성적 일탈은 이와 무관하지 않다. 흥미롭게도 가부장제 사회는 여성을 비하하면서도 동시에 여성의 '처녀성'을 신성화하는 이중적 태도를 취해 왔다. 테클라의 마지막도 그랬다. 그녀는 치유의 능력이 있었고, 하여 주변에는 늘 가난하고 아픈 사람들이 몰려들었다고 한다. 덕분에 지방 의사들의 수입이 줄어들 지경이었고, 테클라가 '처녀'이기 때문에 신들의 사랑을 받는다고 생각했던 지역의 남자들은 부랑배들을 매수하여 테클라의 처녀성을 강제로 빼앗으려고 시도했다. 테클라가 90세 때의 일이다. 젊고 난

폭한 남자들에게 동정을 빼앗길 상황이 되자 테클라는 마지막 유언과도 같은 기도를 올린다. "저는 늙고 볼품없는 여자이지만 주 예수 그리스도의 종입니다. 여러분은 저에 대한 악한 계획을 하고 있지만, 뜻대로 되지 않을 것입니다.… 오 지극히 거룩하시고 그 무엇도 감히 비견할 수 없는 하나님. 당신은 원수들 목전에서 당신을 영화롭게 하셨고, 저를 불길에서 구하셨습니다. 저를 타미리스에게도, 알렉산더에게도 넘기지 않으셨습니다. 저를 사나운 짐승들에게서 구하셨고, 깊은 물 속에서 보호해 주셨습니다. 당신은 어디서든 저의 도움이 되셨고, 저를 통해 당신의 이름을 영화롭게 하셨습니다. 이제 이 악하고 무분별한 자들의 손에서 저를 구해 주십시오. 지금껏 당신의 이름을 위해 지켜온 저의 동정을 이들이 더럽히지 못하게 하소서. 저는 당신을 영원히 사랑하고, 갈망하며, 예배합니다. 오, 성부, 성자, 성령이시여. 아멘"(11장 7, 9-10절). 그 기도가 끝나자 하나님이 테클라가 처녀성을 지키도록 바위를 열어 주셨고 테클라가 그 안으로 들어가자 곧 바위가 닫히게 되었다는 이야기다.

테클라만 아니다. 이후 '순결한 그리스도의 신부'로 살아간 영성 깊은 그리스도인들의 이야기는 차고도 넘친다. 그리고 중세 무렵이 되면 몸의 순결을 동반한 영성의 수행은 어느덧 신앙적 관행이 되어, 성욕을 느끼는 것 자체를 거룩한 영성에 반反하는 것으로 여겨 극도의 자기 부정과 자학을 수행하는 수도자들이 생겨났다. 안타까운 일이다. 적어도 초기 기독교 여성들(그리고 남성들)의 삶의 자리와 문화·제도적 맥락을 이해했더라면 동정을 선택한 수도자들의 삶에 담긴 체제 저항성을 제대로 읽어 낼 수 있었을 것이다. 하여 성성 자체를 혐오하는 왜곡된 전통이 교회 안에서 오랫동안 지속되지는 않았을 것이다. 역사를 아는 것은 이래서 중요하다.

소비문화 한복판에서 묵상하는 이집트의 마리아

기독교
허 Her 스토리 **8**

오늘날은 소비가 '능력'을 넘어 '미덕'이 되어 버린 사회이다. '플렉스flex'라는 말이 있다. 원래는 1990년대 힙합 가수들이 자신들의 부요함이나 성공을 자랑하는 가사와 몸짓을 의미했다는데, 요즘 젊은이들 사이에서는 하나의 '문화적 유행어'로 자리 잡았다. 전통 사회의 '노블레스 오블리주noblesse oblige'가 부자들의 사회적 책무에 방점이 찍혔다면, 오늘날의 '플렉스'는 나 자신만 위한 것이다. 인스타그램이나 페이스북과 같은 사회관계망 서비스에 '나를 위한 선물'이라는 해시태그와 함께 올라오는 고가의 물건들이나 호텔뷰도 이런 범주 안에 든다. 물론 친구들이나 지인을 위해 크게 한턱 쓰는 것도 '플렉스'에 속하지만, 이는 이웃사랑이나 자선의 차원보다는 '돈 자랑'에 가깝다. 주로 나와 어울리는 동류의 사람들에게 나의 부를 과시하는 것이기 때문이다.

자본주의 사회인데 어쩔 수 없는 것 아닌가. 넉넉한 사람들이 소비하고 지출해야 돈이 돌고 경제가 살고, 그래야 서민들도 먹고살지 않는가. 이렇게 생각하는 이들이 의외로 많다. 틀린 말은 아니다. 하지만 '플렉스'는 돈 많은 부자의 행동만은 아니다. 한정판 명품이나 평소 가지고 싶던 고가의 물건을 사기 위해 밤낮없이 일한 한두 달 월급을 통째로 써 버리는 서민들의 이야기가 들린다. 《90퍼센트가 하류로 전락한다》(재인, 2006)의 저자 후지이 겐키는 서민층이 동시대 상류층의 소비 형태를 따라 하는 현상을 한 제도의 말기적 상황으로 진단한 바 있다.[1] 우리나라 양반사회도 그러했다. 후대로 갈수록 족보를 사서 양반이 된 중인이나 서민 집안에서 너도나도 호화로운 가례에 치중했었다.

4세기 로마제국도 비슷했다. 불과 한 세기 안에 그 거대한 제국이 망할 거라고는 아무도 상상하지 못했고, 현재의 부와 성공을 즐기는 도시 사람들로 넘쳐났다. 이집트의 한적한 농촌 마을에서 태어난 소녀 '마리아'도 허영과 풍요를 '플렉스'하는 당시의 조류에 마음이 동했다. 평범한 기독교 가정에서 나고 자란 마리아는 미모가 출중했던 모양이다. "아휴, 여기서 썩기엔 아까운 인물이야." "마리아가 날이 갈수록 미모가 돋보이네." "대도시에 가면 크게 벌 텐데…." 동네 사람들의 부추김도 한몫했을 것이다. 마리아는 결국 고향을 떠나 화려한 도시 알렉산드리아로 갔다. 그리고 머지않아 제대로 '플렉스'하는 삶을 살게 된다.

그 시절 농촌 출신으로, 많이 배우지 않은, 그리고 미모가 매우 빼어난 소녀가 할 수 있는 성공은 뻔했다. 마리아는 고급매춘부가 되었다. 마리아는 금전적 여유만 즐기지는 않았다. 고객이

'글로벌' 부유층이다 보니 마리아가 먹고 입는 것은 차원이 달랐다. 웬만한 귀족들도 구하기 어려운 고가의 포도주를 매일 마셨고, 옷과 장신구는 알렉산드리아 여성들 사이에서도 눈에 띄게 화려했다. 마리아가 한껏 꾸미고 거리에 나서면 사제들조차 무의식적으로 마리아에게 눈이 가곤 했다고 하니, 그야말로 마리아의 '플렉스'는 끝을 모르고 높아진 것이다.

그렇게 살기를 17년, 그 생활마저도 무료해진 마리아는 우연히 알렉산드리아 항구에서 성지 예루살렘으로 떠나는 순례자들의 배를 발견했다. 그리고 즉흥적으로 그 배에 올랐다. 순례자 무리와 항해를 하는 동안도, 예루살렘에 내려 이곳저곳 성소를 돌아보는 동안도 그저 일상에서 벗어난 기쁨을 즐길 뿐이었다. 그런데 성 십자가 축일을 기념하여 성당에 들어가는 무리를 따라 들어가려다가 마리아는 신기한 체험을 한다. 마치 보이지 않는 줄에 매인 양, 성당 문 앞에서 한 발자국도 더 나아갈 수가 없었던 것이다. 이게 무슨 일이지? 덩달아 떠난 여행에서 무리를 따라 같이 다녔지만, 마리아는 결국 성소에 들어갈 수 없었기에 성당 앞 뜰을 거닐다가 성모상을 발견한다. 그리고 그 앞에 엎드려 기도를 올렸다. 아, 실로 얼마만의 기도던가! 끊임없이 눈물이 흘렀고 자신의 삶이 부질없었음을, 하나님 앞에서 기뻐하심을 입은 삶이 아니었음을 비로소 깨달으며 참회를 하였다. 그리고 지금까지 헛되게 살았던 17년을 어떻게 '보속'할 수 있을지 고민했다.

사실 개신교인들에게 '보속'은 낯선 교리다. 예수님도 그리 말씀하시지 않았나. 진심으로 죄를 뉘우치고 돌이키면 하나님이 은총으로 죄를 사해 주신다고. 하지만 마리아 시절에는 교회의 제도화institutionalization가 진행되고 있었다. 제도화는 비본질적인 수행성을 교리나 행동 수칙으로 강조하기 마련이다. 하여 마리아는 보속의 행동으로 홀로 광야에서 주님과 온전한 시간을 보내기로 작정한다. 그리고 즉시 요르단강 건너 사막에서 극단의 금욕과 고행의 삶을 살았다. 모든 장신구를 벗어 놓고, 입고 있던 옷 하나만 걸친 채 광야로 향했던지라 세월이 흐르면서 단벌옷마저 닳아 없어지고 말았다. 그러나 알몸의 마리아는 예전처럼 육감적이지 않았다. 사막에서 극도의 단식과 고행으로 몸이 극단적으로 야위었기 때문이다. 사막으로 떠날 때 빵 세 쪼가리를 챙겼지만, 그마저도 세속의 맛이라며 제한하고 광야에서 구할 수 있는 나무뿌리나 작은 열매로 연명했다.

그렇게 47년을 홀로 광야 수행을 하던 어느 날, 수도원 원장이며 경건하고 학식이 깊은 신학자 조시모가 사순 시기의 단식재를 지키고자 이 광야를 찾았다. 조시모는 마리아의 모습을 멀리서 처음 발견했을 때 사람인지 동물인지조차 구별하기 어려웠다고 했다. 조금 더 가까이 다가가 사람임을 간파하고 난 뒤에도 마리아가 남자인지 여자인지 알기 힘든 상태였단다. 마리아의 몸은 그야말로 마른 나뭇가지 같았다. 당시는 '영적인 수행'을 세상에서의 성별 역할을 초월하여 남녀 모두 '순결한 그리스도의 신부'가 되는 삶으로 이해했음을 앞에서 언급한 바 있다. 그것이 물질적 '플렉스'가 넘치던 세속 문화에서 자신을 구별하고 영적 그리스도인으로 살고자 하는 경건의 선택이었다고 말이다. 그 점에서 마리아의 '성별이 삭제된 몸'은 경건의 절정으로 여겨졌다.

그러나 고행 수행의 몸보다 조시모를 더 놀라게 한 것이 있었다. 마리아가 정규 신학교 과정을 배운 것도 아니고 제자 공동체에 속한 것도 아닌데, 하나님의 속성에 대해 너무나 잘 알고 있였고, 학자요 사제로서 존경받는 원로인 자신과 신학적 대화를 나누는 데 조금도 막힘이 없었기 때문이다. 후에 마리아에 대한 일화를 적으며 조시모는 하나님의 영이 결코 교회 의례나 교육 안에 갇히지 않음을 마리아를 통해 확신하게 되었다고 고백한다. 하긴, 우주에 가득한 하나님의 영을 만났다면 홀로 사막 한가운데에서 깨달았다 해도 그 내용은 보편적(가톨릭)일 수밖에…. 다음 해 같은 시기에 조시모는 그곳을 찾아갔다가 마리아의 유해를 발견했다. 431년 4월 2일의 일이다. 언제 선종했는지는 알 길 없으나, 이후 가톨릭교회는 4월 2일을 마리아 축일로 지키고 있다.

유한하고 나약한 인간을 성인으로 시성하는 가톨릭교회의 제도를 옹호하는 건가요? 아니, 아니다. 문득 오늘날 '플렉스'로 가득한 이 문명과 대조적으로 살아가는 방법은 무엇인가 하는 질문이 떠올랐기에 이집트의 마리아를 기억했을 뿐이다. 물론 이집트의 마리아를 묵상하며, 우리 모두 옷 한 벌만 걸치고 사막으로 달려가자고 선동하려는 것도 아니다. 당장 나부터도 그리할 만큼의 결단력이 없거니와, 개신교인으로서 나는 외로이 홀로 사막 수도자의 삶을 사는 것만 경건한 신자의 삶이라고 생각하지 않는 쪽에 속한다. 하지만 편리와 풍요를 위해 인간이 만들어 낸 소비적 삶이 모이고 쌓인 결과, 오늘날 우리가 직면한 지구적 재난 상황을 보고 있노라면 이것이 비단 로마제국의 물질적 전성기를 누리던 4세기 그리스도인들의 결단이기만 할까 싶다. 일 년 중 반년이 무덥다는 지역에 폭설이 내리고, 춥기로 유명한 곳에서는 한겨울 이상 고온으로 당황하는 시절이다. 추위를 대비할 일이 없었던 사람들이 동사하고, 빙하는 녹아내려 북극곰의 서식지가 사라진다.

아, 우리는 무엇을 끊고 절제해야 하나? 사순절 기간에 음식만 아니라 지구온난화와 오염을 일으키는 행동을 자제하자는 운동이 전개 중이다. 화려한 상자에 고가의 포장지, 거기에 우아한 리본이 달려야만 대접받는 선물이라고 여기는 자본주의적 문화는 끊어도 좋겠다. 우리가 숲의 상실을 대가로 지불하고 편리하게 사용하는 일회용 용품들도 가능하면 제한할 일이다. 플라스틱 쓰레기는 100년이 지나도 썩지 않고 이웃 생명과 지구를 고통스럽게 한다는데, 이 역시 우리의 번거로움과 부지런함으로 줄여 나갈 수 있을 것이다. 하나님이 창조하신 만물의 유지와 회복을 위해 절제와 금욕이 다시 필요한 때가 아닌가 하는 생각이 든다. 아, 참! 마리아가 조시모와 만났을 때, 전에 세속사회에서 가져갔던 빵 세 덩어리가 얼마나 남아 있었는지 아는가? 조시모가 전하는 말에 따르면 이미 돌처럼 딱딱해져 먹을 수 없게 된 빵은 두 덩이 반이었단다.[2] 이 일화가 사실이냐고 묻는다면, 근거 자료는 희박하다. 그러나 '플렉스'의 절정기였던 4세기 제국의 소비문화 한가운데서, 절제와 금욕을 대안으로 여기며 살아간 그리스도인들은 실재했었다.

교회의 제도화, 여성의 패배?

기독교
허 Her 스토리 **9**

　《그리스도교 여성사》를 쓴 독일의 저명한 신학자 한스 큉 Hans Küng은 기독교가 로마제국의 국교가 되고 제도화의 길을 걸어가면서 공동체 내부에서 크게 두 집단의 패배자들을 양산했다고 평가한 바 있다. 바로 유대교 그리스도인들과 여성 그리스도인들이다![1] 이들의 주장이 틀려서가 아니었다. 물론 자주 '이단자들'이라고 명명되며 교회의 주류에서 축출되었지만, 실은 순서가 반대다. 이들은 역사적 흐름 속에서 주류 기독교의 흐름을 잡은 주체가 아니었기 때문에 주변화될 수밖에 없었고, 이들의 신앙고백이 이상한 것, 낯선 것, 중심을 흔드는 것, 위험한 것으로 분류되기 쉬웠다는 말이다.

　전해져 내려와야 전통傳統으로 인정되든지 말든지 할 텐데,

전해지기는커녕 그리스도인으로서의 주장과 일화를 빼앗기고 묻혀 버린 여성 그리스도인들이 많다고 했다. 그들 중에 '사막 교모church mothers'도 들어 있다. 이미 테클라나 이집트의 마리아를 살펴보았지만, 세속을 떠나 하나님과의 친밀한 관계 속에서 영성을 수련한 사막 교모들은 교회의 발생 초기부터 꾸준히 존재했다. 그리고 그녀들의 깊은 깨달음이나 일화는 교모를 찾아 사막까지 온 순례자나 수도자 무리가 발견하여 전했다. '교모'라는 말이 다소 낯설지도 모르겠다. '교부church fathers'라는 말은 익숙하게 들어 왔는데 말이다. 교부나 교모는 반드시 제도적 절차를 통해 임명되는 것이 아니었기에, 초기에는 그야말로 '영적 아버지', '영적 어머니'로 여길 만한 교회의 지도자들에게 자연스레 부여된 지위였다. 다만 대부분의 사막 교모나 교부는 세속 사회를 떠나 홀로 수행과 기도를 했기에, 그들의 가르침이나 일화는 그들을 만난 사람들이 전한 전승에 의지할 수밖에 없었다. 그런데 시간이 갈수록 교부들의 이야기는 점점 늘어가는데 교모들의 이야기는 전해지지 않았다. 기독교 '허her'스토리를 적어감에 있어서 4세기 이후에도 분명 존재했을 교모들의 이야기를 입체적으로 전하지 못하고 중세 초기로 훌쩍 넘어가자니 안타깝기 그지없다.

 튀빙겐 대학교의 '여성과 그리스도교'라는 연구 프로젝트를 진행한 역사학자 안네 옌센은, 제도화가 진행될수록 초대교회가 보였던 성평등한 제자직이 점점 남성에 종속된 여성 부제deacon라는 위계로 전개되고 있음을 발견하였다. 카이사리아의 주교 에우세비우스가 펴낸 3세기 무렵의 교회사에서는 교회 여성들의 적극적인 활동이 꽤 기록되어 있는 데 반해, 4, 5세기의 역사 기록물들에서는 여성들을 익명화하려는 시도가 자명하다. 무엇보다 확연한 특성은 후대의 기록자들이 독자적이고 주체적인 사막 교모들의 이야기는 전하기 꺼린 반면, 남성 주교들의 관리 감독을 받는 수녀 공동체의 여성들은 훨씬 선호하고 옹호했다는 것이다.[2]

한편으로는, 생물학적으로는 여성이라도 극단의 금욕을 통해 성차가 가려져 '명예 남성'과도 같이 되어 버린 교모들에게는 종종 남성의 이름이 붙여서, 일반 여성들과 다른 '예외적'인 존재로 구별하려는 시도가 병행되었다. 고대 교회에서 전통적인 성역할을 거부하고 하나님 앞의 단독자로서 자신의 재능과 부르심에 따라 교회를 섬기는 '그리스도의 신부'가 되겠다고 선언했던 여성들의 주체적인 삶은, 교회의 제도화와 더불어 교묘한 이원화의 트랙으로 분열되게 된다. 아우구스티누스가 이 지점에서, 적어도 여성 문제에 있어서는 향후 오고 또 올 수많은 기독교 여성들에게 (그리고 남성들에게도) '반反성경적' 해악을 끼쳤음이 분명하다.

> "여자의 매력은 남자로 하여금 높은 정신의 세계로부터 빗나가게 한다"(《독백》, 1장 10쪽).
> "남자여, 너는 주인이고 여자는 너의 노예이다. 신께서 그렇게 원하셨으니, 사라는 아브라함에게 복종하여 그를 주인님이라고 불렀다고 성서에 적혀 있다"(《강론》, 322쪽).
> "남자에게 도움을 주기 위해 여자가 만들어졌다고는 하지만, 자식을 낳는 일 말고 무엇 때문에 여자가 만들어졌는지 도무지 모르는 일이다"(《창세기에서 성서로》, 100쪽).[3]

아우구스티누스는 분명 여성도 '하나님의 형상'으로 지음받은 영적인 존재로서 남성과 위계상 차이가 없다는 신학적 주장을 고수한 신학자였다. 그런데 어떻게 저런 이야기를 할 수 있었을까? 자신이 속한 종교 공동체의 평등한 신앙고백과 자신이 살아가는 사회의 가부장적 여성 응시 사이에서 아우구스티누스는 결국 여성의 존재 방식을 두 갈래로 나누는 해결책을 선택했다. 아니, 제도화가 진행되는 과정에서 이미 벌어지고 있던 분열을 신학적으로 정리했다는 말이 맞겠다. 존재론적으로는 남자나 여자나 영적 평등성을 지닌다. 그러나 몸은 다르다. 여성의 몸으로 태어난 이상 생물학적 운명(창조 질서)을 받아들이라!

종교 사회학적 방법론을 적용하여 기독교 역사 2천 년의 가르침을 정리한 에른스트 트뢸치Ernst Tröeltsch에 따르면, 아우구스티누스의 '타협'은 기독교 교회에만 있는 현상이 아니다. 트뢸치는 모든 종교 집단을 '교회 유형church type'과 '종파 유형sect type'으로 나누어 설명했는데, 제도화의 끝에 출현하는 종교 집단 대부분이 '교회'의 특성을 띤다고 했다. 조직 위계가 세분화된 제사장 집단이 존재하고, 법적 제제와 형벌까지 적용 가능한 엄격한 교리가 성립되며, 종교와 정치경제 활동이 긴밀하게 연결되어 종교 지도자들이 세속적 지도권을 함께 가지게 된다는 것이다.[4] 정확히 '예수 사건'이 일어나기 직전 '제도'로서의 유대교가 그랬다. 혼동하지 말아야 할 것은 트뢸치가 '교회 유형'이라고 한 것은 비단 기독교 교회만 가리키는 것이 아니라는 점이다. 제도로서의 유대교는 트뢸치가 언급한 '교회 유형'이다. 사제들은 형식화된 율법주의에 사로잡혀 스스로 의인이라 여기며 평신도를 죄인으로 응시하고 속죄 의례를 독점했었다. 이러한 제도에 저항하여 신앙의 자율성과 주체성을 부르짖고 하나님을 '압바'라고 새롭게 관계 설정한 예수님의 '하나님 나라 사건'은 트뢸치의 이론에 따르면 '종파 유형'이다. 그러니까 예수님의 하나님 나라 운동과 그분을 그리스도로 고백하며 따르던 그리스도교 교회는 '유대교 내부의 한 종파 운동'으로 시작했다는 말이다.

아니, 뭐라고요? 기독교가 유대교의 한 종파 운동이었다고요? '종교사회학적'으로 볼 때, 시작은 그러했다. '종파 유형'은 대부분 극단적 제도화가 이루어진 신앙 집단 내부에서부터 발생하며, 전통의 이름으로 위계화되고 형식화된 전례들에 도전장을 내고, 신앙의 본질과 핵심으로 돌아갈 것을 호소하는 매우 급진적인 평등 공동체를 지향한다. 예수와 제자들의 공동체, 초대교회의 모습이 그러했다. 그 공동체 안에서는 여자도 제자가 될 수 있었고, 부활의 증인이요 사도나 복음 전도자의 사명, 교모의 역할도 가능했다! 보통 '교회 유형'이 지배적인 집단에서 종교는 개인의 선택이 아니라 태어나면서 부여되는데(유대인으로 태어나면 유대교인), 자발적 결단에 의해서 그리스도인이 된다는 점에서도 기독교는 종파적 특성을 지닌다.

기독교 초기 공동체가 종파적 성격을 지니던 시절, 성차에 의한 위계는 가장 적게 작동하고 있었다. 그런데 성직 위계가 견고해지고 교리적 신학 사상이 체계화되면서 여성의 자리가 점점 좁아지고 낮아졌다. '로만 가톨릭'이라는 표현처럼, '보편(가톨릭)'이어야 하는 교회가 로마라는 제국과 동행하고 이어서 유럽의 제국들 위에 군림하게 되자, 이제 교회는 특정 남자들(사제들)의 것이 되어 버렸다. 하나님의 딸로, 그리스도의 신부로 그리스도교 여성 개인이 누릴 수 있던 자율성과 주체성, 자발성은 '창조 질서에 반反하는 것'으로 여겨졌다. 오직 '아이를 낳는 일' 말고 하나님의 세계에 도움이 될 만한 '여자의 일'은 없다고 주장하게 되었다. 아우구스티누스와 더불어 아리스토텔레스까지 붙잡은 '위대한 종합론자' 토마스 아퀴나스는 한발 더 나아가 여성을 '열등의 기호'로 호명했다. 일찍이 아리스토텔레스는 "모든 생명체가 제대로 분화한다면 수컷이 된다"는 망발을 한 바 있다. 아퀴나스는 이 세계관을 생물학적 진리로 받아들여 여성을 '잘못 만들어진 남자'라고 부르기에 이른다.[5] 결국 기독교 공동체도 제도로서의 '교회 유형'에 도달한 것이다. 이제 온전한 창조물, 하나님의 거룩한 작품인 여성이 그리스도 안에서 주체적이고 자율적이며 자발적인 상태로 살아갈 수 있는 것은, 트뢸치가 제3의 타입으로 분류한 신비주의 전통 안에서나 가능했던 것으로 보인다. 중세를 통과하면서 마치 히스테리 환자처럼 혹은 광기 어린 맹신도처럼 보였던 여성 신비가들의 모습은 제도가 그녀들의 자리와 언어를 빼앗은 정황에서 이해해야 할 것이다.

몸의 고통과
여성의 언어

기독교
허Her스토리 **10**

 "존재론적으로는 남자나 여자나 영적 평등성을 지닌다. 그러나 몸은 다르다. 여성의 몸으로 태어난 이상 생물학적 운명(창조 질서)을 받아들이라!" 이것이 고대를 마무리하며 중세로 접어든 제도 교회에서 여성을 향해 지배적으로 들리던 명령이라고 했다. 이것을 '규범'이요 '신조'로 여기게 된다면 결국 한 여성이 선택할 수 있는 길은 둘 중 하나이다. 극단적으로 '몸'을 부정함으로써 남성과 영적 동등성을 획득하는 것이 첫째다. 물론 '몸의 부정'이 여성들에게만 해당되는 사항은 아니었다. 이미 헬라 문명권에는 엄격하고 금욕적인 수행성을 강조하는 스토아 철학 사조가 주류로 자리 잡고 있었기에 남성 수도자들도 이 길을 선택했다. 하지만 중세 신비주의를 연구한 이충범 교수가 밝히듯이, 남성들의 금욕적 혹은 가학적 고행은 일시적인 경우가 많았다. 공적 활동을 신앙적이고 올바르게 수행하기 위한 한시적 자기 연단의 사례였다는 것이다. 반면 여성들의 고행은 일생에 걸쳐 몸을 철저하게 부정하고 가학하는 방식이었다.[1]

몸으로 타락한 생활을 한, 혹은 그럴 가능성이 있는 여성들의 경우 신앙심이 인정받고 칭송되는 길은 '이집트의 마리아' 경우처럼 홀로 세상과 격리된 삶을 사는 것뿐이었다. 안디옥의 창녀 펠라기아Pelagia의 경우도 같은 길을 밟았는데, 그녀는 이름마저 '펠라기우스'라는 남성의 이름으로 개명을 했다. 일종의 '명예 남성'의 삶을 살았던 셈이다. 물론 '명예 남성'이라는 범주에 딱 들어맞는 경우라고 하기에도 모호하다. 여성주의에서 말하는 '명예 남성' 대부분은 남성과 견줄 만한 자리에 앉아 권력을 행사하기 때문이다. 하지만, 장례식 때 몸을 수습하는 사람들에 의해 비로소 여성이라는 것이 알려졌다 하니, 펠라기아가 '여성'의 몸을 얼마나 부정했는지(그리고 그로 인해 영혼의 구원을 얻었는지)를 짐작하게 된다.

문제는 자기 몸의 부정과 고행이 자발적인 것이 아니라 제도적인 것, 혹은 신학적 정당성을 얻게 되는 경우이다. 적어도 고대 교회에서 여성들은 기존의 가부장적 여성 제한을 벗어나고자 해방적 차원에서 단독 수행자의 길, '순결한 그리스도의 신부'를 자발적으로 선택한 경우가 많았다. 그러나 이것이 여성이 선택할 수 있는 가장 영적인 (그리고 우월한) 길이라는 주장이 신학적 지지와 제도적 힘을 얻게 되면 삶의 역학dynamics은 달라진다. 문화적 압력이 개인의 선택에 작용하게 되는 것이다. 5세기에서 9세기까지 집중적으로 저술된 기독교 성인들의 전기hagiography를 보면, 그 전기에 등장하는 '성녀들'의 이야기는 대부분 구성상 특성이 똑같다. 홀로 남겨졌거나 처녀인 상태여서 남성들에게 유혹의 대상이 되는 여성을, 신앙심 깊은 나이 든 남성 보호자가 골방이나 무덤가나 동굴에 감금한다. 물론 해당 여성은 이를 받아들인다. '남자를 알게 되는 것'은 그녀들에게 금지된 최고의 행악이며, 그 모든 육체적 기쁨이 제거되어야 구원에 가까운 존재가 된다고 가르침을 받는다. 가르침대로 수행한 여성은 종국에 영혼 구원의 기쁨을 얻는다.

"아니, 그러면 사회는 어떻게 유지되나요?" 필시 그런 설질적 이유에서 남성 신학자들은 제2의 길을 그리스도교 여성이 '용납 가능한 길'로 선포했을 것이다. 세상 제도(결혼 포함) 안에서 살아가는 그리스도인 여성에게는 '양육자'와 '봉사자'의 길이 가능했다. 차선이라고 할까. 물론 주체적 단독자로서의 양육과 봉사는 아니었다. 여성들을 지휘하고 감독하는 것은 언제나 남성, 남편, 사제들의 몫이었다.

하지만, 경험하지 못했다면 모를까, 가부장적 교회 지도자들이 걱정했어야 하는 것은 여성이 '남자를 알게 되는 것'이 아니었다. '하나님을 알게 되는 것', '성령과 교통하는 것'의 기쁨과 힘을 알게 된 여성들을 이 두 범주 안에 가둘 수는 없었다. 제도 교회가 통제하기 힘들었던 여성 공동체의 신비주의 운동이나 개별 여성들의 히스테리적 종교심은 바로 이런 실재를 대변하는 현상이다. 내가 경험하고 온몸으로 느끼는 영성을 언어로 발화하고 삶으로 표현하고 싶은데 이걸 담아낼 제도나 규범이 없을 때, 여성들은 어떤 방식으로 자신의 신앙적 체험을 드러낼 수 있을까? 드러내야 할까?

가부장적 시선에서의 심리학은 그동안 여성들이 감정적이고 신경이 약해서 히스테리 환자가 많고 종교에도 더 극단적으로 빠지는 경향이 있다는 식으로 결론 내려왔지만, 실은 그 반대이다. '온몸과 혼과 영'으로 하나님과 교통한 체험을 공식적으로, 공적으로 개념화할 수 없는 세상에서 버티다가 일종의 병증이 생겨난 것이다. 1098년 독일 귀족 가문에서 태어난 힐데가르트Hidegard도 평생 신체의 병증에 시달렸다. 힐데가르트는 당시 신실한 기독교 귀족 가문의 풍습을 따라 어린 나이에 수녀원에 보내졌다. 하지만 스승 유타Jutta 밑에서 수녀 생활을 하며 힐데가르트가 보고 느낀 것은 수녀들의 신앙적 경건만은 아니었다. 그리스도의 십자가 아래에서는 남자와 여자의 차별이 없어야 하는데도, 수녀들의 언행을 늘 통제, 조정하는 남성 수도사들과의 위계가 보였다. 하여 스승이 소천하고 자신이 수녀들의 수장이 되자 곧 여성 수도자들만의 독립적 공동체를 건설하고자 시도한다. 물론 남성 사제들이 이를 순순히 허락할 리 만무했다.

어느 날 나는 눈이 흐려져서 아무런 빛도 볼 수 없었습니다. 내 몸은 천근만근 무거워졌고 이 때문에 나는 자리에서 일어나지 못했습니다. 게다가 나는 심한 육체적 고통을 겪고 있었습니다. 내가 이렇게 고통을 받고 있는 것은 내가 받은 계시를 말하지 못하기 때문이었습니다. 나는 나와 함께 있는 어린 소녀들과 내가 서원했던 디시보텐베르크를 떠나서 다른 곳으로 가야만 한다는 것을 (환상 중에) 보았습니다.[2]

힐데가르트는 자신이 받는 고통이 여성의 몸을 하고 있기 때문도, 죄의 대가도 아님을 분명히 했다. 사실 당대 교회가 허용하는 여성 수도자의 신비나 환상 체험은 개인의 영성 차원에서만 허용되고 있었다. 그래서 공동체의 의사 결정이나 공적 내용은 남성 사제들의 통제 아래서 검열을 받아야 한다는 중세의 규정 속에서, 여성들의 신비 체험이 히스테리나 병증으로 발현되었던 경우가 많았다. 예를 들어 13세기를 살았던 메칠드Mechthild of Magdeburg는 자신의 육체적 고통을 신과 만나는 과정이나 보속의 차원으로 해석했다. "아! 우리가 표현할 수도 없는 그 얼마나 많은 죄들이여, 그리고 그 죄를 보속하기 위하여 찾아와 우리의 죄된 몸에 살며시 들어온 그 고통들이여!"[3] "숙녀 고통님lady Pain, 어서 오소서. 당신은 내가 이 땅에서 입고 있는 속옷이며 이 세상의 멸시는 내게 가장 좋은 외투입니다."[4] "하나님은 나에게 세 가지 방식으로 그분의 사랑을 표현하여 주셨습니다. 가장 중요한 첫째는 아주 따듯함으로, 그리고 둘째는 숭고하고 기품 있게 가까이 다가오심으로써, 그리고 지금은 매우 강렬한 고통으로,… 그러나 나는 앞의 두 가지 방식보다는 마지막, 즉 고통 속에 처하는 것을 더 좋아합니다."[5]

하지만 힐데가르트는 자신의 육체적 고통에 분명한 원인이 있음을, 그리고 자신이 속에 담긴 말을 발화하는 권위의 근거는 그것이 '하나님의 계시'이기 때문임을 천명했다. 그리고 제도적 힘을 가진 교회와 국가의 지도자들에게 자신의 공적 권위를 인정받으려 애썼다. 이충범 교수의 평가처럼 이것은 '정치적 전략'이었을까?[6] 분명한 것은 남성중심적 교회 제도나 신학적 개념들이 포착하지 못한 여성들의 체험이 분명히 있었고, 남성들은 이것을 열등의 증거인 양 멋대로 해석해 왔지만, 힐데가르트는 자신이 겪고 있는 몸의 고통이 '하나님이 내게 주신 계시를 말하지 못함' 때문이라는 새로운 신학적 해석을 끝내 남성들의 세계 안에서 관철시켰다는 점이다. 그렇게 하여 힐데가르트는 자신의 이름과 저작을 살아남게 했다. 하지만 힐데가르트를 쉽게 '명예 남성'이라고 부르기를 주저하는 까닭은, 힐데가르트가 남성들의 세계 안에서 발화한 언어가 결코 남성 신학자들의 로고스(이성적 말씀)가 아니었기 때문이다. 말로 다 담을 수 없는 실재, 그래서 '신비'라 이름하는 신성한 체험을 소유한 중세의 여성들은 견고한 중세 교회의 제도적 벽에 이렇게 틈을, 균열을 차츰차츰 만들어 갔다.

비리디타스,
힐데가르트를 살려 낸 힘

기독교
허 Her 스토리   **11**

보라, 내가 지나온 인생길이 43년째가 되던 해에, 나는 커다란 두려움과 떨려오는 주의력을 기울여 천상의 비전을 바라다 보고 있었다. 그때 나는 대단한 하나의 광채를 보았는데, 그 안에서 하늘로부터 내게 다음과 같이 말하는 목소리를 들었다. "오 재 중의 재요, 불결한 것 중에 가장 형편없는, 연약한 인간이여. 네가 보고 듣는 것을 말하고 기록하라."[1]

흡사 구약의 문서 예언서 저자들이 하늘로부터 '맡은 말씀 (예언)'을 받기 위해 부르심을 받는 '소명 calling' 장면과 같은 이 묘사는, 힐데가르트의 저서 《너의 길을 알라 Scivias》의 시작 부분이다. 이 저서는 여성인 힐데가르트가 생생하게 보았던 계시적 비전을 글로 담아 내었고 그것이 살아남아 우리 손에 전달되었다는 점에서 이미 귀하다. 그러나 내가 더 흥미로워하는 까닭은 힐데가르트가 '맡은 말씀'을 신비와 은유라는 '여성적' 글쓰기를 통해 전달했다는 점이다.

"너, 인간이여, 네가 보고 듣는 것들을 말하라. 너 자신이나 여느 다른 사람을 따라서가 아니라, 그분의 신비로움이라는 숨겨진 곳에 있는 모든 존재들을 알고, 보고, 마음대로 할 수 있는 그분의 의지에 따라서 그것들을 기록하라."[2] 영이신 하나님이심을 고백하는 신자라면 만물 안에 창조주의 숨결이 닿아 있음을 거부할 수 없을 터다. 그런데 오직 인간만, 아니 남자만, 아니 남자 중에서도 로마 교황청 사제만 하나님의 말씀을 받고 해석·논증할 수 있다는 것은 그 얼마나 교만하고 망령된 생각인가! 하나님의 숨결을 느낀 자는 누구나 그분에 대해 말할 능력과 묘사할 권위를 부여받는 것이 마땅하지 않은가. 다만 유한한 인간에게는 하나님을 온전히 다 담아낼 매체가 없다. 하여 힐데가르트는 선언했다. 인간이 받는 하나님의 계시는 사람의 언어에 가둘 수 없는 신비로움이라고.

사실 힐데가르트는 다섯 살 무렵부터 비전을 보고 신비를 체험했다고 한다. 다만 이것을 다른 사람들에게 알리지 않고 침묵했었다고 한다. 지혜로운 판단이다. 어린이요 여자라는 이중의 자리에 있으니 신에 대해 무엇을 말하든 공신력을 부여받지 못했을 테니까. 중세 가톨릭 사제 집단에게는 필시 연약함을 넘어 열등의 기호였을 터, 정신이상이나 악마에 사로잡힌 상태쯤으로 분류되어 일찌감치 격리되고 처리되었을지도 모를 일이다. 오래 침묵했던 힐데가르트는 43세가 되어서야 비로소 '선언'을 하기에 이른다. "나는 깨어 있을 때, 맑은 마음으로, 내적인 마음으로, 내적인 마음의 눈과 마음의 귀로, 공개된 장소에서, 하나님이 원하실 때 그런 비전들을 받았다."[3] 힐데가르트는 자신이 보았던 비전이나 계시가 결코 꿈속이나 아픈 상태에서 비몽사몽 간에 받은 것도 아니고, 그렇다고 육신의 눈이나 귀를 통해 보고 듣게 된 것도 아니라고 한다.

힐데가르트의 표현처럼 "살과 피를 가진 인간이 이 비전이 어떻게 생겨났는지를 아는 것은 어려운 일"이다.[4] 하지만, 어쩌면 알 것도 같다. 20세기 기독 지성인인 함석헌은 인간의 신학적, 철학적 사고와 맑은 말씀으로서의 계시를 '하는 생각'과 '나는 생각'으로 나누어 구분했다. 인간이 도저히 풀 수 없는 문제를 붙들고 씨름하며 이성의 끝까지 밀어붙이고 그도 안 되어 간절하게 기도하는 전 과정이 소위 인간의 '하는 생각'이라면, '나는 생각'은 어느 순간 기적처럼 신비롭게 하늘로부터 내게 온다는 것이다. 그것은 '아하!'의 깨달음이라고 했다. 그리고 이 '아하!'는 '하는 생각'이라는 고통스러운 씨름을 통과하지 않고는 얻을 수 없다고 말이다.[5] 힐데가르트는 어린 시절부터 무엇을 붙들고 씨름했던 걸까? 그녀가 받은 비전에서 하나님은 힐데가르트를 선택하신 이유를 이렇게 말씀하신다. "왜냐하면 그녀는 가장 내면에서, 자기 육체의 동맥에서 고통을 느꼈기 때문이다. 그녀 안에는 어떠한 안전함도 거할 수 없었고, 자신이 행하고 있는 모든 일에 있어서, 그녀는 스스로 죄인이라고 판단하였기에 마음과 감각에서 고통을 겪었고, 거대한 신체적인 고통을 감수하였다. 왜냐하면 내가 그 마음의 갈라진 부분을 메워, 그녀의 마음이 교만과 허영 가운데 스스로를 추켜세우지 않도록 했는데, 이는 기쁨과 문란함보다 두려움과 슬픔을 갖게 하기 위해서이다."[6]

그녀의 '동맥 안에서 느끼는 고통'이 행여 현대의학이 병명을 부여할 수 있는 무엇이었는지는 모르겠다. 그러나 분명 힐데가르트는 자기 몸을 포함하여 만물 안에 깃든 하나님의 힘, 그 '실재 reality'를 경험했을 것이다. 자신이 고통 가운데 만나고 붙드는 힘을 느꼈고 보았고 들었기에 이에 대해 말할 수밖에 없었으리라. 신학적으로는 '범재신론 panentheism'이라고 부르는 신관이다. 이것이 그녀의 비전과 계시를 담은 책인《삶의 보상에 대한 책 Liber vitae meriorum》,《하나님의 창조에 대한 책 Liber divinorum operum》 등이 '조직적 systematic'이고 철학적인 언어로 쓰이지 않은 까닭일 것이다.

> 나는 인간 유기체 안에 있는 체액들 humors이 바람들과 대기의 다양한 특징들에 의해, 즉 그러한 특징들이 서로서로 갈등을 일으키자마자 어떻게 분배되고 변화되는지를 알았는데,⋯ 바람이 자신의 완화시키는 능력으로 세상에 있는 모든 생명을 보존하듯이, 이 숨결은 또한 인간들에게 우리 체액들의 상태 때문에 하나로 변화하는 존재를 부여한다. 우리 인간의 본능적인 성질들이 세상의 숨결과 상응할 것인데, 인간은 이렇게 변화된 공기를 들이쉬고 다시금 뱉어 내어 영혼이 이 숨결을 받아들여 신체의 더 깊숙한 내부까지 이동시키고, 그러고 나면 우리 신체의 체액들이 변화된다. 가끔 그런 체액들은 이전에 언급했듯이 우리를 병들게도 하고, 건강을 가져다주기도 한다.[7]

그녀의 글에서 무엇보다 흥미로운 것은 중세 기독교 주류 전통에서는 쉽게 발견하기 어려운 '육체에 대한 긍정'이다. 힐데가르트는 육체를 '영혼이 거주하는 공간'이라고[8] 칭하면서 신의 은총이, 성령의 바람이 영혼과 만나도록 하는 통로로서 몸을 잘 다스리고 보살피는 것 또한 신앙인의 덕목임을 천명한다. "기관의 체액들이 부자연스럽게 흥분되고 그들이 간의 혈관에 영향을 미치게 된다면, 가슴의 습기뿐만 아니라 이런 혈관들의 습기는 줄어들 것이다." "체액이 과도하게 건조하지도 않고 과도하게 젖어 있지도 않고, 정확한 양과 적절한 방법으로 우리의 팔다리를 통해서 흘러내린다면, 선과 악에 대한 우리의 지식에서 우리는 강건하고 즐겁게 남아 있을 것이다." "생명을 주는 자연의 힘으로부터 에너지를 얻으십시오. 비리디타스 *viriditas*는 불, 공기, 물, 흙에서 나옵니다. 음식 속에 있는 치유하는 능력 안에서 건강과 균형 있는 영양분을 얻으십시오."[9]

힐데가르트가 자주 사용한 라틴어 '비리디타스'는 초록, 원기, 왕성함 등을 의미한다. 풀어 말하자면 '초록이 가진 생명력'쯤 되겠다. 물론 힐데가르트는 식물들의 초록액으로 건강을 치유하는 《자연학 *Physica*》, 《병의 원인과 치료 *Causae et cure*》을 쓰기도 했지만, 그녀가 사용한 '비리디타스'의 포괄적 의미는 '생명체가 영과 육, 정신상태와 몸 상태 모두 가장 건강하고 풍성한 상태에 있게 하는 힘'이다. 창조주 신앙을 가진 그녀에게 비리디타스는 당연히 하나님이 만물에게 부여하신 힘이다. 그것을 발견하고 소통하며 적절하게 교류하면 몸과 영혼이 건강해진다는 것이다.

그러나 우주적 숨결에 순응하는 삶과 건강에 대한 힐데가르트의 권고는 동양의 도가道家 전통이 강조하는 개인 수련만 의미하지 않는다. "모든 사지에서 스스로를 하나님에게 결속시키는 자들의 내적인 감각을 강하게 하는 것은 바로 이런 힘이다. 그리고 거기에서 이 힘으로부터 하나의 호흡이 나타나고, 성령의 신비스러운 선물들이 우리 인간을 만져 주시는데, 인간은 우리의 지루함 때문에 무디어지기 시작했다. 결과적으로 우리는 우리의 무덤에서 깨어나야 하며, 정의를 향해 강렬하게 일어나야 한다."[10] 세속과의 '절연'이 주류이던 당대의 영성 한가운데서 오히려 영적 민감성이 가져오는 '존재의 흐름'과 '연결', 그로 인해 이웃과 만물의 고통에 반응하는 정의로운 분노와 저항을 말했다는 것이 놀랍다. 병약했던 힐데가르트가 활발하게 비교적 오랜 나이까지 활동할 수 있었던 힘이 바로 그것이 아니었을는지. 비리디타스, 중세의 지루하고 무딘 사람들에게만 필요한 생명력이 아니리라. 창조주 하나님이 보내시는 초록의 생명력이, 바싹 마른 나뭇잎처럼 건조하게 하루씩 버텨 내는 현대인들의 메마른 숨결에도 와 닿기를….

베긴, 어게인

기독교 허Her스토리 **12**

젊은이들이 즐겨 보던 예능 프로그램 중에 〈비긴 어게인〉이라는 것이 있었다. '본방 사수'는 못했지만 몇몇 비디오 클립을 보니, 우리나라에서 전문적 음악성을 인정받고 대중적 인기를 누리는 가수들이 외국의 낯선 곳에서 '무명 가수'라도 된 듯 길거리 공연을 하며 초심을 되돌아보는 기획인 듯하다. 이번 장의 제목인 '베긴Beguine, 어게인'은 그 예능 프로그램에서 차용을 했다. 어감이 비슷하기 때문이기도 하고, 실은 '어게인'했으면 싶은 여성 공동체를 소개하고 싶어서이기도 하다.

소위 '중앙'에서는 교황권이 정점을 찍던 12-13세기 유럽, 라인강 주변에서 생겨나서 북서부 유럽으로 들풀처럼 번져간 자생적·자발적 신앙 공동체 운동이 하나 있었다.[1] 굳이 유형화를 해야 한다면 '교회' 유형보다는 '종파' 유형에 더 가까운 특징을 지닌 평신도 공동체였는데, 그중 여성들을 '베긴', 남자들을 '베가드Beghard'라고 칭했다. '베긴'의 뜻에 대해서는 여러 가지 가설들이 있는데, 그들이 입던 단체복 색깔이 베이지색이었던 까닭에 이것이 공동체를 지칭하는 이름이 되었다는 말이 있다. 십자군 전쟁으로 인해 가장을 잃은 가족이 많았던 당시, '베그Begue'라는 성을 가진 수도사가 자신의 재산을 과부와 고아들을 위해 희사하면서 시작되었기에 그 이름을 딴 것이라고도 한다. 이단으로 핍박받던 알비파Albigensis의 줄임말처럼 들려 오해를 사기도 했다. 주로 지역에 터전을 두고 정착한 공동체였지만, 개중에는 탁발하는 개인 방랑설교자들도 있어서 '동냥 수도자들'이라는 조롱조의 의미를 담았다고 전해지기도 한다. 하지만 베긴 공동체의 구성원들 주류는 다른 수도자들에 비해 경제적 풍요로움을 누리던 신앙인들이었으니 이는 부적절한 해석이다. 어디까지를 베긴이라 부를 수 있는지도 학자들 간에 쟁점이 많다. 빙엔의 힐데가르트의 경우도 베긴인지 여부를 놓고서 논쟁이 있을 수 있지만, 한 가지 분명한 것은 힐데가르트의 영성과 생활방식이 베긴 여인들에게 흘러갔다는 것이다. 여성 수도자들만으로 수녀회를 처음 설립한 것도, 신앙뿐 아니라 치유와 생명 나눔을 실천하는 일상의 영성을 강조한 것도 힐데가르트였으니 말이다.

베긴 여성들은 일종의 '느슨한 연대'로 지역 주민들과 섞여 살았다. 지금도 벨기에, 네델란드, 독일, 프랑스 등 북서부 유럽 곳곳에 베긴회 수녀들이 모여 살던 건물들이 남아 있는데, 첩첩산중이 아니라 도시 한가운데 위치해 있다는 게 특징이다. 지역 접근성이 좋았던 것은 그녀들만의 특수한 지향성 때문이었다. 제도권에 속한 수녀원이 세상과 격리되고 외부와의 단절을 선택한 내적 수행의 공동체였다면, 베긴 수녀들의 공동체는 마을 사람들과 함께 살아갔다. 요즘으로 말하자면 '도시 속 마을 살기'와 비슷한 셈이다. 입회 회원 관리나 공동생활에 있어 경계가 있는 신앙 공동체이지만, 자신들이 거주하는 지역의 주민들과 격리되지 않고 연계 노동을 했다. 베긴회는 자급자족 경제를 추구하는 생활 공동체였는데, 내부 공동체에서 생산한 물품을 지역 시장에 나가 팔기도 하고, 필요하면 지역 노동 시장에서 일도 했다.

베긴회 내부의 연대에도 '유연성'과 '융통성'이 있었다. 일단 당대 수도원이나 수녀원에서는 필수이던 종신 서약이나 엄격한 규율이 없었다. 물론 베긴회 특성상 여성들만 있는 집단인지라 독신과 순결 서약을 하고 입회하기는 하지만, 언제든지 철회 가능했다. 공동체의 일원에서 쉽게 탈퇴할 수 있었고, 수녀로 살다가 결혼을 했다고 해서 마을을 떠나야 하거나 조리돌림을 당하지도 않았다. 무엇보다 특이한 점은 베긴회에 입회할 때에 자신의 사유 재산을 모두 포기하거나 교회에 전부 희사할 필요가 없었다는 것이다. 이는 당시 제도 교회가 관리하는 수도원이나 수녀원과는 상당히 다른 시스템이었다. 언뜻 들으면 사유 재산을 포기하지 않는 베긴회가 훨씬 탐욕스러워 보일 수도 있겠으나, 사실 제도권 내의 수도원이나 수녀원의 경우 평등한 공동체 생활을 가로막는 것은 역설적으로 그들이 '포기한 재산의 양'이었다. 고위 귀족 출신, 혹은 집안에서 희사한 헌금이 많은 수사나 수녀가 공동체 내부 권력을 독점하는 양상이었기 때문이다.

그러나 베긴회는 달랐다. '수도' 공동체이기도 하지만 '생존'에 방점이 찍힌 신앙 공동체였기 때문이라는 생각이다. 일단 입회하는 여성들의 계층이나 범주도 매우 다양했는데, 전쟁 과부가 된 귀족 여성은 물론, 미혼 여성, 평민이 한데 어울려 살았다. 연령층도 다양했고 주거 형태나 사는 방식도 비교적 자유로웠다. 거주할 곳이 없는 여성들을 위해서 공동 건물이 준비되어 있었지만, 여유가 있는 사람은 개인 주택을 짓기도 했다. 때로 수녀원 외부 인접한 지역에 따로 지낼 수도 있었는데, 어떤 형태든 하나의 베긴 공동체에 소속되기 위해서는 입회는 물론 일정한 자산과 헌신, 연대는 필수적이었다. 이들은 자기들의 생활 영역 안에 있는 빈민들을 도왔고, 방치된 소녀들의 의식주는 물론 교육까지 감당했었다. 생존을 위한 직물 짜기, 염색, 자수, 세탁업, 보육 활동을 위한 교육은 물론 기초적인 글쓰기나 성경 공부도 포함되어 있었다.

맞다. 베긴회 여성 중에는 배운 여자들이 많았다. 귀족 여성들의 경우 공적 통로는 없었다 해도 형제나 남편의 모임들을 통해, 혹은 부모님의 관심으로 초급 라틴어나 문예 수업 등을 받았으니 말이다. '가장'을 잃은 그녀들이 이제 베긴회의 '가장'이 되어 어린 소녀들을 돌보고 양육했다. 계층, 연령, 출신 등을 초월한 평신도 여성 공동체. 교회도 사회도 이들의 선한 연대와 상호부조가 매우 고무적인 일이었을 것이다. 그래서 초기에 제도 교회는 베긴 여성들을 두려워하지 않았다. 오히려 교회가 돌보기에는 역부족인 영역을 담당한다는 점에서 칭찬도 했었다. '중앙'의 시선으로 볼 때 초기 베긴회 여성들은 매우 부지런하고 경건하여 전혀 해로움을 끼치지 않는 모범적인 '평신도 여성'으로 비춰졌을 테니까.

하지만 한 세기가 지나기 전에 베긴회에 대해서 '중앙'의 견제와 금지가 등장하기 시작했다. 이에 대해 이충범 교수는 베긴 공동체의 대안적 삶 자체가 제도화된 '교회' 유형의 기반을 흔들게 된 것이라고 평가한다.

> 초기 베긴 공동체는 교회라고 하는 국가 장치와 정면으로 맞서지 않았으나 그들 자신 내에서 또 사회 내에서 자신들의 새로운 가치와 삶의 양식들을 창조하고 그것을 전염시킴으로써 국가적 교권의 경직성을 흔들고 있으며, 계급, 젠더, 문화, 언어, 지역의 경계를 범람함으로써 당 시대의 견고한 구조를 위협하고 있다.[2]

통제되지 않는 자유혼의 신앙 공동체! 자생적, 자발적, 자립 생존의 신앙 공동체! 그것도 여성 평신도들이 너끈하게 유지하는 공동체! 이 자체로도 가부장적 교회 지도자들에게는 기분 나쁜 일이었을 텐데, 베긴회 여성들이 지역 주민들의 신뢰를 받게 되자 결국 '공식적'으로 탄압을 하기에 이른다. 생각해 보라. 가난하고 아픈 사람들을 돌보는 그녀들의 생활 공간에 어찌 여성들만 몰려들었겠나. 베긴회 공동체의 정문은 해가 뜨면 마을을 향해 활짝 열렸다가 해 질 무렵 몸 하나 누일 곳 없는 노인들, 병자들을 품고서야 닫혔다. 게다가 자연 치료 등의 간호를 수행했던 베긴회 회원들은 식물의 기름이나 약초 등을 잘 다뤘다. 식물에서 순수 추출물을 얻으려면 보통 증류법을 사용한다. 무언가 떠오르지 않는가? 검은 솥에 뭔가를 이것저것 넣어 보고 끓여 대는 '늙고 독신인 여성들'에 대한 외부자의 의심과 혐오의 시선은 이때 형성된 것이리라. '중앙'의 시선에서 보면 베긴회 여성들은 '마녀'

로 분류될 소지와 이유가 다분했던 셈이다. 물론 모든 베긴회 여성들을 마녀로 핍박했던 것은 아니다. 베긴회의 성격도 일반 수녀원에 더 가까운 공동체부터 매우 자유롭고 느슨한 연대까지 그 스펙트럼이 넓었기에 제도권으로 편입된 사례들도 있었다. 그러나 교권을 집중시키고 '중앙'에서부터 나오는 성경 해석에만 권위를 부여하고자 했던 제도 교회의 지도자들로서는, 방랑하면서 주체적인 설교를 하는 평신도 여성 개인이나 대안적 삶을 독자적으로 살아 내고 있는 평신도 여성 공동체는 매우 '위험한 존재'였다. 그것이 프랑스 베긴 여성 포레테Marguerite Porete가 1310년 7월 1일 파리 한복판에서 화형을 당한 까닭일 것이다. 하여 14세기부터는 베긴회가 급격하게 줄어들지만, 학자들은 종교개혁 성공지역과 베긴회의 활동 지역이 겹친다고 이야기한다. 그랬구나! 베긴, 어게인! 어찌 그때뿐이랴. 죽음과 죽임이 가득하고, 교회와 사회가 제도적으로 그걸 다 감당해 낼 역량이 안 되는 오늘의 시점에서 설렘과 소망으로 나지막이 불러 보는 이름이다.

카타리나의 후예들 1,
카타리나 쉬츠 젤

기독교
허 Her 스토리 **13**

이름이 같다는 것은 불편할 뿐만 아니라 종종 미묘한 경쟁심까지 생기게 만든다. "너희는 같은 '소영'인데 왜 그렇게 다르니?" 사람의 생김새나 능력이 같지 않음을 다들 알 텐데, 어쩌자고 자꾸 비교하는 건지. 그래서 학년이 바뀌고 새로운 반 친구들을 만나면 조금 흔한 이름을 가진 친구들은 슬쩍 긴장한다. 하물며 위인이나 성인의 이름이랴! '순신'이라거나 '세종', '중근' 등, 듣기만 해도 얼른 한국사의 위인들을 떠올릴 만한 이름이면 그 인생이 더 고단하다. "아이고, 제발 이름값 좀 해라!" 그런 소리를 어디 한두 번 들었겠는가? 그래도 부모님들의 마음은 한결같아서, 기왕이면 좋은 일, 훌륭한 일을 하고 간 사람의 이름을 자녀에게 주고 싶나 보다. 그 인생의 반만이라도, 아니 한 끝자락이라도 닮은 삶을 살았으면 하는 기대와 축복을 담아서.

필시 14세기 이후에 딸을 낳은 신실한 기독교인 부모의 마음도 그랬을 것이다. 덕분에 '카타리나'라는 이름을 가진 딸들이 무척 많았다. 물론 시에나에 살았던 성녀 카타리나(1347-1378/80) 이전에도 그 이름이 없었던 것은 아니다. 그러나 유명하던 여성인물이고 시성된 지 얼마 되지 않았기에(1491년), 신자들은 카타리나라는 이름을 기꺼이 자신의 딸들에게 선사했다. 사실 세부적으로 들여다보면 성녀 카타리나의 생애사 전반이 제도에 너무 얽매여 있던 것이 아닌지, 비판적인 생각도 든다. 특히 카타리나는 신앙적 이유에서 극단의 절식을 했는데(평소 물과 아주 약간의 채소, 성찬용 빵 조각 정도를 먹었다 한다), 교황, 위정자, 유럽의 고위 귀족들이 얽힌 문제들에 봉착할 때마다 그 문제와 자신을 너무 동일시한 까닭에 결국 '제도 교회'의 문제에 갇혀 고통받다가 '아사'에 가까운 죽음을 맞이한 듯하다. 물론 후대에 카타리나를 찬양하는 글들은 그 죽음을 순교자의 것인 양 칭송했으니, 평신도에게는 마냥 위대한 이름이었을 것이다.

그래서 15세기가 끝날 무렵(1497/98) 스트라스부르 쉬츠Schütz 가문에서 태어난 여자아이도 '카타리나Katharina'라는 이름을 받았다. 하지만 여러 면에서 스트라스부르의 카타리나는 시에나의 성녀가 걸어갔던 제도 안 수행성을 훌쩍 뛰어넘어 버렸다. 당시 스트라스부르는 봉건영주의 구속으로부터 자유로운 상공인들이 사는 자유 독립 도시였다. 카타리나의 집안도 도시에서 이름 있는 장인의 가문이었는데, 보통이라면 카타리나는 꽤 유력한 남자의 아내가 되는 '결혼'을 선택할 수도 있었다. 또 다른 선택지는 '순결한 그리스도의 신부'로 살아가는 독신 수녀/수도자의 삶인데, 당대에는 가장 경건한 신앙인의 헌신으로 자리매김한 선택이었다. 그러나 카타리나는 이 두 선택지를 자기 삶으로 받아들이지 않았다. 그렇다고 베긴회 비슷하게 자립경제 단위의 도시생활을 하는 독신 자매 공동체를 만들어 살지도 않았다. 카타리나는 다른 꿈을 꾸었다. 직물공으로서의 전문성을 확보하는 독신 개인이자 쉬츠 가문의 장녀로 살고, 동시에 '교회의 어머니'로서 평신도 여성 지도자의 삶을 살고 싶어 했다. 자립경제력과 교회와 지역사회에서 리더십을 가지는 독신 여성이라! 21세기 후기-근대를 사는 후배 여성들이 들으면 '걸크러쉬'를 일으킬 만한 비전이었던 셈이다.

    그랬던 카타리나가 갑자기 '결혼'을 결심하게 되는데, 이 역시 당시의 문화적 전제와는 '다른' 이유에서였다. 당시는 사제들의 결혼이 법적으로 금지되었던 시절이었다. 성직자들과 평신도들의 삶을 구별함으로써 교권을 강화하기 원했던 교황 그레고리 7세가 사제들의 결혼을 교회법으로 금했기 때문이다. 그럼에도 일종의 범칙금처럼 세금만 납부하면 사제들도 일종의 가정을 꾸릴 수는 있었다. 다만 그 경우 사제의 가족 구성원들은 법적으로 보호받기 힘들었다. 아내는 '첩'으로 분류되고 자녀들도 '사생아'와 같은 취급을 받았다. 그런데 "오직 성서로만!"을 외쳤던 성경학자 마르틴 루터가 사제의 독신 서약이 반反성경적임을 논증하는 소논문을 공표하기에 이른다. 성경 어디에도 결혼을 '제2의 선택지'나 '신앙의 열등한 상태'로 볼 근거를 제공하는 본문이 없다는 것이다. 오히려 창세기는 그 시작부터 결혼을 창조 질서로 선포하며 여자를 남자의 '돕는 배필'로 부르셨다는 것을 강조했다. 소위 '소명calling'으로서의 결혼을 선포한 셈이다.[1]

카타리나도 이 글을 읽었고, 자신의 도시를 비롯하여 중세 유럽 전역에서 성직자들이 자행하던 성적 타락의 문제를 고민하게 되었다. 그 무렵 스트라스부르에 부임한 사제 마티아스 젤Mattias Zell이 개혁신앙에 입각한 설교를 하는 모습에 그를 지지하게 되고, 결국 그와 결혼을 하기에 이른다. 물론 그들이 결혼하던 1523년 전후로 이곳저곳에서 개혁적 사제들이 결혼을 하던 때이기는 하지만, 그래도 아직 '법적'으로는 불법이었다. 그러한 때에 도시에서 존경받는 장인 집안의, 그야말로 남부러울 것 없는 전문성을 가진 카타리나가, 논란의 여지를 초래할 만한 결혼을 선택하자 스트라스부르의 시민들은 술렁거렸다.

도시에서 영향력이 있고, 또 '평신도'요 '여자'인 카타리나보다는 아무래도 '사제'요 '남자'인 남편 마티아스에게 제도적 규율을 어겼다는 데 대한 비판들이 쏟아졌다. 그들을 카타리나는 '이리', '독사', '멍청이'라고 비난했는데, 요즘 영페미니스트들 사이에서 전략적으로 쓰이는 '미러링mirroring'의 원조격인 셈이다. 중세 수사들이 여성을 향해 쏟아낸 폭력적인 표현들(암말, 정액봉지, 똥자루 등)이 여전히 통용되던 시절이었으니 말이다. 나아가 카타리나는 성직자들의 독신 제도가 역설적으로 "만연해 있던 성직자들의 매춘 행위에 세금을 부과하기 위해 교황이 만들어 낸 제도"라고 비판했다.[2]

더 나아가 카타리나는 남편 마티아스를 위해 스트라스부르 시민들에게 자신들의 결혼을 '변증'하는 소논문을 쓰기도 했고, 결혼이야말로 자유로운 그리스도인이 선택할 수 있는 다양한 삶의 선택지 중에서 하나이며, 현재로서는 사제들에게 만연한 성적 타락과 그로 인해 발생하는 피해를 줄이는 선한 선택이라고 주장했다.³ 이는 마치 교회의 초기 시절에 '독신'을 그리스도인 여성의 자유로운 선택지 중 하나로 선포했던 선배들의 모습과 일맥상통한다. 문제는 독신이냐 결혼 상태이냐가 아니다. 당대의 어떤 제도나 교리가 여성을 얽매고 제한하는지, 그로부터 자유롭게 자신의 삶을 주체적이고 의미 있게 건설하기 위해 여성이 어떤 삶을 스스로 선택했는지를 기준으로 평가해야 한다.

카타리나는 '목사 사모'에 대한 기준이 전혀 없던 시절에 진정한 의미에서 서로 '돕는 배필'의 삶을 살았다. 마티아스 역시 아내의 적극적 성격과 신앙심을 높이 평가하여 결혼식에서 '나의 보조자'가 되어 달라고 부탁하지 않고 "가난한 자들과 피난민의 어머니가 되어 달라"고 당부를 했고, 카타리나는 "하나님이 원하시는 일을 할 뿐"이라고 화답했다 하니,⁴ 주체적 신앙을 가졌던 신부의 대답도 멋지다. 이 부부의 주례자였던 부처 Martin Bucer가 한번은 마티아스를 "다소 도도한 아내에게 맥을 못 춘다"고 놀릴 정도로,⁵ 카타리나는 사역은 물론 글쓰기나 설교 등 전방위로 활동하였다. 신학 논쟁에서도 활발했던 그녀는 루터, 츠빙글리, 칼뱅 등 당대 개혁신앙의 주도자들과 서신을 주고받았다. 성만찬의 신학적 해석으로 개혁가들이 서로 갈등하자 에큐메니컬한 제안으로 화합을 꾀하기도 하였다.

사실 그 시절에는 자유 독립 도시를 중심으로 막 시작되던 '새로운' 그리스도인들(개신교도)의 삶 속에서도 더욱 '새로운' 목사 부부의 사례가 생성되던 중이었다. 어차피 가톨릭의 '답안'이 '모범'이 아니라고 '프로테스트 protest'한 사람들 아닌가! 스트라스부르에서도 사례가 하나 만들어지고 있었을 뿐이었다. 가난하고 병든 사람들을 환대하고 돌보던 마티아스와 카타리나의 목사관은 개신교 망명가들에게도 활짝 열려 있었다. 이들은 1524년에 개신교도들에 대한 가톨릭의 박해로 150명이 자기 거주지(켄칭엔)에서 쫓겨나 스트라스부르로 도망쳐 왔을 때, 이들을 먹이고 재웠을 뿐 아니라, 졸지에 가장을 잃고 켄칭엔에 남아 있던 아내들에게 위로의 서신을 써 보내기도 했다.[6]

카타리나는 다작을 한 평신도 여성이었는데, 평신도들을 위한 찬송가 작사와 편찬은 물론 시편 묵상, 주기도문 해설도 글로 남겼다. 두 자녀를 어린 나이일 때 모두 잃은 후 사역에 전념했던 카타리나는 자신의 신학적 말과 글에서 하나님의 심정을 '자녀를 향해 애끓는 마음을 지닌 어머니'로서 묘사하고, 특히 '위로하시는 하나님'이라는 여성적 이미지를 자주 사용했다. 신앙과 신학과 삶이 일치했던 카타리나는 평생의 동역자였던 남편 마티아스의 장례식장에서도 그저 맥없이 우는 '미망인'의 모습이 아니라, 지인들을 위로하며 자신들의 목회 사역 여정을 돌아보는 잔잔한 설교를 했다고 전해진다. 그래서 스트라스부르의 카타리나는, 제도라는 인간적 울타리를 넘어 훨훨 날다가 시에나의 카타리나와 같은 '새장 속 죽음'은 피했을까? 또 다른 카타리나의 삶을 소개하면서 이를 살펴보기로 한다.

카타리나의 후예들 2, 카타리나 폰 보라

기독교
허Her스토리 **14**

'동역자'였던 남편의 죽음 이후 카타리나 쉬츠 젤은 끊임없는 법적 고발과 비판을 받으며 점점 공적 세계에서 사라져 갔다. 사망 시기를 정확하게 알 수 없는 까닭도 이 때문이다. 남편의 제자에게서 신학적인 공격을 받았으나 논쟁을 멈추지 않았고, 개신교 내부 분열에도 굴하지 않고 신학적 입장이 다른 성도의 곤궁한 상황을 여전히 돌보았던 그녀였다. 성만찬과 세례에 대한 생각이 다르다고 배척하고 소외시키는 분위기 속에서 목회자들은 다른 교파 성도들의 장례 집전을 거절하기도 했었다. 그럴 때마다 급한 마음에 사람들은 '교회의 어머니' 카타리나를 찾았고, 그녀는 언제나 쇠약해진 몸을 일으켜 장례식을 집전했다. 그리고 그녀의 이러한 행동은 여지없이 '월권' 행위라는 비난을 받았다. 이런 일이 반복되면서 카타리나의 몸과 마음은 지치고 병들어 갔다. 신기한 일이다. 그 무시무시한 가톨릭교회의 제도법을 넘어서 '프로테스트'했던 사람들이 다시 사람들이 만든 해석과 법률에 갇혀, 가장 '성경적'으로 살아가려 했던 여인을 제한하고 비판했다니! 카타리나는 병든 몸과 쌓여 가는 고발 속에서도 가장 작은 자들에게 '교회의 어머니' 역할을 지속하다가 조용히 스러졌다.

"역시 여자는 남편의 보호와 후광 아래서 살아야 해!" 누군가 만약 카타리나의 서글픈 마지막을 들으며 이렇게 말한다면, 내게는 가부장적인 제도의 제한된 시선으로뿐 아니라 반反성경적인 해석으로 들린다. 성서 최초로 여호와 찬양시를 불렀으며 '여선지자'라는 이름으로 기록된 미리암은 삶의 기록에서 결혼에 대한 언급이 전혀 없다. 사사 드보라도 '랍비돗의 아내'라는 말은 있지만 이후 등장하는 모든 기록은 여호와 신앙 안에서 스스로 결단하고 공적으로 행동하는 메시지만 있을 뿐이다. 심지어 전장에 나가야 하는 상황에서도 드보라는 장군 바락에게 "남편과 상의해 보겠어요" 하고 말하지 않았다. "자, 가자! 내가 반드시 너와 함께 가겠다"(사사기 4장 9절 참조). 여호와의 영과 소통하는 모든 여성 기독교인들은 단독자의 주체적 신앙으로 움직였다는 말이다.

그런데, 개혁주의적 남성 목회자들의 시각에서 '딱 적당하게' 주체적이었던 여성이 바로 마르틴 루터의 아내 카타리나 폰 보라 Katharina von Bora(1499-1550/52)다. 시에나의 성녀를 따라 이름 붙여진 또 다른 기독교 여인이다. 귀족의 집안에서 태어났던 카타리나는 당시의 관행대로 어린 나이에 수녀원으로 보내졌다. 이 경우는 집안의 신앙심도, 원장 수녀를 만들려는 명예욕도 아니었다. 어머니가 돌아가시고 새엄마를 맞이한 지 얼마 되지 않아 일어난 일이었는데, '남의 자식' 키우기 싫은 상황에서는 어린이의 수도원 입회 문화가 얼마나 반가웠을까. 굳이 이런 이야기를 하는 이유는 어린 카타리나가 스스로 수녀가 되겠다고 결심한 것이 아니었음을 강조하기 위함이다.

물론, 카타리나가 신앙심이 없었다는 말은 아니다. 그저 '제도적 당연' 안에서 어린 나이에 수녀원에 가고 16살이 되어 종신 서약을 하고 수녀의 삶을 반복하는 동안, 자신의 내면에서 들었던 제도 밖의 상상이나 질문들을 꾹꾹 눌러 담았을 것이라는 의미였다. 그랬으니 루터의 소논문들을 읽으며, 창세기에서 다시 '소명으로서의 결혼'을 확인하며, 수녀원을 탈출할 용기를 내었겠지. 사회로부터 격리된 수녀원에 격주로 음식물을 배달해 주는 마차에 숨어 타서 (하필 정어리를 운반한 마차였다고 한다) 뜻을 같이 한 수녀들과 함께 개혁자들의 도시 비텐베르크로 밤도망을 한 카타리나는, 배우자를 선택하는 일에 있어서도 매우 결단력 있고 주체적이었다. 당시 비텐베르크의 주요한 개혁자였던 지도자 두 사람(폰 암스도르프와 루터)을 직접 지목하며 둘 중 한 사람이 아니면 아무리 결혼이 소명이라고 해도 결혼을 선택하지 않겠다고 선언했던 것이다.[1]

수녀들과 수사들과 사제들의 결혼을 '창조 질서'라고 이야기하면서도 막상 자신의 결혼은 생각하지 못했던 루터는 필시 당황했을 것이다. 더구나 카타리나와 함께 탈출했던 '전직 수녀'들이 모두 결혼을 한 마당이었다. 독신 서약을 하고 지냈던 수녀였던지라 20대 중반이었던 카타리나는 이미 혼기를 훌쩍 넘긴 나이였고, 사제 출신의 루터는 이미 마흔도 넘은 상황이었다. 그야말로 루터는 떠밀려서 결혼했을까? 이 둘의 결혼은 사랑보다는 책임이었을까? 이에 대해 학자들의 다양한 추측들이 있지만, 한 가지 확실한 것은 '이후' 이 부부는 배우자로서 서로 존중하고 사랑했다는 것이다. 루터는 여러 편지에서 아내를 "비텐베르크의 샛별", "선물", "나의 안주인", "거룩한 박사님"이라고 불렀다. 성서학자였던 루터는 가장 사랑했다는 갈라디아서를 "나의 캐티 폰 보라"라고 칭했다고 한다.[2]

카타리나와 루터가 꾸린 목사의 집(목사관)도 스트라스부르의(카타리나 쉬츠와 마티아스 젤의) 목사관만큼이나 분주하고 바빴다. 쓸모를 다한 수도원을 고쳐 사용했는데 한때 수사들이 거처했던 무수한 방들은 루터와 신학적 이야기를 하려는 개혁자들, 가톨릭을 지지하는 남편과 달리 개혁신앙을 옹호하다가 '가출'한 귀족 여인들, 굶주리고 병든 노약자들로 늘 가득했다. 더구나 루터가 순회 설교를 하러 집을 비운 날들이 많았으니 대식구와 딸린 손님들을 먹이고 재우는 일은 오롯이 카타리나의 몫이었다. 물론 루터는 집에 머물러 있는 동안에도 식탁 토론을 진행하며 많은 사람을 불러 모았다. 그러니 오늘날 우리의 눈으로 본다면 카타리나는 전업 가사노동에서 벗어나기 어려운 일상을 살아야만 했을 것이다.

"아니, 수녀원을 탈출해서 고작 한 것이 하루 40여 개의 방을 치우고 손님 뒤치다꺼리를 하며 백여 명의 밥상을 차리는 일이었다고요?" 만약 그것이 타의에 의한 것이었다면 굳이 페미니즘을 들먹이지 않더라도 부당한 일이다. 그러나 그녀는 그것을 자신의 소명으로 여겼다. 제도에 의해 길들여진 수동성만은 아니었던 것 같다. 루터가 보기에도 눈코 뜰 새 없이 바쁜 그녀의 일상이 안타까웠는지, 반은 장난으로 성서를 읽을 때마다 50굴덴의 돈을 포상하겠다고 제안한 적이 있다 한다. 그때 카타리나의 대답은 이러했다. "나는 이미 성서를 충분히 읽었고, 지금은 그것을 살아 내고 싶어요."[3]

어느 카타리나가 더 옳은가, 더 멋진가? 두 명의 카타리나를 소개하면서 내가 강조하고 싶었던 것은 비교에 입각한 양자택일이 아니다. 오히려 강조점은 '신앙적 주체성'에 있다. 결혼 유무나 가사의 우선성은 여성의 신앙심과 아무 관련이 없다는 것이다. 더구나 카타리나 폰 보라의 경우, 이후 오고 또 올 후배 사모들에게 '사모의 전형'을 만들어 주려는 생각이 있었을 리가 없다. 모든 목사 사모는 목사관에서 살면서 수십, 수백 명 손님 대접을 소명으로 여기라는 메시지를 주기 위함은 아니었을 것이다. 그 '손님 대접'이 카타리나가 살아 내고 싶었던 '성경적 삶'이었을 뿐이다. 그것을 개혁가 목회자의 아내로서 성실하게 해냈을 뿐이다.

자신의 이름으로 책 한 권 남길 시간적 여유가 없었던 카타리나 폰 보라를 '마르다'에 비유한다면 적절할까? 물론 스트라스부르의 카타리나 역시 손님 대접을 게을리 한 여인이 아니었지만, 저작과 출판에 많은 에너지와 시간을 쏟은 것을 생각하여 '마리아'의 역할을 했다고 굳이 대조하여 부른다면 말이다. 예수님은 "마리아가 좋은 것을 택하였다"고 하셨지만, "마르다가 좋지 못한 것, 혹은 차선의 것을 선택했다"는 뜻은 아니었다. 그리고 오히려 '마르다' 같은 삶을 선택한 비텐베르그의 카타리나는 당시 개혁가 남편들에게 매우 모범적으로 보였다. 적어도 스트라스부르의 카타리나처럼 자신이 나서서 설교하고 장례식을 집전하고 성서 해석서를 쓰고 찬양집을 편찬하는 '불편한' 선택과 비교할 때, 얼마나 '편리'하고 '안전'했을까! 그야말로 그들이 바라던 '돕는 배필'의 구체적인 범례였다. 하여 남편 루터의 사망 이후에도, 아니 개신교 역사 500여 년이 흐르는 동안 비텐베르크의 카타리나는 '모범적인 개신교 여성'으로 추앙받았다. 이에 대해《여성과 종교개혁》을 쓴 저자 키르시 스티예르나의 평가는 예리하면서도 씁쓸하다. "카타리나는 일상생활의 여러 영역에서, 여성의 가정적인 소명에 대한 남편의 가르침과 화합하면서, 목회자의 아내이자 교수의 아내로서 무엇을 열망해야 하는지, 또 무엇을 열망해서는 안 되는지에 대한 (야심차고) 다차원적인 모범을 제시하였다."[4]

    이것은 그녀의 '전략'이었을까? 어차피 제도적 장벽을 넘지 못할 바에는 제도 안에서 가능한 실질적 개혁을 실행하자? 시에나의 카타리나는 제도에 사로잡혀 당대 가톨릭이 요청한 '신앙적 여성'의 모델이 되어 극단적 금욕과 신비주의적 고통 속에서 죽어 갔고, 스트라스부르의 카타리나는 제도의 벽을 깨고 자유 신앙으로 남편과 진정한 의미에서의 '동역자'가 되어 훨훨 날아가려다 가부장적 리더십의 현실 앞에서 배제되고 비난받고 쓸쓸히 죽어 갔다. 그렇다면, '중도'의 길을 택한 비텐베르그의 카타리나가 제일 지혜로웠던 것일까? 글쎄, 프로테스탄트의 '저항'이 하나의 일치된 교리로 통일될 수 없어 '프로테스탄츠Protestants'라고 복수형으로 불리듯이, 자신의 살아 있는 영혼과 주체적 신앙으로 자기 삶을 선택했던 개혁적 여성 기독교인들 역시 하나의 범례로만 평가할 수는 없는 일이다.

결혼은 여성의 '소명'인가요?

기독교
허 Her 스토리 **15**

"저는 결혼하고 싶지 않아요. 일이 너무 재미있기도 하고, 또 아직까지도 여자가 결혼하면 여러 가지 면에서 '을'이 되어 버리는 친인척 관계망이 대거 늘어나는 현실이잖아요. 하지만 교회 청년부에 가면 목사님이 자꾸 압력을 넣으세요. 이미 혼기를 넘겼다면서 청년부 지체들에게 모범을 보여야 한다고." 요즘 자주 듣게 되는 질문이다. 그렇다고 매번 자매들에게 최초의 목사 사모였던 카타리나'들'의 이야기부터 시작하여 '결혼이 소명이 된' 개신교적 계보학을 설명할 수는 없는 일이다. 결국 고민하고 갈등하다가 아예 책을 써 버린 것이 《세상을 욕망하는 경건한 신자들》(그린비, 2013)이다.[1]

종교개혁 당시 이 문제를 극적인 상황에서 되물어야 했던 여성 중 잔 드 주시Jeanne de Jussie가 떠오른다. 그녀는《칼뱅주의의 누룩》(저작은 1535-1547년 사이, 출판은 1611년)이라는 글을 통해 '결혼을 여성의 유일한 소명'인 듯 주장하는 개혁주의 지도자들을 아주 격렬하게 비판했다. 그리고 소위 '프로테스탄트 도시' 제네바에서 수녀들에게 '강제적'으로 결혼을 종용하는 상황을 '폭력'이라고 불렀다. 그도 그럴 것이 새로운 개혁주의 신앙을 기조로 선택한 부르주아들 중심의 독립 도시에서는 수녀원 건물을 강제로 빼앗거나 수녀원으로 들어가는 생필품 보급 경로를 막아 버리는 일이 빈번하게 있었다. 아예 물리적 폭력을 사용하며 수녀원 안으로 침입하여 강제해산을 시도한 경우들도 있었다.[2] "아, 책 제목을 봐도 그렇고 옛(가톨릭) 제도에 너무 내면화된 수동적 신앙인 아닌가요?" 그렇게 생각할 수도 있겠다. 하지만, 중세 수녀원을 너무 단편적이고 획일적인 시각으로 평가하는 것은 위험하다. 그리고 정확하지도 않다.

사실 최초의 개혁주의 목사 사모들이 모두 가정이나 교회, 지역사회에서 일정한 지도력을 발휘할 수 있었던 데는 다수가 '전직 수녀' 출신이었음이 크게 작용했다. 보통의 평민 남성들도 문맹률이 높던 당시, 수녀들은 글을 읽고 쓸 수 있었던 여성들이었다. 분명 어린 귀족 여아들을 유치원 갈 나이부터 부모 품을 떠나 수녀원에 보내는 것이 '문화·제도적 일상'이기는 했지만, 그렇다고 그런 과정을 통해 수녀원에서 자라난 모든 여성 기독교인들이 수녀의 삶을 비참하거나 무의미하게, 혹은 열등하게 생각했던 것은 아니다. 라틴어 학자였고 클라라회 수녀원장이었던 카리타스 피르크하이머Caritas Pirkheimer 역시 종교개혁가들의 강력한 수녀원 해산 요구에 맞서 적극적으로 수녀원을 지켜 낸 여성이다.

거친 이리들과 여자 이리들이 내 사랑하는 어린 양들 사이에 들어오고, 교회에 들어와 모든 사람들을 밖으로 몰아내었으며, 교회 문을 걸어 잠갔기에, 나는 유감스럽게도 예배당을 향한 수녀원의 문을 열어야 했다.… 그러자 나로 하여금 아이들에게 자진해서 나갈 것을 명하도록 요구하였고, 나는 이것 또한 거부하였다.³

개혁자 측에서는 멜랑히톤이 카리타스와 대면하여 이 문제를 해결했어야 했는데, 카리타스는 '수녀 공동체'를 흑백, 찬반, 옳고 그름으로 접근하지 않았다. '선택'의 문제요 그야말로 '소명'을 결단하는 그리스도인의 자유라는 것이 카리타스의 주장이었다. 타당한 논리요, (가톨릭 수녀의 입에서 나온 말이지만) 실은 '프로테스탄트의 원리'였다. 여성의 경건성을 '독신수녀원'이라는 제도 안에 묶어 두는 것이 폭력이라면, 결혼을 여성의 유일한 소명으로 주장하는 것 역시 신앙 주체로서의 여성 그리스도인의 의미를 고려하지 않는 폭력이 아닌가! 결국 성 클라라 수녀원은 마지막 수녀가 죽을 때까지만 유지하는 것으로 양자 간 합의를 보았고, 덕분에 그곳에 남아 함께하고자 했던 어린 수녀들은 자신의 공동체를 잃지 않을 수 있었다. 하지만 클라라 수녀원은 그동안 새 수녀를 받아들일 수 없었고, 가톨릭 미사 참여나 성례 수령, 고백성사 등도 금지되었다.⁴

캐서린 렘Katherine Rem의 경우는 오빠가 종교개혁자들에게 설득당한 후 누이에게도 같은 신앙과 행동을 할 것을 종용하는데 저항하며 자신의 신앙을 표현했다. '캐서린'이라는 이름의 유래를 고려하건데, 종교개혁 당시 주체적 신앙에 근거하여 자신의 삶을 선택하고 개척한 '세 번째 카타리나' 모델이라고 칭해도 될 것 같다. 오빠 베르나르두스가 편지로 계속 누이에게 종용하다가 결국 설득하러 찾아오겠다고 하자 그녀는 이렇게 답장한다.

> 나는 오빠가, 오빠의 딸과 내가 수녀원이라기보다는 마치 매춘 소굴에 있는 듯할 것이라고 말했다는 것을 잘 압니다.… 오빠는 우리가 너무나 어리석어서 우리의 소망을 수녀원과 우리의 사역에 두고 있는 것이라고 생각해서는 안 됩니다. 오히려 우리는 우리 소망을 하나님께 두고 있습니다. … 우리는 오빠가 정말로 우리에게 오고자 했다는 데 많이 놀랐습니다. 만약 오빠가 우리와 같은 생각을 갖고 오는 게 아니라면 밖에 머물러 있으세요. 만약 우리를 타이르고자 한다면, 우리는 오빠의 [말을] 도무지 듣고 싶지 않습니다. 더는 우리에게 이런 것들을 보내지 말았으면 좋겠어요. 우리는 받지 않을 것입니다. 우리는 또한 [이미] 좋은 책을 많이 가지고 있습니다.[5]

물론 캐서린이 말한 '좋은 책'이란 가톨릭의 입장을 변론하는 정보였을 것이다. 하지만 누구의 신학적 입장이 더 옳은지는 오늘의 질문이 아니다. 그가 오빠였든 아빠였든 아니면 지역 공동체의 지도자였든, 소위 '좋은 답'을 가진 남자들이 부여한 의미로서의 '여성의 소명'을 거부하고 자신의 의미망을 적극적으로 만들어 갔다는 점에서 '세 번째 카타리나'도 주목받아야 한다. 어쩌면 수녀원을 나오기로 선택한 여성들의 의미는 개혁자들과 프로테스탄트 도시 지도자들이 필요 이상으로 과장한 것일 수도 있다. 이런 점에서 제인 더글라스의 평가는 옳다.

16세기 종교개혁에서 중요한 유일한 "여성들의 해방"은 여성, 성별, 그리고 결혼에 대한 수도원적인 견해를 제거하는 것이었다.… 프로테스탄트들은 수도원을 떠날 기회와 더불어 삶에 대한 새로운 신학적 이해를 제공함으로써 평신도뿐 아니라 수사와 수녀에게도 세상에서 그리스도인으로서의 소명을 채택할 자유를 주고자 했다. 그렇지만 우리는 수녀 잔의 기록에서 프로테스탄트들이 '자유'에 대해서 이야기했지만, 수녀들에게 그들은 새로운 종류의 속박, 결혼해서 남편에게 복종해야 하는 구속을 가져온 것으로 여겨졌음을 보게 된다.[6]

그러게 말이다. 전통사회 여성에게 '결혼'은 전혀 새로운 길이 아니었다. 오히려 쓰고 읽고 가르치고 독립된 경제생활을 하고 여성 공동체의 집단적 목소리를 만들어 내는 일이, 더 새롭고 의미 있는 선택일 수 있었다. 수녀원의 강제해산으로 인해 기독교 여성 신자들이 "집단적인 목소리를 내고 종교적인 집단행동을 할 수 있는 광장을 잃어 버렸다"고 평가한 스티예르나의 말에도 일리가 있다.[7] 수녀원에 남기로 결정했던 그녀들보다 500년쯤 후 아무런 의심 없이 '결혼을 창조 질서요 소명'이라고 여기게 된 후배 기독교 여성들이 어쩌면 더 비주체적인 상황에 놓여 있는지도 모른다.

그래서 결혼은 기독교 여성의 소명이라는 말인가, 아니라는 말인가? 사실 이 질문은 매우 중요한 다른 질문이 선행된 뒤에야 비로소 답을 얻을 수 있다. 즉, 이렇게 묻는 여성 기독교인 당사자는 하나님 앞에서 자신의 소명을 무엇이라고 생각하고 있는가? 물론 '관계하기'는 모든 피조물의 능력이요 사명이다. 사람에게

'관계하기'란 의지적 선택을 요청하는 하나님의 존재 명령이요 동시에 더 약한 생명을 돌보라는 구원 명령이다. '관계'란 창조된 운명을 살아가는 동·식물에게는 굳이 선택의 문제가 아니다. 땅은 씨앗과 관계하고 식물은 땅과 비, 햇살과 관계하며 꽃은 벌과, 열매는 동물과 관계한다. 하지만 자유의지를 가진 인간은 관계를 거부할 수도 있다. 하니, 분명히 할 일이다. 결혼하지 않는 선택을 '비성경적'이라고 말할 필요는 없다. 그러나 기독교인으로서 결혼하지 않겠다는 말이 곧 어떤 생명과도 의미 있는 관계를 하지 않겠다는 말과 동의어가 되어서는 안 되겠다. '관계를 통한 성장' 이야말로 하나님이 모든 생명에게 허락하시고 특별히 인간에게는 명령하신 능력이니.

낭만적 결혼을 넘어,
취리히의 안나

기독교
허Her스토리 **16**

'4비非'(비연애,비섹스,비결혼,비출산)를 외치는 젊은이들이 늘어 가는 오늘날, 여성주의적 관점에서 보자면 시대에 뒤떨어지는 결혼을 굳이 키워드로 삼아 몇 장을 할애하는 이유가 궁금할 수도 있겠다. 실은 그래서이다. 개신교의 결혼 담론이 너무 시대에 뒤떨어져 있어서 그렇다. 결혼의 성경적 근거를 밝히는 것을 마다할 이유가 없으나, 이를 강조하느라 여성의 독신 선택이 마치 불경건이요, 불신앙, 나아가 불순종을 의미하는 것처럼 해석하는 프로테스탄트 윤리가 아직도 주류 교회 안에서 자매들을 얽어매기 때문이다. 하여 결혼이 모든 여성의 공동 운명이라기보다는 신앙적 선택 중 하나고 용감한 결단이던 종교개혁 시절의 다양한 여성들을 소개함으로써, 여성을 획일적 잣대로 판단하는 것으로부터 자유롭고자 함이다.

취리히에서 살았던 부르주아 가정 출신의 안나 라인하르트Anna Reinhard(1484-1538)의 선택과 생애사도 이 지점에서 흥미로운 교훈을 준다. 안나는 종교개혁자 울리히 츠빙글리Ulich Zwingli(1484-1531)의 아내이다. 사제 출신의 츠빙글리에게는 안나와의 결혼이 초혼이었지만, 안나는 재혼이었다. 사실 그녀의 경우 두 번의 결혼이 모두 당대의 상식이나 전제를 넘어선 경우들이었다. 안나의 첫 번째 결혼은 같은 동네 귀족 청년과 남몰래 치른 '낭만적' 유형이었다. 사회학자들이 범주화하는 '낭만적 결혼'은 낭만적 사랑과 결혼의 결합체로서 근대로 넘어가는 과도기에는 일종의 '예외적 사건'으로 발생했다. 그러니까 '서로 사랑하면 결혼하는 것'을 당연하게 여기는 현대인들의 사회적 관념이 아직 제도화되기 전의 일이다. 신분제가 공고하던 전근대 사회에서 사랑과 결혼은 필연적 관계가 아니었다. 오히려 '낭만적 사랑'은 결혼 외의 경우가 더 많았는데, 유지해야 할 신분과 가산은 언제나 정략결혼을 전제로 했기 때문이었다. 하여 신분을 뛰어넘고 상황을 뛰어넘어 열정과 헌신으로 상대방에게 쏟아내는 낭만적 사랑은 늘 절절했다.

안나의 연인이었던 요한의 아버지도 둘의 결혼을 극구 반대했다. 취리히에서 유력한 귀족 가문이었기에, 아버지는 아들을 오스트리아 명망 있는 귀족 가문의 여식과 정략결혼을 시키고 싶어 했다. 요즘에도 집안에서 반대하는 결혼을 하려면 어느 정도는 마음고생 몸 고생을 하는 법인데, 요한이 안나와의 결혼을 강행함으로써 치른 대가는 뺨 몇 대, 찬물 세례 정도가 아니었다. 요한은 상속권을 박탈당한 채 집에서 쫓겨났다. 1504년, 안나가 스무 살 무렵의 일이다. 그러나 요한은 능력이 출중한 남자였던 것 같다. 아버지는 재산만 박탈한 것이 아니라 사사건건 아들의 공적 진출을 방해했는데, 그럼에도 불구하고 요한은 시의원으로 선출되어 활발히 활동하고 가족 생계를 위해 크고 작은 전쟁에 귀족 용병으로 참전하여 목돈을 버는 등 가장의 역할에 충실했다. 하지만, 귀공자가 극단의 생계 노동을 감당하는 것이 결코 쉬운 일은 아니었을 것이다. 결국 건강이 급격히 나빠진 요한은 세 아이들과 안나를 남겨 두고 젊은 나이에 사망하고 만다.[1]

그즈음에 츠빙글리가 취리히로 '청빙'되었다. 사제를 파송하는 가톨릭 제도에서 보자면 상당히 파격적인 일이었다. 취리히 교회의 교인들이 중의를 모아 자신들의 영적 지도를 담당할 사제를 직접 선택하여 모신 것이었으니! 츠빙글리는 이미 스위스 내 여러 도시에 이름이 나 있는 개혁의 선봉장이었다. 당대 유럽 지성인들 사이에 유행했던 인문학적 관심은 성경을 원전으로 읽는 것으로 전개되었고, 츠빙글리도 이 흐름에 속해 있었다. 특히나 에라스무스의 사상에 고무된 츠빙글리는 가톨릭 사제이면서도 제도화된 교리보다는 복음서가 전하는 급진적인 예수의 윤리 규범에 매료되었다. 하여 취리히 교회에 취임하면서 첫 설교 본문으로 마태복음, 그중에서도 산상수훈을 선택하였다. 이 역시 당시로서는 파격적인 일이었는데, 사제들에게는 본문 선택권이 없었기 때문이다. 교회력에 따라 같은 본문으로 강론하게 되어 있는 규율을 어긴 셈이다. 더구나 츠빙글리는 라틴어로 강론하지 않았다. 주석서에 갇힌 설교도 아니었다. 필시 이러한 인문학적 신앙과 지식이 당대의 제도를 넘어 자유로움을 주었을 것이고, 자유연애나 결혼에 대한 태도에도 영향을 미쳤을 것이다. 안나의 아들 게롤트Gerold를 돌보다 가까워진 안나와 츠빙글리는 사제의 결혼이 허락되지 않았던 1522년에 비밀 결혼을 하기에 이른다.

한 번은 귀족 청년과, 또 한 번은 동갑내기 사제와 비밀 결혼을 하다니! 안나는 당대의 '팜프파탈'이었을까? 전해지는 기록물들에 따르면 안나가 무척이나 아름다운 여성이었다는 묘사가 군데군데 드러난다. 하지만 어찌 그 때문만이었을까! 츠빙글리가 취리히의 동료 목사들과 함께 번역한 모국어 성서 완역본이 출간되자마자 그 귀한 책을 제일 먼저 안나에게 선물했다는 것만 보아도, 안나는 츠빙글리의 개혁 신앙과 신학을 지지하고 응원한 동반자였음에 틀림없다. 츠빙글리의 목사관도 다른 개혁도시에서 시작된 목사관들처럼 환대와 섬김의 장소였다. 그곳을 방문한 사람들은 츠빙글리보다도 안나에게 더 매료되었다고 전한다.

하지만, 안나의 두 번째 결혼도 순탄하게 흘러가지는 못했다. 당시 스위스는 가톨릭 고위 사제들이나 귀족들의 정치적 갈등에 군사적 도움을 주는 용병 일로 먹고사는 사람들이 많았다. 안나의 첫 남편 요한도 그러했고, 츠빙글리가 시무하는 교회의 신자들 상당수도 크고 작은 전쟁에 차출되었다. 츠빙글리 역시 군목으로서 참전할 기회가 많았다. 문제는 이 싸움이 정치 문제에만 국한되지 않았다는 점이다. 물론 궁극적으로야 정치적 권력을 얻고자 함이겠지만, 막 부상하는 개혁적 신앙을 주장하는 젊은 사제들과 이들을 등에 업은 독립 도시의 부르주아들을 제압하기 위해 가톨릭 군주들을 부추기는 교황청의 이간질은 점점 강도가 심해졌다. 이러한 때에 취리히 개혁 그룹의 상징적 인물이었던 츠빙글리는 지속적인 암살 위협에 시달릴 수밖에 없었다. 결국 가톨릭 지지파가 취리히를 공격한다는 소식에 방어전에 임했던 츠빙글리는 안나의 아들 게롤트와 함께 전사했다. 1531년, 안나와 결혼하고 채 10년이 안 된 때였고 안나는 남편과 아들을 동시에 잃는 슬픔을 견뎌 내야 했다.

츠빙글리는 이 전투가 어쩌면 마지막일 것임을 예견한 듯했다. 군사적 열세가 자명하니 충분히 예견 가능했겠다. 마지막 포옹을 하는 남편에게 안나가 물었다. "주님의 뜻이라면 다시 만나겠지요. 그분의 뜻대로 될 테니까요. 그러면 돌아오실 때 무엇을 가져오시겠어요?" 츠빙글리는 이렇게 답했다고 한다. "어둔 밤이 지나면 복을 가져오리다."[2] 물론 츠빙글리가 약속한 복은 물질적인 것도 특정한 사람으로 채워지는 것도 아닌, 근원적인 '하나님 나라'이었을 것이다. 하지만 츠빙글리를 따르던 제자 불링거가 마치 남편이 보내 준 사람인 것처럼 츠빙글리의 빈자리를 채우며 안나를 어머니처럼 모시게 된다. 그는 안나의 아이들을 아버지처럼 돌보았고, 자녀 교육비용 등을 기꺼이 감당했다.

이 이야기가 어찌 세 남자의 보호를 받은 한 어여쁜 여자에 대한 회고일까. 안나의 큰딸 레굴라Regula는 불링거의 보호 아래 건강하고 경건하게 성장하여, 역시 불링거 집에서 돌봄을 받으며 성장한 뒤에 불링거 이후 취리히 교회를 이끌었던 루돌프 괄터Rudolph Gaulther와 결혼했다. 그리고 이들의 가정은 '피의 여왕'이라고 불리는 메리 여왕의 개신교 박해를 피해 도망 온 영국의 개혁 신앙 지지자들에게 든든하고 안전한 울타리를 제공해 주었다.[3] 그곳에 머물렀던 사람들 중에 훗날 얼마나 많은 개신교 지도자들이 나왔는지는 종교개혁자들의 생애사적 동선을 따라가 보면 쉽게 확인할 수 있다.

그러니까, 내가 소개하고 싶은 '안나의 집'은 안주인의 미모로 남자 셋이 이어서 지켜 낸 집안을 의미하지 않는다. 제도가 바뀌고 신념이 교차하는 격변의 시기에, 믿는 바가 다르다고 서로를 죽고 죽이는 전쟁과 살육의 현장에서, 안나의 집은 혈연을 넘어 확장된 가족의 관계망으로 생명을 지키고 살려 낸 공간이었다. 물론 안나의 집이 처음부터 그러했던 것은 아니리라. 시대의 전제와 세간의 논란을 넘어 요한과 낭만적 결혼을 했던 안나의 집은 남편과 아내, 그리고 그들의 자녀 셋이 이룬 '근대형 핵가족'의 전형인 셈이었다. 그러나 가장을 잃은 여인과 아이들을 돌보고, 무엇보다 아들의 재능을 아낀 취리히의 사제는 기꺼이 그들의 애정어린 보호자를 자청했으며, 츠빙글리와 목회 사역을 함께 하며 안나는 사적 바운더리를 넘어 목사관의 안주인 역할을 하며 돌봄과 살림의 영역을 확장해 갔다. 어쩌면 안나를 삼켜 버릴 수도 있었을 무시무시한 '어둔 밤'의 순간마다 그녀뿐 아니라 그녀의 자녀들을 지켜 냈고, 더 나아가 바다 건너 타국 나그네들의 신앙과 생명까지 지켜 낼 수 있었던 힘은 서로가 하나님 안에서 가족이 되어 주었기 때문이 아닐까? 가족해체의 시절에, 우리에게 울림을 주는 '안나의 집' 이야기였다.

마녀를 만든
사람들

기독교
허 Her 스토리 **17**

'만인이 하나님 앞에 왕 같은 제사장'이라는, 프로테스탄트의 자유와 권리 선언이 퍼져나가던 16-17세기의 유럽! 그러나 믿을 수 없는 폭력적 광기가 같은 시간, 같은 공간에서 함께 밀어닥치고 있었다. 특정 여자들을 마녀로 몰아 죽이는, 이른바 '마녀사냥'이 절정에 이르고 있었는데, 이는 가톨릭뿐 아니라 개신교 진영에서도 마찬가지였다. 개별적 차원에서 이교도들이 사용하는 마법을 사용한다는 이유로 마법사나 마녀로 고발된 사례들은 종교개혁 이전에도 있었지만, 마녀사냥이 특정한 성(여성)에 집중되고 그 규모가 집단화하고 대중화된 시기는 구교와 신교의 종교적 신념이 서로 부딪히고 갈등하던 16세기 이후 약 100년간이었다.

왜였을까? 기독교 역사에서 마녀들에 대한 박해를 '여성 수난사'의 범주에서 분석하는 역사학자 기 베슈텔에 따르면 마녀사냥은 전형적으로 '마법 유형 2'의 사례이다. 그는 역사적으로 관찰되는 마술사나 마녀의 마법을 두 가지로 유형화하여 분석하였는데, '마법 유형 1'은 흑주술이든 백주술이든 다른 이들에게 주문을 거는 주술적 마술 행위로서 이를 행한 개별자를 심판하는 것이라면, '마법 유형 2'는 일군의 사람들을 악마의 조력자로 분류하여 대량 희생자를 만드는 정치적 과정이라고 보았다.[1] 주류 교단이 이단 종파를 처단할 때는 주로 '마법 유형 2'를 적용하여 이들을 악마와 결탁하여 해로운 마법을 부리는 자들로 한데 묶어 '일괄처리'한다는 것이다.

   하지만 단지 교리적 다름이나 사제들의 정치적 전략만으로 마녀사냥이 대중화되기는 어려운 일이었다. 14세기부터 주기적으로 유럽을 휩쓴 기근과 한파, 전쟁, 흑사병 등의 재난 상황이 집단적 최면과 광기의 배경이 되었다. 오늘날 우리가 겪는 팬데믹처럼 대규모의 고난을 당할 때 신자들은 묻기 마련이다. 이것은 신의 저주인가? 우리는 이 벌을 받을 만큼 잘못한 것이 있는가? 아니라면 이는 누구 탓인가? 이러한 질문에 대해 사제들은 '마녀들'이라는 답을 제시하였다. 특별히 여자들이 더 '악마'와 결탁하는 성향이 짙다고 주장하면서 일상을 뒤흔든 모든 피폐한 삶의 원인이 바로 악마와 결탁한 마녀들 탓이라고 평계를 대었다. 이러한 여성 혐오를 텍스트로 확인 가능한 아주 이른 자료는 이미 10세기 말경의 〈케논 에피스코피〉에서 발견된다.

   악마에 빠져 타락한 사악한 여자들은, 귀신이 부리는 환幻의 세계에 빠져, 이교의 여신 다이아나 그리고 수많은 여자들과 함께 야행 동물의 등에 올라 밤길을 달린다고 믿는다. 주인에게 복종하듯이 여신의 명령에 복종하고, 또 어떤 밤에는 여신을 섬기도록 부름받았다는 믿음으로, 깊은 밤의 정적 속에서 지상의 머나먼 거리를 달린다고 생각한다.[2]

15세기 즈음, 도미니크회 수도사 한스 니더(1380-1438)는 병적 상상력으로 마법사와 마녀의 몽타주를 그렸는데, 물론 실증적 인상착의가 아니었음에도 몽타주가 돌아다니는 마을마다 비극적인 마녀사냥이 일어났다. 도대체 마녀는 어떤 모습을 하고 있어야 하는 걸까? 우울하고 음침한 얼굴, 검버섯이나 사마귀 등이 몸 구석구석에 난 형상 등 본인이 생각하기에 부정적이고 사악한 인상을 그려낸 상상의 몽타주는 실재적 효력을 발휘했다.

레만호 근방과 북이탈리아의 피에몬테에 이르기까지 곳곳에서 니더의 몽타주와 일치하는 사람들이 발견되었다. (아니, 일치시키고자 하는 사람들이 발견되었다.) 1432년에 아네스 아리조넬리는 악천후를 일으켰다는 죄목으로 발 라방티나에서 기소되었다. 종교재판관 윌드리 드 토랑테는 1438년과 1439년 사이에 베베와 뇌샤텔에서 여러 명의 여성들을 처형시켰다. 윌리암 몬터에 따르면, 1428년과 1447년 사이에 110명의 마녀와 47명의 마법사가 프랑스 남쪽에 위치한 사보아와 도피네 지방에서 처형되었다고 한다. 처형된 사람들의 성 비율로 볼 때, 1유형의 마법에서 2유형의 마법으로의 이행이 이루어졌음을 알 수 있다.[3]

니더는 1435년 《개미집》이라는 책을 서술하여 일종의 '마녀 음모론'을 설파하였는데, 수백만 마리의 개미들처럼 마녀들이 지하의 어둠에 우글우글 숨어 지내면서 악과 결탁하여 반기독교 행위를 일삼는다고 주장했다. 니더의 책과 몽타주가 서서히 전파되는 와중에 1487년 스트라스부르에서 《마녀들의 망치 *maleficorm*》가 출판되었다. 역시 도미니크회 수도사들이요 종교재판관 출신인 하이리히 크래머와 야콥 슈프랭거가 집필한 일종의 '마녀 감별법'이자 형사고발서였다. 특히 성적 착란증이 가득한 (예를 들어 음부나 유두에 날카로운 침을 찔러 넣어 보기와 같은) 감별법 묘사들은 전혀 검열을 받지 않은 채, 아니 미리 승인된 교황의 권위에 힘입고 막 시작된 인쇄술 덕에 날개를 달며, 불과 몇 년 사이에 3만 부 이상이 팔려 나갔다.[4]

이 책이 처음 출판된 스트라스부르를 비롯하여 인기리에 팔렸던 지역인 바젤, 쾰른, 파리, 리옹, 베네치아 등은 구교나 신교 중 하나의 기독교 사상만 우세한 지역이라고 보기 힘든 공간이다. 오히려 두 세력이 공존하며 갈등하는 곳에서 마녀사냥은 더욱 거셌다. 루터도 출애굽기를 강론하면서 "어떤 여자들은 아이들을 현혹하고 질병을 전파시키며 악마의 형상을 취한다고 생각했고, 그러므로 그런 여자들은 죽여야 마땅하다"고 설교했다.[5] 루터 사후 신교를 지지하던 제후들이 마녀 화형을 자행했던 것을 부인할 수 없으며, 칼뱅을 따르던 사람들도 마찬가지였다. 가톨릭이 더 많이 죽였다거나 개신교도들의 의도는 달랐다거나 하는 논쟁보다 핵심적인 것은, 신교 구교 할 것 없이 당대의 혼란과 고난을 해결하기 위한 희생양으로 '여성'을 지목했다는 점이다. 그것도 전쟁과 질병으로 남편을 잃은 과부들, 가난한 사람들의 병을 민간요법으로 치료하며 돕는 지혜로운 여성들, 혹은 아름답고 매력적인 여인들을 '마녀'라는 하나의 범주로 '일괄처리'하며, 그녀들이 기가 막힌 방중술로 마을 남성들은 물론 사제들마저 유혹하고 가정을 파괴하며 아이들을 잡아다 솥에 삶아 먹는다고 '고발'했다.

특히나 고발의 목록에는 성적 두려움이 강하게 작용하고 있었는데, 마녀들의 신체적 특징 중 '이빨 달린 질 $vagina\ dentata$'이 있어 그녀들과 성관계를 하면 남근이 잘린다는 거세 공포증까지 확산되었다. 여성을 의미하는 단어 $femina$를 fe와 $minus$로 분해하여 '신앙심이 낮은'으로 해석했던 《마녀들의 망치》 저자들에게 동조하면서, '공동체를 올바르게 세우기 위함'이라는 대의명분을 내세워, 신교든 구교든 할 것 없이 여성이라는 이유 하나만으로 악마와 결탁할 가능성을 전제하며 응시했던 것이다. 기 베슈텔이 이들의 잘못을 제대로 지적했다고 본다.

> 마녀사냥의 역사적 과오에서 종교개혁이 져야 할 책임은, 억압정책으로 말미암아 법의 이름으로 자행된 직접적 대량살상보다는 다른 곳에서 찾아야 할 것이다. 가톨릭의 반종교개혁운동 역시 나눠 져야 할 그 책임은, 종교적 반목과 그 결과 1560년에서 1630년 사이에 지속된 내전으로 구교와 신교 모두 심각한 정서적 피폐에 빠져 적에 대한 반감이 극에 달했으며, 이는 상상적 세계에 대한 배척으로 귀착되었다는 사실이다.[6]

"정신적 피폐와 적에 대한 반감이 마녀들의 세계라는 상상의 세계를 만들고 마녀들을 공동체에서 배척하는" 혐오 현상을 낳았다는 분석이다. 1627-1629년에 벌어진 '베스트팔렌 마녀 대량학살사건'도 결국은 중앙 유럽을 덮친 흉작, 30년 전쟁과 무관하지 않았다. "굶주림에 죽어 가면서도 악마적 마법에 대해 오랫동안 반신반의하던 불쌍한 농부들도 이제 그 실재를 믿기 시작했다. 전쟁의 뜨거운 화염과 한파 사이에서 꼼짝할 수 없게 된 가엾은 농부들은 이 연속된 재난의 책임을 이제 누군가에게 묻지 않을 수 없었던 것이다. 가해자는 영원히 의심스러운 여자들, 즉 마녀들일 수밖에 없었다."[7]

상상을 실재로 만드는 것, 사실 이는 인간에게만 있는 고귀한 능력이다. 오직 인간만 하나님이 만드신 '자연', 스스로 그러하며 존재하는 세상에 더하여 새로운 실재를 불러올 수 있다. 그것이 하나님이 인간에게 주신 상상력의 힘이다. 그런데 살리는 힘으로도 죽이는 힘으로도 사용 가능한 이 양가적 능력이 적어도 16-17세기에는 '내가 살기 위해 너를 죽이는 힘'으로 사용되었다.

아마도 저는
마녀인가 봐요

기독교
허Her스토리 **18**

　상상이 실재가 되는 일은 참으로 대단한 사건이다. 인류 문명이 그렇게 만들어져 왔고 우리도 그 덕분에 누리는 호사가 많다. 하지만 '실재가 된 어떤 상상'은 아주 참혹하고 잔인하다. 악마와 결탁한 힘으로 빗자루를 타고 밤하늘을 날며, 어린아이들을 잡아 펄펄 끓는 솥에 넣어 끓이고, 남자들은 기운을 다 빼앗아 죽여 버리는 여자들에 대한 상상처럼 말이다. 신앙으로 답하기 어려운 온갖 재난들이 몰아닥치던 15-17세기 유럽의 상황은, '원인 제공자'이기에 배제되고 축출되고 사라져야 하는 여자들을 상상하고 '마녀'라는 실재를 만들어 냈다. 특히 지역적으로 보면 '니더의 몽타주'가 많이 배포된 곳이 해를 크게 입었다 하니, 한 수도사의 뒤틀린 상상력이 너무나 많은 목숨을 앗아간 '실재'가 되어 버린 셈이다. '암흑기'라 불리는 중세도 아니고 인문주의가 부활하던 시점에, 실로 어이없는 일이다. 1450년부터 200여 년간 대략 20만 명이 마녀로 기소되고, 그중 10만 명이 종교재판 법정으로 보내졌으며, 5만 명이 처형당했다고 한다.[1]

문제는 '마녀로 기소된' 그녀들 자신은 정작 사는 동안 한 번도 스스로 마녀라고 생각해 본 적이 없었다는 것이다. 어느날 갑자기 '마녀로서의 정체성'을 외부로부터 강압적으로 요구받는다면 기분이 어떨까? 당혹스러움? 공포? 혼란함? 베슈텔이 예시로 들고 있는 구체적 사례를 하나 옮겨와 본다.

> 1646년 8월 14일, 신학자들이 마법의 혐의로 기소된 예순 살 먹은 여자 아드리엔느 되르를 심문했는데, 그녀는 몽벨리아 출신 피에르 바크송의 과부였다. 그들은 그저 간단하게 마법사의 존재를 믿느냐고 그녀에게 물었다. 만일 그녀가 아니라고 대답하면 악마의 존재를 부인한다는 비난을 받게 되는데, 그것이 교리에 반대되는 생각이기 때문이다. 만일에 믿는다고 대답하면, 그런 이상한 지식을 어디에서 얻게 되었느냐고 물을 것이다. 마법사를 직접 알고 있는가, 이름은 무엇인가? 어떻게 대답하든 간에 그녀는 곧 자가당착에 빠지게 된다.[2]

예수님을 코너로 몰던 서기관들과 대제사장들(누가복음 20장 19절 이하)이 떠오르는 내용이다. "랍비여, 가이사에게 세금을 내는 것이 옳습니까?" 하필 예루살렘 성전에 가득 모인 유대인들 앞에서였다. 어찌 대답하든 난감한 상황이다. 로마제국의 황제에게 세금을 내는 것이 옳다고 한다면, 민족주의적 신앙을 가진 유대인들이 등을 돌리는 것은 물론 그들의 흥분에 큰일을 당할 수도 있다. 그렇다고 군데군데 무기를 들고 감시하고 있는 로마 군인들 앞에서 세금 거부를 선포했다가는 잡혀 들어갈 것이 뻔하다. 그때 예수님은 매우 현명한 행동을 하셨다. "네가 가진 동전 앞면에 누구의 얼굴이 그려져 있느냐?" "가이사의 것입니다." "그렇다면 가이사의 것은 가이사에게, 하나님의 것은 하나님께 바치라!" 그 심층적 의미를 다 파악하지 못했다고 해도 통쾌한 압승이었고, 이에 유대 군중은 환호했다.

그러나 여기 '마녀'로 의심을 받아 끌려와 심문관들 앞에 선 가여운 여인은 예수님만큼의 지혜나 권위가 없었다. 그럼에도 그녀는 자신을 지켜 내기 위해 온 힘을 모았다. 이 사람들은 기독교 지도자들이다. 가장 성서적으로 답해야 한다. "마법사에 대한 언급이 성서에 있기 때문에 저는 마법사가 있다고 믿어요." 첫 질문을 가까스로 방어한 이 여인은 풀려났을까? 속사포처럼 퍼부어지는 질문 세례에 결국엔 걸려들게 되고, 이어지는 고문 속에서 언젠가 어려서 들었을 주술 처방 한 구절이라도 내뱉는 순간 마녀가 되어 버린다. 지쳐서 자기를 변호하거나 방어하기를 포기한 여성들이 속출했다. 독일 지방에서 마녀 용의자로 검거된 한 여인은 끔찍한 대질 심문과 검사 과정에 지쳐 자기도 모르게 이렇게 말해 버렸다. "정확하게는 모르겠지만, (제가) 마녀인 것 같습니다." 자신의 정체성조차도 심판자들이 정해 준 대로 믿어 버린 여자들은 때로 막 잡혀 온 다른 용의자를 검거하기 위한 증인이 되기도 한다. "아, 우리가 마녀 집회를 할 때 저 여자도 본 것 같아요." 행여 많은 마녀들을 잡는 데 '공헌'을 한다면 나 하나쯤은 살

려 줄까 싶어 고발을 선택한 여자 때문에 하룻밤 사이 126명의 마녀들이 잡혀 오기도 했다.[3]

고문 장면을 묘사하는 것이 너무 끔찍하고, 소위 '문명인'으로서 살아온 우리에게는 상상 이상의 일들이지만, 한 마녀 용의자가 당한 처절한 고문의 기록을 읽어 본다. 자기를 잃기까지의 잔인한 폭력이기에 불편해도 직면해야 하는 실재라고 생각한다. 1629년 코부르 지역에서 마녀 용의자로 고문당한 엘리자벳 마드렝의 사례이다.

> 고문관은 유황을 바른 깃털에 불을 붙여 그녀의 겨드랑이와 목 주변에 화상을 입혔고… 등 뒤로 두 손을 묶어서 천장에 매달았으며… 서너 시간을 그런 상태로 방치해 두었다. 그녀를 그렇게 매달아 놓은 채 고문관은 점심을 먹으러 갔다. 점심을 먹고 온 그는 그녀의 등에 브랜디를 붓고 불을 붙이고, 몸에 무거운 물건을 묶어서 다시 천장에 매달았다. 그리고는 대패질을 하지 않아 가시가 많은 판자를 그녀의 등에 부착시켜서 두 손을 묶어 다시 천장에 매달았다. 두 개의 발톱과 두 개의 손톱을 나사로 조이고, 겨드랑이 밑에 몽둥이를 집어넣어 15분간 천장에 매달았다. 그녀는 여러 번 의식을 잃었다. 그는 그녀의 장딴지 부근의 두 다리를 비틀어 꺾었다. 세 번째 고문은 더욱 가혹해져 가죽 채찍으로 허리를 구타했다. 몸에서 배어 나온 피가 옷을 적셨다. 다시 천장에 매달고 엄지발톱과 손톱을 조인 다음, 심문용 의자에 앉혀 놓고, 고문관과 법원의 관리들은 열 시경 점심을 먹으러 갔다. 그들은 오후 한 시까지 돌아오지 않았다.[4]

느지막이 여유롭게 밥을 먹고 온 심사관의 입에서 나온 말은 이랬다. "자백을 하라, 아니면 숨이 끊어질 때까지 고문할 것이다." 이 지역에서는 고문을 받다 목숨을 잃는 사람들이 95퍼센트였다고 하니[5] 무사히 살아남아(?) 마녀로 판결을 받아 화형을 당한 사람들이 오히려 놀라울 따름이다. 하긴 대표적인 마녀감별법인 '물에 넣어 보기' 역시 살아남는 것 자체가 기적인 고문이다. 마녀는 사탄의 불과 관련 있고, 따라서 정상 여자의 체중보다 가볍다는 어이없는 '(비)논리'에 근거하여 불안에 떠는 마녀 용의자들을 물에 던져 넣었다. 물 위로 떠오른다는 것은 가볍다는 증거이니 떠오르는 즉시 마녀로 '입증'되어 화형될 운명이다. 가라앉으면? 서둘러 건져 주는 일이 드물었으므로 익사하는 여인들이 많았다. 이 경우 사람으로 죽는 것을 다행으로 여겨야 할 일인지.

결국 질기게 살아남아 마녀로 입증된 여인들을 죽이는 방법 또한 기가 막힌다. "모든 마녀의 목에 화약 자루를 매단 다음 그들의 몸을 연결시킨 후, 줄줄이 이어진 폭죽에 불을 붙이듯 한꺼번에" 화형을 시켰다는 1589년 크베트린부르크 사례, 생매장 당한 안나 브로코츠키(1607년)의 사례 등 지면이 모자랄 지경이다. 마녀로 화형당하며 남편에게 마지막 편지를 보냈던 레베카 렘핀은 내내 자신의 결백을 호소하면서도 말미에 이렇게 적었다. "제가 마녀라면, 주여 저를 가엾게 여기소서. 오, 이 무슨 폭력인가요! 어찌하여 하느님은 저의 절규를 외면하시는지요?"[6]

그러게 말이다. 죽어 가면서까지 기도를 멈추지 않은 여인들, '남들'이 말하는 대로 자신이 마녀인지 아닌지 너무나 혼란스러워 몸의 고통보다 자신의 정체성이 더 무거웠던 여인들, 죽는 마지막 순간까지 자신의 사랑하는 사람들이 걱정스러웠던 착하고 순한 마음의 그녀들을 '마녀'라는 한 범주로 묶어 공개적으로, 그리고 잔인하게 제거하면서 공동체의 지도자들은 외쳤을 것이다. "이제 우리를 기근과 한파와 전쟁과 전염병으로 죽게 만들던 원흉들이 제거되었다. 우리 마을은 다시 안전해질 것이다." 글쎄, 그랬을까? 그럴 수 있었을까? 해가 갈수록 더 많은 '마녀들'을 잡아야 했던 걸 보면 그렇지 않았던 듯하다. 어째 그 시절의 일만은 아닌 느낌이다.

닉싱 Nixing, 거절하기

기독교
허 Her 스토리 **19**

　라이프치히에서 마녀로 판결받아 화형을 당하던 여인 안나 에브는 어디서 그런 힘이 났을까? 이미 자신의 몸이 반쯤 불타 버린 상황에서도 그녀는 판사들을 향해 욕을 내뱉었다. 필시 마지막 남은 생명의 힘을 다 끌어모았을 것이다. "이 더러운 개새끼들!" 아무리 직접 인용이라도 이런 저급한 욕을 옮기다니. 안나에브는 물론이고 나까지도 '마녀' 범주에 넣고 싶을 독자도 있으리라. 하긴 나 역시 아주 오랫동안 욕을 하거나 심지어 마음에 담는 것조차 불경건한 일이라고 믿어 왔다. 예수님도 그렇게 말씀하시지 않았나! 형제에게 '라가'(어리석은 자 혹은 무가치한 사람)라고 하는 사람마다 다 지옥불에 떨어질 것이라고. 상대방도 하나님의 피조물이요 하나님의 귀한 형상인데 어찌 내가 그를 저주하거나

닉싱 Nixing, 거절하기　123

폄훼할까? 그래서 나는 마치 24시간 사각지대가 없는 CCTV를 몸에 달고 살듯이 언행을 조심하며, 상대방이 나에게 어떤 행동을 하든 늘 선하게 갚아 주기를 연습하고 수행해 왔었다.

그러다가 그 수행성이 삐그덕거린 것은 내 나이 서른여섯 즈음이었다. 나는 생애 처음으로, 속으로만, 그럼에도 온 존재의 힘을 끌어모아 누군가를 향해서 나의 분노를 쏟아 냈다. "이 개새끼!" 정확히 마음속으로 나는 그 단어를 떠올리고 있었다. 다만 육성으로 발화하지 않았을 뿐이다. '마음으로 생각한 것이 이미 행한 것'이라는 산상수훈의 원칙에 비춘다면 나는 이미 상대방에게 험한 욕을 한 것이고 그를 혐오한 것이 맞다. 무슨 상황이었고 누구를 향해서였는지는 이런 공개적인 지면에서 구구절절 밝힐 일이 아니다. 오늘 내가 하려는 강조점은 사적 사연이 아니라, 마음속 생각까지 하나님의 마음을 품으려 애쓰고 기도하는 한 선량한 자매로 하여금 온 존재의 힘으로 분노와 저주를 퍼붓게 만든 '무엇'에 대한 이야기이기 때문이다.

안나에브는 참으로 대단했다. 가장 고통스런 죽음이 불에 타 죽는 것이라고 한다. 그녀가 다른 여인들보다 고통을 덜 느꼈을 리는 없다. 그녀의 분노와 저항심이 죽음의 고통보다 더 컸을 뿐이다. 물론 그런 독기를 발산하는 안나에브를 지켜보며 재판관들과 청중은 자신들의 심증을 더욱 굳혔을 것이다. "저것 봐, 역시 마녀임에 틀림없어. 몸이 반쯤이나 타들어 갔는데 어디서 저런 힘이 나오겠어? 악마와 결탁한 여자야." 그런 확증편향으로 마음이 굳었을 것이다. 하지만 그녀만큼의 고통은 아니었어도, 내가 믿고 알고 추구해 가던 나의 정체성이 무시당하고 제한되고 끊임없이 위협당하면서 죽음(혹은 존재의 상실)의 상황으로 내몰렸을 때의 심정과 그때 갑작스레 터져 나오는 불가사의한 힘을 나는 안다. 그러니까 악마와 결탁한 것이라고? 하지만 묻고 싶다. 나를 나답지 못하게 만드는, 나를 잃게 만드는 힘에 저항하도록 부여된 힘이 어찌 악마로부터 왔을까?

마녀사냥의 광풍이 일기 전인 14세기 초반, 마녀로 지목되어 파리 한복판에서 화형당한 마그리트 포레테Marguerite Porete에게도 그 '부인'의 힘이 있었다. 나를 나답지 못하게 하는 억압적 시스템과 싸워 이길 힘은 없어도, 적어도 아닌 걸 아니라고 말할 거절과 거부의 힘은 우리에게 있지 않은가! 당대 주요 학자들의 개념을 자신의 글에서 자유자재로 소화해 내던 여성 지식인이었다는 포레테는, 학자들의 언어인 라틴어에 능통했음에도 불구하고 정작 저술 활동은 대중의 언어인 중세 프랑스어로 기술했었다. 그중 《순일한 영혼들의 거울》이라는 책은 이미 그녀 당대에 널리 읽혔고 인근 다른 나라들의 언어로 번역되어 널리 전해졌다 한다. 그런데 가톨릭 교황청에서는 그 책을 금서로 지정하고 분서 명령까지 내렸다. 이유는 자명하다. 교회 시스템을 흔드는 위협적인 내용이 담겨 있었기 때문이다. 자유로운 영혼으로 순례자의 삶을 살며 설교하는 신앙인이었던 포레테는 그 책에서 교회가 가진 구원 매개의 역할이 필수불가결하다고 말하지 않았다. 실은 그것이 예수 복음의 핵심이 아니던가! 너의 자유혼으로 하나님 앞에 단독자로 서라! 고발당하고 추적당하고 법정에 출두할 것을 요청받아도, 그녀는 자기 삶의 주인으로 살았다. 멈추지 않았다. 마치 예수님이 잡히시던 날 밤까지 하나님 안에서 자유로운 영혼이 구원받은 길에 대한 선포를 멈추지 않으신 것처럼, 포레테는 자신의 신학적 주장을 계속 설교하고 다녔다. 그러다 결국 체포되어 목숨이 위태로운 상황에서도 포레테는 자신의 목숨을 구걸하지 않았다. 회유에도 넘어가지 않았다. 형식주의적 위계질서로 꽉 막혀서 신자들의 자유를 억압하는 교권을 향하여 죽기까지 그녀가 온몸으로 전한 메시지는 한마디로 요약 가능하다. "아니요!"

"아니요!" 그녀의 먼 후손이요 20세기 중반 기독교 페미니즘의 선두 주자였던 메리 데일리Mary Daly가 '닉싱Nixing'이라고 명명한 저항의 방법이다. 신학적 사고가 너무 재미있었던 데일리는 박사학위까지 획득하고 싶었다. 부귀영화나 권세를 누리고자 함이 아니었다. 그저 내가 너무 하고 싶은 학문을 깊이 추구하면서 나다운 삶을 살고 싶었을 뿐. 그런데 미국에서는 '제도적으로' 여성의 신학박사 학위 취득을 금하고 있다는 사실을 그제야 알게 되었다. 이게 말이 되는 일인가? 처음엔 제도 자체에 대한 도전보다는 개인적 성취를 위하여 여자에게도 학위를 부여하는 유럽으로 건너가 공부를 지속했다. 그리고 '제발' 교회가 예수 복음으로 돌아가 그리스도의 십자가 아래 모든 차별이 걷히기를 바라며 교회 개혁을 촉구하는 비판적 글을 연재했다. 기고했던 원고를 묶어 단행본으로 출간한 것이 《교회와 제2의 성》이다. 이 책이 나오자마자 데일리는 비난과 공격을 받았다. 막 귀국하여 보스턴 칼리지에서 강의를 하던 그녀는 결단해야 했다. 자신의 주장을 철회하고 가톨릭 교단에 남을지 아니면 '저항'의 목소리를 지속하는 대가로 일자리와 교단을 잃을지. 한 여성 강사가 거대한 가톨릭 교계와 싸워 어찌 이길 수 있을까? 데일리는 그저 자기 몫의 '거부'를 표현하고 조용히 방학에 들어갔다.

그런데 반전이 생겼다. "아니요!"라는 외침이 혼자만의 몫일 때는 나만 혼자 제거되겠지만, 데일리의 경우는 달랐다. 자기도 예상치 못한 일이었다. 학교에서 공문이 왔기에 계약 해지 통보려니 했는데, 웬걸? 무려 정교수로 임용한다는 내용이었다. 무슨 일이 벌어진 걸까? 당시 막 텔레비전이 보급되고 정보가 빠르게 확산되는 신문 등의 매체가 활발했던 정황이 유리하게 작용했던 것이다. 보스턴 칼리지 앞에서 데일리를 응원하며 '닉싱'에 동참한 수많은 여대생들의 모습이 전파를 탔다. 마치 루터의 95개조 반박문이 '마침' 보급된 인쇄술의 덕을 본 것처럼 말이다. 전국적으로 퍼져 나간 연대와 지지에 결국 학교 당국도 교계도 승복할 수밖에 없었던 것이다.

덕분에 기독교 내부에서 페미니스트의 상징처럼 되어 버린 데일리는 이후 교회 개혁을 위해 수년간 힘써 싸웠지만, 결국 '포기'한다. 타협했다는 말이 아니고 교회 안에서 남자와 여자가 평등하게 상호작용하는 제도를 만드는 일이 불가능하다고 생각하게 되었다는 것이다. 하여 데일리는 1975년을 '여성 원년 AF, *anno feminarum*'으로 선포하며 새 역사를 써 내려 가겠다고 선포했다. 남자들 없이, '아버지'로서만 상징되는 신神 이해에 기초한 남성들의 신학을 넘어, 여성이 만난 하나님을 새롭게 고백하며 '탈기독교 페미니즘 post-Christianity feminism'을 주창하면서 말이다. 그간 여성들로 하여금 자기로 살아 내지 못하게 만들었던 남성중심적 시스템을 조롱하며 멋지게 당당하게 '넘어가자'고 동료 여성 기독교인들을 초청했다.

> 여성들의 작업은 놀리는 것 be-fooling이다. 그것은 남성적 어리석음을 악이라고 비난하는 것이다. 놀리는 것에는 세 가지가 있다. 첫째로 거절 nixing이 있다. 거절자로서 아버지

하나님을 넘어서 직조하는 직조자들은 정체된 국가들stag-
nations이 만든 바보들의 철없음과, 인간 기계들의 빈둥거림과,
맹목적 파괴성을 거부하고, 금지하고, 방해한다. 다음에는
마법hexing이 있다. 마녀들로서 직조자들은 운명 세계의 운명을
선언하면서 마법을 걸어 홀린다. 셋째로 엑싱x-ing이 있다.
X는 미지의 혹은 변화하는 양/질에 대한 상징이다. 놀리는
직조자들에게 그것은 양자적quantum 도약, 즉 엑스 인자의
도래를 예언한다는 뜻이다.[1]

마치 '마녀'와도 같이 매혹적으로 당대 지성인 그리스도 젊
은 여성들을 '홀리며' 교회를 떠난 데일리를 충분히 이해한다. 그
러나 나는 데일리의 세 가지 전략을 가지고 제도 교회 안에 남기
로 했다. 사실 이 세 전략은 제도 안에서 수행할 때 훨씬 더 힘을
발휘하기 때문이다. 또 더 많은 동료 자매들과 연대할 수 있기 때
문이다. 연대한 닉싱은 결국 제도를 바꿀 것이기 때문이다.

아직 도래하지 않은 여성을 기다리며, 헥싱과 엑싱

기독교 허Her스토리 **20**

닉싱Nixing, 거절하기와 더불어 메리 데일리가 '조롱하기'의 방법으로 제안한 다른 두 가지 전략이 있다. 헥싱Hexing과 엑싱 X-ing이다. 암호도 아니고 영어가 익숙한 독자들에게조차 낯선 단어들이 분명하다. 필시 데일리는 일상의 용어가 주는 오염된 연상 작용을 끊어 내고자 이런 단어들을 사용했으리라. '헥싱'만 해도 그렇다. 이 단어가 담고 있는 함의를 풀어 말하자면, '마술을 걸어 홀리듯 매혹시키다'는 의미를 가진다. 전달력이 있는 일상어를 고른다면 'Be-witching' 즉 '마녀짓을 하다'가 더 광범위하게 쓰인다. 하지만 가부장적 전통과 해석이 내면화된 사람들에게 '마녀짓을 하다'는 곧 불신앙으로 비춰질 수 있지 않겠는가. 하여 데일리는 기존의 남성중심적 전통과 해석을 조롱하면서 시도되는 새롭고 매력적인 신앙 언어와 행동을 표현하는 말로 '헥싱'을 선택한 듯하다.

구체적 예를 들자면, '달밤에 대서양 모래밭에서 빙글빙글 춤을 추며 하나님을 찬양하기' 같은 것이다. 강강수월래처럼요? 그나마 그런 전통 놀이도 없는 '기독교적' 서양인들의 시각에서는 집단 광기의 현장으로 보일 수도 있겠다. 그러나 내가 미국 보스턴에서 유학 생활을 하던 1990년대 중반, 페미니스트적 시각에서 기독교의 전통적 의례를 다시 만들어 보려던 지성인 여성 기독교인들은 성직 위계와 형식주의적 예배를 과감하게 '닉싱'하고서, 여성들의 의례를 '헥싱'하고자 이런 시도를 했다. 고개가 아플 만큼 강단을 높이 세우고 설교자를 청중보다 하나님과 더 가깝게 배치한 예배당을 '넘어서', 어떻게 하면 자매들 간에 수평적 관계성이 흘러가게 하면서 예배자로 참여할 수 있는 공간 배치와 예배 의식이 가능할까? 하나님이 지으신 피조 세계의 다른 생명체들과 생명의 약동성을 함께 느끼며 예배하는 방법은 무엇일까? 이런 질문에 대한 하나의 대답으로 보름달이 뜬 날 저녁에 보스턴 인근 지역에서 공부하는 젊은 기독인 자매들이 바닷가에 모여 둥글게 둘러앉아 예배를 시작했다. 파도와 달과 모래와 어쩌면 게나 조개와도 함께?

난 자발적으로 그 모임에 간 것은 아니었다. 아무래도 보스턴이 '급진적 페미니스트들'의 센터이고 보니(그곳에는 9개의 신학 고등교육기관 연합 네트워크가 견고하게 형성되어 있다), 새로운 프로그램이 생길 때마다 선후배들이 자주 나를 불렀다. 예나 지금이나 거절하는 것을 어려워하는 나는 어정쩡 대서양 해변으로 몇 번쯤 '끌려' 나갔었다. 색이 다양한 스카프가 준비물인 날도 있었다. 아마도 '다양성'과 '유연함'을 표현하는 상징으로 사용하기 위함이리라. 집시처럼, 혹은 히피처럼(?) 자유로운 복장을 한 참가자들이 찬송을 부르며 몸이 원하는 대로 스카프를 공중에 휘젓고 춤을 추었다. 나중에 그 예배 경험을 성찰하는 시간도 있었는데, 참여자들의 고백에는 '충만함', '자유로움', '해방감' 등의 단어가 등장했다. 어느 자매는 평생 목까지 조여 오는 단추를 잠그고 긴 원피스를 입은 채 주일 아침마다 장로님인 아버지와 어머니를 따라 교회에 다녀오면서 느꼈던 억압감에서 비로소 벗어난 느낌이라며 펑펑 울기도 했다. 심지어 '성령을 체험'했다는 자매도 있었다. 은사 체험을 강조하는 교회 전통에서 자랐는데, 매일 방언을 받으라고, 성령의 불을 받으라고 목사님이 강단에서 소리를 높여도 자신의 마음이 열리지 않았다고 한다. 그러다 이 모임에서 자연과 더불어 환한 달빛 아래서 온몸을 생명의 흐름에 맡기면서 비로소 성령이 자기 안으로 들어오시는 체험을 했다는 것이다.

아, 내 순서가 돌아오는 것이 그렇게나 두려웠던 때가 또 있었을까! 국제적 모임인 그 공간에서 낯선 언어인 영어로 설명해야 하는 것은 차라리 덜 불편했다. 도대체 난 춤을 추는 것도 불편하고, 스카프를 공중에 던지고 빙빙 흔드는 것도 의미 없었다. 무엇보다 초저녁잠이 많은 사람인데, 달이 가장 동그랗고 가까이 보일 때 예배를 드려야 한다면서 자꾸 밤늦게 나가자는 것이 몹시 괴로웠다. 하여 두서너 번 성찰적 나눔을 그냥 통과하다가 세 번째 모임에서 내 의사를 밝혀 버렸다. 그간 자기표현을 하지 않았던 나의 조용함을 아시아 여자 특유의 수줍음으로 착각했던 그곳의 자매들을 놀라게 만든 발언이었다.

나를 억압하는 교리나 예배 형태, 이런 것들을 닉싱하고, 자유혼으로 나의 신 체험을 가능하게 하는 의례를 새롭게 만들자고 하는 모임이라면서요? 그리고 그 새로운 의례는 매혹적이고 아름다운 것이기에 '헥싱'의 과정이구요. 그런데 저에게는 이 의례가 전혀 매혹적이지 않아요. 난 아직 마법에 홀리지 않은 것일까요? 아마 여러분은 그렇게 판단할 수도 있어요. 너무나 수동적으로 가부장적 기독교 의례 형태를 내면화하고 거기 익숙해서 껍질을 깨고 나오지 못하고 있는 거라고. 우리가 도와줘야 한다고.

가뜩이나 커다란 각양각색의 눈을 더 크게 뜨고 나를 바라보는 다국적 자매들에게 나는 결국 나 자신의 감정을 솔직하게 드러냈다. 이전 것이 수직적이고 억압적이고 형식적이어서, 그것이 싫어서 '헥싱'의 예배를 만들어 낸 것은 좋다, 하지만 지금 이 방식이 매력적이라고 느끼고 해방감을 얻는 너희들끼리 해라. 이 예배 형식은 하나의 대안이지 유일한 대안은 아니다. 결국 우리가 해야 하는 것은 '엑싱'이 아니냐? 아직까지 이 땅의 제도 안에서 발현되지도 권위를 인정받지도 못했던 '여성적'(X인자를 가진) 능력과 의미를 발산하는 것 말이다. 그렇다면 엑싱은 다양한 방법의 헥싱을 포함하고 허락할 수 있어야지, 왜 꼭 달밤에 대서양 모래밭에서 이 '짓'을 하는 걸로만 대변되는 것이어야 하느냐 하는 도전적 질문이었다.

나의 이런 태도가 남성들의 '로고스'(이성적 말씀) 담론에 사로잡힌 까닭이라고 반박하는 한 자매에게 나는 분명하게 말했다. 나는 굳이 말하자면 에로스보다는 로고스가 더 매력적으로 다가

오는 사람이라고. 그리고 나도 여자라고. 왜 획일적인 여성 경험과 여성 의례를 만들어야 하냐고. 남성들이 로고스로 만들어 낸 기독교적 담론과 의례가 여성억압적이라면, 그 대안이 왜 꼭 에로스여야 하느냐고. 감각적 예배가 좋은 사람은 그렇게 하라고. 하지만 나는 나에게 너무나 매혹적인 로고스를 통해서 남성들의 담론에 대안이 되는 신학 언어와 가치를 설명해 가겠노라고. 이후로 나는 보름달이 뜨는 밤을 두려워하지 않아도 되었다. 달도 뜨기 전에 푹 숙면을 취하면서 말이다.

그것이 내가 이해하는 '엑싱'이다. 프랑스의 저명한 여성주의 철학자인 뤼스 이리가레는 "성차는 아직 발생하지 않았다"는 의미심장한 말을 했다. 무엇이 '여성'인지, 가부장적 남성들이 여성에 '대해서' 말한 내용 말고, 정말 하나님이 창조하신 대로의(이것은 신자인 나의 덧붙임이다) '여성'은 무엇인지가 아직 이 땅에서 충분히 체현되지 못했다는 말이다. "그래서 X인자들의 속성이 무엇인가?" 누군가 이렇게 물을 때 선명하게 답할 만큼 가부장적 전제로부터 자유롭게, 그러나 자신이 매력을 느끼는 방법으로 마음껏 신앙과 신학을 전개해 나간 여성 신학자들이 충분치 않고 그 역사가 길지 않다는 이야기이기도 하다. 그래서 한때 백인 엘리트 페미니스트들이 자신들의 신학적 언어 '만' 여성주의적이라고 선언하자, 흑인 경험을 바탕으로 한 우머니스트들의 '닉싱'이 나올 수 있었다.

달밤에 대서양 바닷가에서 예배하기를 닉싱한 나의 선언도, 결국엔 엑싱의 한 부분이다. 그렇다고 내가 '남자 편'을 들었다는 것은 아니다. 혹자는 그런다. 달을 숭배하고 여신들을 예배하던 이교도적 전통은 오랜 것이라고. 그녀들이 헥싱의 이름으로 행했던 것은 말 그대로 마녀들의 회합이라고. 하지만 나는 그런 마녀사냥도 '닉싱'한다. 한때 서양 선교사들이 하나님을 믿기로 하고 새벽기도에서 자녀를 위해 열심히 기도하는 권사님들의 손동작을 고쳐 주느라 애썼다는 이야기를 들었다. 새벽에 정안수 떠놓고 달님에게, 천지신명에게 빌던 손동작, 그러니까 양손을 합하여 동글동글 비벼대는 손동작을 하는 모습에 질색하였다는 것이다. "자매님, 손을 그렇게 비비면 안 됩니다. 양손을 딱 붙이고 그대로 움직이지 말고 두세요. 그게 기독교적 기도 자세입니다." 글쎄, 기독교적 기도 자세가 따로 있을까? 익숙한 몸의 습관 때문에 기독교적 신앙의 정수를 잃게 된다면 그건 경계하고 고칠 일이다. 하지만 간절한 마음을 담은 기도의 손동작이 반드시 통일되어야 할 까닭은 없지 않은가? 교회 안에서 여성들이 만들어 내는 다양한 헥싱이 받아들여지면 좋겠다. 새롭고 매력적인 실험의 장을 열어 놓으면 좋겠다. 그렇게 아직 교회와 사회의 제도 안에 충분히 반영되지 않은 '미지수 여성 인자'가 자꾸 발현되고 채워지면 좋겠다.

마리 당티에르의 '엑싱'

기독교
허Her스토리 **21**

　15세기가 끝나갈 무렵 프랑스 귀족 가문에서 태어난 마리 당티에르(1495-1561)는 수도원 고위직 출신에 마르틴 루터의 사상에 매료되고 개혁적 신앙을 가진 사제와 결혼한 점에서, 동시대 개혁주의적 신앙을 지지한 여성들과 비슷한 행보를 걸었다. 그러나 '여성의 권리rights' 아니, 나아가 '여성의 권위authority'를 직접적으로 언급했다는 것은, 그야말로 '엑스x' 인자에 대한 공적·신앙적 긍정이었기에 마리의 삶과 주장은 주목할 만하다.

　신앙적 의견 차이로 가톨릭 귀족 가문에서 쫓겨난(1526년) 마리는 개혁신앙을 지지하는 도시 이곳저곳을 전전하다가 당시 개혁신앙의 중심지였던 제네바까지 오게 되었다(1535년). 이 당찬 여인은 제네바를 개혁주의 도시로 건설해 가던 칼뱅과 동시대

인물인데, 자신이 동의할 수 없는 부분에서는 칼뱅과도 부딪히며 물러서지 않았다. 칼뱅이 다른 남성 개혁가들에 비해 상대적으로 열린 자세로 여성들의 설교 사역을 인정하고 있었던 점을 고려한다면, 칼뱅이 마리에게 품은 적대감은 상당히 예외적이다. 아마도 칼뱅이 남성으로 살면서 무의식적으로 그어 놓은 '여성'의 범주를 넘어서는 마리의 언행, 그러니까 가톨릭 사제만 아니라 개혁신앙 목회자에게까지 비판적 잣대를 들이대는 적극적이고 독자적인 행동이 못마땅했기 때문이리라. 하여 칼뱅은 마리를 저격하며 이런 말을 했다. "한 여성이 제도에서 벗어난 방식으로 글을 통해 그리고 선술집이나 길거리에서의 공개적인 설교를 통해 개혁을 주창하고 있다."[1]

그러나 마리 당티에르는 물러서지 않았다. 마리는 당시 제네바에서 벌어지고 있던 종교적 갈등의 흐름을 관찰·분석하고 글로 정리하며 이에 대한 신학적 견해를 펼쳐 낸 유일한 여성이었다. 종교개혁적 이상이 점차 '제도화'되면서 여성의 자리를 제한하고 있었음에도, 개혁신앙을 지지한 왕비 마르가리타 드 나바라에게 제네바 상황을 전달하며 쓴 글에서 마리는 단순한 사건 보고가 아닌 여성이 가진 신적 권위를 피력했다. 일단 서신 형식을 띤 이 소논문의 제목부터가 강렬하다. "투르나이의 그리스도인 여성이 준비하고 기록해 나바라의 왕비이자 프랑스 왕의 누나에게 보낸, 터키의 이슬람교도들, 유대교인들, 이교도들, 거짓 그리스도인들, 재세례파와 루터주의자들에 대항하는 가장 유익한 편지"(1539년)라니! 비판의 대상에는 '루터주의자들'까지 포함되어 있었다.

마리는 루터의 글에 매료되어 개혁신앙을 선택한 여성이었지만, 단순히 자신이 따라야 할 영적 지도자를 가톨릭에서 개신교 목회자로 바꾸었다기보다는, 주체적 신앙과 성서 해석의 권위에 근거하여 변화하는 양상을 판단, 분석, 비판한 것이다. 특히 동시대 교회 안팎의 재난을 '여성들의 사악한 마녀적 힘' 때문으로 몰아가는 기조에 개신교도들조차 동조하고 있는 모습에 저항하며, '하나님의 형상'으로 지음받은 거룩한 권위는 여성 안에 '도' 있다는 것을 강조했다. 권위를 뜻하는 영어 단어 authority의 라틴어 어원 *augere*는 '성장하는 데 동인이 되는 힘'을 의미한다. 그 권위가 여성이 하나님으로부터 선물로 받은 X 인자에도 존재한다는 선언이다.

> 지금까지 성서는 그들에게 숨겨져 있었습니다. 그 누구도 감히 그것에 대해 한마디도 하지 못했으며, 여성들이 성서 안에 있는 무엇이라도 읽거나 들어서는 안 되는 것처럼 여겨져 왔습니다. 바로 이 사실이 제 마음을 움직여, 이제부터는 여성이 옛날처럼 그렇게 모멸을 당하지 않게 되기를 하나님 안에서 바라면서 당신에게 이 글을 쓰게 되었습니다.[2]

물론 마리 당티에르의 시절에는 유전자 정보를 알지 못했으니, X니 Y니 하는 것은 내가 임의로 표현하는 말이다. 마리의 먼 먼 후손인 같은 이름의 메리(데일리)가 선포했던 '엑싱'을 일찌감치 시도한 선배로서 그녀의 시도를 '엑싱'이라 명명하고 싶기 때문이다. 마리는 여성만이 '결함의 상징'이라고 주장하는 남성 신학자들의 과오를 명시적으로 짚었다. 인간성이 유한하고 제한적이라면 그건 Y 인자도 마찬가지 아닌가! 더구나 그 '미숙함'으로 그동안 모든 공적 언행을 독차지했으니, 역사에 남은 과오 역시 남자들의 것이라는 논리이다.

> 비록 모든 여성이 다 결점을 지니고 있지만, 남성이라고 해서 여기서 제외된 적은 없습니다. 어떤 여성도 예수를 팔거나 배반한 적이 없고 유다라는 이름의 남자가 그랬는데도 왜 여성들이 그토록 비난을 받아야 합니까? 이 땅에 그토록 많은 의식, 이단, 그리고 그릇된 교리를 지어내고 고안한 자들이 남성들이 아니라면 누구입니까? 그리고 그들이 가련한 여성들을 꾀어냈습니다. 여성이 거짓 선지자였던 적은 한 번도 보이지 않고, 여성들이 그들에 의해 잘못 인도되어진 것입니다. … 그런 까닭에, 하나님이 몇몇 선한 여성들에게 은혜를 베풀어 그들에게 성서를 통해 거룩하고 선한 것을 드러내시는데도, 진리를 훼방하는 자들로 인해 여성들이 그에 관해 서로를 향해 글로 쓰고, 말하고, 선포하는 것을 망설여야 합니까? 아, 그들을 막으려고 하는 것은 너무나 뻔뻔한 일이 될 것이고, 하나님께서 우리에게 주신 재능을 우리가 숨기는 것 또한 너무나 어리석은 일이 될 것입니다.[3]

21세기인 오늘날까지도 여성의 목사 안수를 반대하는 교단이 있는데, 무려 16세기에 '여성의 X 인자'가 가진 신적 권위를 주장했던 것이다. 더 나아가 마리는 여성이 목회자로 활동할 수 있는 성경적 근거를 제시했다. 심지어 이런 문서적 제시가 자신의 이웃 즉, "이집트의 암흑보다 더 분명한 저 끔찍한 어둠 속에 사로잡혀 있는 그 남성을 교화하기 위함"이라고 밝혔으니,[4] 그야말로 창세기에서 하나님께서 명령하신 '여자의 도움'을 제대로 수행한 셈이다.

> 우리가 영과 진리로 하나님을 예배해야 한다는 예수의 말을 듣자마자 그분을 모든 사람들 앞에서 공개적으로 고백하면서 예수와 그분의 말씀을 설교하기를 부끄러워하지 않던 사마리아 여인보다 더 위대한 여성 설교자가 있었습니까? 막달라 마리아가 아니면 누가 예수 부활의 엄청난 신비에 대해 최초로 밝혀 말했다고 자랑할 수 있겠습니까? 그분은 막달라 마리에게서 일곱 귀신을 내쫓으셨고, 일찍이 남성들이 아니라 다른 여성들에게 천사를 통해 선포하고 명하시기를, 그것을 다른 사람들에게 말하고, 설파하고, 선포하라고 하셨습니다.[5]

이렇게 '성경적'인 마리를, 칼뱅은 왜 그토록 싫어했을까? 물론 후대의 마리는 칼뱅의 글에 서문을 써 주기도 하고 때에 따라 협력했던 흔적도 보인다. 하지만 제네바의 개혁적 남성 지도자들의 행각이 바른 신앙에서 벗어날 때 그들을 가차 없이 '바퀴벌레들'이라고 부르며 공개 비난했던 마리는 환영받지 못했던 '여성'이었다.

최근 유행하던 말 중에 "오빠가 허락한 페미니즘"이라는 표현이 있다. 여성의 권리를 주장하는 페미니즘의 주장과 행동에 포함되지만, 크게 과격하지 않아 남자들이 수용할 수 있는 수준이며, 표현 방식도 '여성적'이어서 귀엽고 사랑스럽게 봐줄 수 있는 여성주의적 행보를 의미하는 말이다. 그것이 개별 페미니스트가 믿는 자신의 주체적 주장이고, 자신이 가진 성품으로 표현하는 것이라면 그런 조롱은 부당하다. 하지만, 이미 확립되어 있는 가부장적 제도와 그 안의 기득권자들의 힘을 얻기 위한 '전략적' 페미니즘이라면 합당한 비판이다. 요즘 급진적 주장을 하는 페미니스트들이 보기엔 루터의 아내 카타리나의 행보가 '오빠가 허락한 페미니즘' 정도로 보일 수도 있겠다. 수녀원을 탈출하여 평생 한 일이 남편 뒷바라지에 목사관 뒤치다꺼리였다고 말이다. 하지만 카타리나를 다룬 부분에서도 언급했듯이 그녀는 당대의 제도를 따라서 선택한 삶이 아니라 스스로 결정한 주체적 소명 의식에 입각하여 자신이 가장 잘하고 의미있는 일을 선택했을 뿐이다. 그러니 그녀를 섣부르게 비난하는 것은 부당하다. 사실 마리 시절에는 '페미니즘'이라는 단어 자체가 없었으니 이런 표현이 가당치 않겠지만, 그럼에도 오늘의 시각에서 본다면 마리 당티에르는 바로 그 '오빠들'이 그어 놓은 선을 넘어 버렸기에 배척당한 여성 개혁자였다. 그리고 실은 그렇게 선을 넘음으로써 하나님이 창조하신 본연의 '여성'을 만들어 간 선배이기도 했다. 가능성과 희망의 이름으로 아직 비어 있는 '여성'을 채워 넣는 엑싱을 하면서.

신의 대륙에 선
앤 허친슨

기독교
허 Her 스토리 **22**

시간과 공간을 조금 옮겨 본다. 아니, 믿음의 여성들이 걸어간 길을 쫓다 보니 자연스레 만나는 시절과 장소인 셈이다. 17-18세기, 신앙의 자유를 위해 위험천만한 미지의 땅 북아메리카로 떠난 여인들의 이야기이다. 대륙의 개혁신앙에 고무되었던 영국의 신자들은 가톨릭으로부터 독립선언을 하고 국교회를 선포한 자국의 신앙적 행보에 큰 기대를 걸었었다. 그것이 헨리 8세의 개인적 욕망(재혼을 위해)이 주된 동기였음에 실망하고, 결국 형식이나 내용 면에서 개혁적이지 않음에 좌절하며 점차 '분리파'와 '독립파' 신자들이 생겨났다. 그리고 이들에 대한 국가교회의 박해가 이어지자 결국 신앙 양심에 기초하여 새로운 삶의 터전을 세우겠다는 각오로 고향을 떠난 신자들이 미국 북동부 해안에 정착

했다. 이들은 영국에서 '청교도'라고 불리던 신자들이다. 출애굽한 이스라엘이 신앙에 기초한 왕국과 성전을 시온산 언덕에 건설했던 것처럼, 청교도들은 출영국하여 미국 땅에 뉴잉글랜드(새영국)를 건설하고자 했다. '언덕 위의 도시'라는 말은 트럼프 대통령 취임사에도 등장하는 미국의 오랜 이상이 아니던가. "하나님 안에서 우리는 믿는다In God We Trust!" 미국 땅에 도착한 처음의 청교도들이 품었던 각오와 비전은 세대가 흐르고 다민족 국가의 상징이 된 오늘날까지도 여전히 미국의 '시민 종교심'으로 남아 있다.

그 첫 이주는 1620-1630년대에 시작되었다. 단순히 탐험이나 무역을 위한 왕래가 아니라 일상을 살기 위한 이주였다. 길고 험한 바다 여행의 끝이 낭떠러지가 아니라는 것은 겨우 알게 되었지만, 그렇다고 쉬운 결정은 아니었다. 그들에게 북아메리카는 빈터요 야만의 공간이었으니, 모든 것을 처음부터 시작하고 새로 일구어야 하는 곳! 그러나 '영국'이 이미 타락했으며 하나님의 복음으로부터 멀어졌다고 느꼈던 '분리파'와 '독립파' 청교도들은 '선민의식'을 가지고 배에 올랐다. 천여 명의 경건한 청교도들이 탄 배 위에서 그들을 이끌었던 존 윈스럽John Winthrop의 연설 내용을 보면 그 비장함이 확연히 드러난다.

> 우리는 이 일을 위하여 하나님과 언약에 들어간다. 우리는 임무를 받았다. 하나님께서 우리에게 우리 자신의 조항들을 만들라고 하신 것이다.… 이제 하나님께서 우리를 기쁘게 들으시고 우리가 원하는 것으로 안전하게 인도하신다면, 하나님께서는 이 조약을 체결하시는 것이고 우리의 임무를 확인하여 인치시는 것이며 그 안에 있는 조항들을 철저하게

지킬 것을 기대하신다. 그러나 만일 우리가 강조했던 목표인 이 조항들을 제대로 지키지 않고 우리 하나님으로부터 멀어져서 이 세상을 포옹하고 육신의 정욕을 따르며 우리 자신과 우리 미래를 위하여 좋은 것들만 찾는다면, 하나님께서는 우리에게 진노를 퍼부으실 것이고 패역한 백성들에게 복수하실 것이며 하나님과의 언약을 깨뜨린 것에 대한 대가가 무엇인지 알게 하실 것이다.[1]

앤 허친슨Anne Marbury Hutchinson(1591-1643)도 초기 이주자에 속해 있었다. 앤은 영국 땅에서 태어나 국교회 성직자였던 아버지 밑에서 성장한 '목사 딸'이었다. 영국에서 꽤 성공한 상인이었던 윌리엄 허친슨William Hutchinson과 결혼하여 11명의 자녀들을 양육하며 안주하여 살다가 뉴잉글랜드로의 이주를 결심했다. 부부가 따르던 존 코튼John Cotton 목사의 행보가 큰 영향을 미쳤을 것이다. 하지만 옆 동네도 옆 나라도 아니다. 더구나 앤의 나이 43세 때의 일이었다. 생애주기가 지금보다 짧았으니 뭔가 새로 시작할 나이는 아닌 즈음의 결단인 셈이다. 많은 자녀를 포함하여 전 가족이 이주했다. 영국에서 가져온 재산이 꽤 되었던 남편은 현재 보스턴 시내 한복판에 해당하는 지역에 생업과 거주를 위한 터를 샀다. 앤은 간호사요 산파로 일을 시작했고, 자연히 여성들의 일상으로 스며들 수 있었다. 또 앤은 여성들의 성경 공부 모임을 자신의 집에서 열었는데, 여러모로 초대교회 가정교회 분위기와 흡사했다.

그들의 삶이 절박한 만큼 신앙도 절실했다. 이미 신실한 신자들의 공동체였던 초기 정착민들은 상황이 주는 극적인 동기로 인해 더욱 신앙에 매달렸다. 그런 중에 앤의 성경 공부 모임은 입소문을 타고 규모나 영향력이 점점 커졌다. 점차 남성들도 참여하기에 이르렀는데 그중에는 저명한 목회자나 정치가, 상공인도 포함되어 있었다. 그러나 위계가 있는 공동체는 아니었다. 그야말로 권위를 나누는 초대교회와 같은 모임이었다. 그 모임을 주도했던 앤은 "성경을 통한 깨달음을 얻는 과정에서 맞느냐 틀리느냐 목사님에게 물을 것이 없다"고 가르쳤다. "하나님에게 직접 기도하며 묵상하라! 성령께서 직접 교감하여 깨달음을 주신다. 주체적인 신앙을 가져라. 영적 깨달음은 너의 몫이다." 이것이 앤이 믿는 신자의 능력이요 권리였다.

이쯤 되면 벌써 우려가 될 것이다. 평신도가, 그것도 여자가 교회나 교권으로부터 자유로운 신앙적 권위를 주장했다니! 우리의 예상대로 앤은 논쟁의 중심에 섰다. 1637-1638년에 메사추세츠 교회 재판은 결국 앤을 법정에 세우게 된다. 아이러니다. 가톨릭의 교황-중심주의에 저항하고, 영국 국교회의 수장인 왕-중심주의에 한 번 더 저항한 사람들이다. 그래서 죽을 각오로 신앙의 자유를 찾아 길을 나선 사람들이 아니던가! 그런데 어느덧 교파-중심주의가 되어 버린 주류 교회 지도자들은 결국 자신들이 선포한 교리와 교회법에 다시 갇혀 버렸다. 심지어 신앙과 일상이 하나로 얽힌 새로운 사회이니 교회 규율이 신자들의 신앙생활만 아니라 일상생활까지 억압하는 상황을 초래했다. 어찌 보면 유럽보다 더 열악하게 전개되어 버린 것이다. 이에 교회나 성직자가 구원을 담보하는 것이 아니라는 지극히 개신교적인 주장, 하나님의 직접 계시 강조하며 '오직 은혜로만'을 한 번 더 외친 여인이 앤이었다.

그런 그녀는 결국 교회분열을 야기한 죄목으로 법정에 섰고, 존 윈스럽은 그녀의 죄목으로 "성경적 여인의 본분에서 벗어난 행위를 하였다"고 비난했다. 도대체 '성경적 여인의 본분'은 무엇일까? 이 부분에 있어서 '뉴잉글랜드'의 건설자들은 전혀 새롭지 않았다. 낡은 가부장제의 편견과 오해를 그대로 답습하고 있었다. 아니, 오히려 유럽처럼 귀족 사회가 견고하지 않은 상황에서 노동력이 부족했기에, 개별 가족 중심으로 유지되는 노동관계에서 여성의 주부 활동은 필요불가결한 요소였다. 결국 아이러니하게도 새로운 비전으로 건설되는 '언덕 위의 도시'는 앞으로 나아가기보다 뒤로 물러난 셈이었다. 새벽 일찍 일어나 밤늦도록 가족을 위해 손의 수고를 아끼지 않으며 기도와 양육에 게으름이 없는 지혜로운 여인, 그러면서도 남편과 남자 지도자들의 권위에 순종하며 조용히 뒤에서 돕는 여인이 '성경적'이라는 획일적 여성관을 강조하게 되었으니 말이다.

덕분에 앤은 공동체의 신앙 기조에 '부적절'하다고 평가되었고, 그런 앤을 지지한 남편과 가족들도 함께 매사추세츠에서 추방당했다. 당시 '추방'은 사회적 고립만 의미하지 않았다. 도시들이 촘촘하게 세워지고 치안이 견고하던 시절이 아니지 않나. 매사추세츠 밖으로 내몰린다는 것은 곧 죽음의 위험에 노출된다는 의미였다. 앤의 가족과 그들을 지지한 지인들은 조금 더 남쪽, 즉 로드 아일랜드로 이주해서 새로운 마을을 세웠다. 지금의 포츠머스가 그들의 정착지를 기반으로 생겨났다. 그러나 얼마 지나지 않아 남편이 죽었고, 그 1년 뒤인 1643년에 원주민 습격으로 다른 가족들과 함께 앤도 죽임을 당했다. 물론 허친슨 집안의 비참한 말로를 '매사추세츠 주류 교인들'이 어찌 '해석'했을지는 뻔한 일이었다.² 존 윈스럽이 선상에서 설교했던 축복과 저주의 이원론이 여기에 적용되었다. 앤과 그 가족은 하나님의 뜻을 저버린 사람들이라 평가되었다. 하지만 앤 가족의 죽음이 어찌 하나님의 저주였을까? 오히려 안전한 울타리 밖으로 몰아낸 그들 탓이지.

앤의 가족을 죽인 이들이 원주민이라 하여 원주민만 탓하기도 부적절하다. 아메리카 원주민들은 난생 처음 보는 사람들에게 '인도 사람'(인디언)으로 오해받은 채 자신들의 땅에서 쫓겨나고 죽임을 당했다. 원주민의 눈으로 보자면, 낯선 이들이 미국 북동부 해안가에 도착해서 '자기들이 믿는 신의 인도'라고 감사하며 '자기들만의 사회'를 만들기 위해 벌인 일들이었다. 당시 벌어진 일들을 포우하탄족 추장이 영국인들에게 보낸 편지 내용의 일부를 통해 살펴본다.

> 나는 두 세대에 걸쳐서 내 종족이 죽어 가는 모습을 보았다.…
> 사랑으로 조용하게 가질 수도 있는 것을 왜 힘으로 얻으려
> 하는가? 왜 당신들에게 먹을거리를 주는 우리를 짓밟으려
> 하는가? 전쟁으로 무엇을 얻을 수 있단 말인가?… 내 부족
> 젊은이들은 종일 눈에 불을 켜고 앉아 나뭇가지 하나라도
> 부러지는 소리가 들리면 "스미스 선장이 온다!"라고 외쳐 댄다.
> 그러면 나는 내 가련한 삶을 끝마쳐야 한다. 우리 모두의 신경을
> 곤두세우게 만드는 당신네 총과 칼을 거두지 않으면, 당신들
> 모두가 똑같은 방법으로 죽게 될 것이다.³

'언덕 위의 도성'은 모두를 평등하게 포함하는 새 나라가 아니었던 것이 자명했다. '인디언'은 물론이고 자신들의 이상에 '부

적절한' 사람들은 같은 영국인이어도 축출하고 이루려는 '동질적 집단'이 '언덕 위의 도성'이었던 셈이다. 이후 뉴잉글랜드의 교회법과 생활규율은 더욱 엄격해졌다. 공교회 예배 불참 시의 교회와 사회의 처벌이 강화되었다. 하지만 그들이 국교회가 공적 제도의 힘으로 자신들의 신앙적 자유를 억압하는 상황을 떠나왔다는 것을 기억한다면, 실소를 금할 길이 없는 행보였다. '새로운 영국'(뉴잉글랜드)를 건설하려던 그들이 만든 광기 어린 규범들이 신앙이라는 이름으로 포장되어서, 결국은 앤을 죽인 그 땅에서 깊고 크게 자라났다.

신음하는 케이크,
신음하는 맥주

기독교
허Her스토리 **23**

 '신음하는 케이크', '신음하는 맥주'라니! 도대체 무슨 의미일까? 케이크나 맥주가 생명력이나 감정이 있어 신음할 리는 만무하고. 게다가 음식 종류가 케이크와 맥주이고 보니 왠지 신음과는 좀 거리가 먼 '즐거운' 음식이라는 생각도 든다. 그러나 이것은 북아메리카에 정착했던 초기 이주 여성들의 출산 정황과 긴밀하게 연결된 음식 문화이다. 전통 사회에서는 노동력과 직결되는 문제라서 다산이 흔하기는 했다. 하지만 북아메리카 초기 이주민들의 경우는 더 절실했다. "생육하고 번성하라"는 창조주의 말씀이 다른 어느 기독교 집단보다도 간절하게 읽혔을 것이다. 절대적으로 수가 적은 이주민들의 경우 자녀들을 많이 생산하는 '여성의 소명'이 더욱 요청되는 상황이었다. 뉴잉글랜드의 여성들은 평균 8명의 아이를 낳았다고 하는데, 당시 북아메리카 원주민들의 출생률과 비교할 때 현저하게 높은 수치라고 한다.[1]

하지만 많이 낳는다고 하여 애 낳는 일이 만만하지는 않았을 것이다. 더구나 지금처럼 큰 병원에서 전문화된 의료진과 의료시설에 둘러싸인 상태에서의 안전한 분만도 아니던 시절이다. 동시대 유럽과 비교해도 열악한 상황이었을 것이다. 20세기 끝자락에 현대 문명의 한복판에서 달랑 한 아이를 낳은 나조차도 두려움이 대단했다. 댈러스에서 가장 커다란 대학병원이었음에도 말이다. 물론 아기가 마지막까지 돌지 않아 정상분만이 불가능한 상황에서 양수가 터진 응급 사례이긴 했다. 그야말로 예전 같으면 영락없이 산모도 아이도 죽는 경우였다. 그런데 담당 의사가 정확한 수치와 영상 자료를 보여 주며 의학적 자신감으로 나를 달랬다. 유머까지 탑재한 미국 남부의 백인 의사였는데, 처음 만난 사람이 그렇게나 의지가 되고 위로가 될 수 있는지 몰랐다. 더구나 남편이 원한다면 수술실 동반이 가능함을 알려 주었다. 요즘엔 한국도 남편 동반 분만이 하나의 '문화'로 자리 잡았지만, 내가 출산하던 당시는 미국에서 먼저 시행되고 있었다. 보통 자연분만의 경우는 '당연하게' 남편이 동반했고, 종종 동영상 촬영에 현수막까지 만들어 걸며 출산 현장과 과정을 기억할 만한 '축제'로 만드는 사람들도 있었다. 하지만 그건 자연분만일 경우이고, 나처럼 '역아'(거꾸로 자리 잡은 아이)인 경우는 개복수술을 감행해야 하는지라 남편 동반을 강요하지는 않는 것이 관행이라고 했다.

"무서울 거 같으면 들어오지 않아도 괜찮아." 평소 남편보다 배짱이 더 크다는 소리를 듣는 나는 별일 아니라는 듯 말했지만, 그래도 들어가겠노라고(잠시 고민은 하더라) 응해 준 남편이 고마웠다. 굳이 편을 나눌 필요야 없겠지만, 낯선 언어에 의료진인 '그들'과는 다른 '내 편'이 함께하는 것이 아닌가! 의료사고가 나도 내 편에서 증언해 주고, 내가 힘들 때 내 편이 되어 줄 존재! 든든했다. 겁이 나면 전신마취를 해 주겠다는 의사에게 나는 하반신 마취를 요청했다. 가림막으로 시야가 안 보여서 직접 출산의 과정을 다 살필 수는 없겠지만, 나도 의식을 가지고 참여하고 싶었기 때문이다. 남편이 실시간 '중계'해 주는 출산 과정이 신기하고 신성했던 기억이 있다.

그렇게 누군가가 나의 출산 과정에 동참해 주는 것이 얼마나 큰 지지인지를 경험하고 나니, '신음하는 케이크'와 '신음하는 맥주'의 의미를 알았을 때 웃음보다는 감동이 더 컸다. 이는 북아메리카에 도착한 초창기 이주 여성들 사이에서 두려움을 극복하기 위해 시작된 일종의 지지와 연대의 문화였기 때문이다. 우리나라의 '장례 문화'가 사랑하는 사람을 잃어 황망하고 두려운 지인들을 위해 삼일 동안 함께 먹고 마시며 곁을 지키는 것처럼, 출산의 두려움과 고통으로 사경을 헤매는 산모를 위해 출산 경험이 있는 여성들이 여러 날 함께 곁을 지켜 주는 '출산 문화'인 셈이다. 임산부는 해산할 즈음이 되면 '신음하는 케이크'와 '신음하는 맥주'를 넉넉하게 준비해 놓고 출산 준비를 한다. 진통이 시작되면 산파나 이웃 여성들, 친족 여성들이 며칠 동안 그녀 곁에 머무르며 위로와 힘을 주게 되는데, 그동안 그녀들이 먹을 음식인 셈이다. 임산부의 시각에서 보면 옆에 앉아 아무렇지 않게 하하호호 수다스러운 그녀들은 이미 전사다. 죽음의 고통에서 살아 돌아온 선배들이다. 물론 힘을 더 주라는 둥 잔소리를 하거나 엄살이 심하다며 야단을 치는 유경험자들이 종종 성가시긴 하겠지만, 그녀들이 그렇게 건강하게 살아서 먹고 마시는 모습을 보는 것만으로도 산모는 위로받을 수 있었을 것이다. '아, 저들도 해냈는걸, 그러니 나도 해낼 수 있을 거야!'

"여성의 산고는 죄의 대가이니 그 고통을 감수하고 벌을 받아라!" 남자 목사님이나 남편, 혹은 시아버지에게서 들었을(어쩌면 그런 해석을 내면화한 시어머니에게도 들었을) 그런 전통적인 해석이 삶과 죽음의 경계를 넘나드는 고통을 겪고 있는 임산부에게 무슨 힘이 되었겠나. 오히려 섣부르게 선언되고 율법적으로 적용되는 교리나 성서 해석은 간절한 상황에 놓인 사람의 몸과 영혼을 해칠 수 있다. 죽을 고비를 넘겨 가며 산고를 겪는 여인들에겐, 신음의 현장을 함께 지키며 연대의 힘을 보여 준 여인들이 실질적인 힘이 되었을 것이다. 지금처럼 다닥다닥 붙어 사는 밀집 거주 환경도 아니고 정착민들의 집이 뚝뚝 떨어져 외롭고 두렵던 시절이었으니, 달달한 케이크와 시원한 맥주를 마시며 시끌시끌 산모의 곁에서 일상의 웃음과 대화를 이어가는 선배 여성들이 얼마나 반가웠으랴. 그러고 보면 앤 허친슨의 성경 공부 모임이 번성한 까닭도 이해가 된다. 그녀는 산파였으니까.

'방법을 아는 사람' 혹은 '이미 겪고 이겨 낸 사람'은 그저 내 곁에 있는 것만으로도 힘이 되는 법이다. 더구나 초기 정착민 여성들은 산고만이 아니라 영·유아 상실의 경험도 빈번하게 겪어야만 했다. 17세기 메릴랜드 영아의 25퍼센트가 첫돌을 넘기지 못했다 하고, 반수 이상이 성년이 되기 전에 사망했다 한다.[2] 남편의 외벌이로 핵가족이 단란하게 살아가고 아내는 전업으로 가사와 육아를 전담할 수 있는 상황이 아닌 시절이다. 지성지수, 감성지수 고려해 가며 자녀 양육에 집중할 수 있었던 상황은 19세기에나 이르러서 가능했다. 17세기 북아메리카 이주민들은 땅을 개간하고 생필품을 만들어 살아야 했다. 남성뿐만 아니라 여성에게도 강도 높은 노동을 요구했다. 생애 주기 동안 쉬지 않고 임신하고 노동을 하고 출산하고, 아이를 잃고 다시 임신하고 노동을 병행하고 아이를 잃고.

도대체 어떻게 버텨 낸 거지? 그녀들의 일상을 떠올리니 눈물이 났다. '겨우' 한 번의 자연유산 경험을 가진 나조차도 그때의 분노와 슬픔이 아직 내 세포에 생생하게 남아 있는데 말이다. 그녀들에 비한다면 나의 경험은 '엄살' 아니 '사치'에 가까운 듯했다. 그러나 당시엔 나도 처절했고 절실했다. 박사학위 논문을 쓰던 한중간에 결혼했고, 남편의 직장을 따라 학교가 있는 보스턴을 떠나 멀고 낯선 댈러스로 이동을 했다. 나를 아는 사람이 아무도 없는 곳, 우유 하나 사러 가려 해도 차를 타고 쌩쌩 30분은 달려야 하는 곳에 고립되어 불안하고 외로웠다. 그래도 큰아이가 태어나니 아이를 벗 삼아 가사와 육아로 인한 낮의 고단함은 견딜 만했다. "혼자는 외롭다." "터울을 너무 크게 만들지 말아라." 한국의 어머니들도, 댈러스의 이웃들도 둘째 이야기를 하고 있던 즈음은 논문 진도가 나가지 않아 초조하던 무렵이었다. '그래도 선배들이 아닌가. 어른 말씀을 들으면 자다가도 떡이 생긴다는데.' 돌이켜 생각하니 나도 참 바보 같았다. 나의 선배들은 '아이 엄마가 되면서 동시에 전문가가 되는 방법'을 모르는 사람들이었다.

이제 와 생각해 보니 그 시절의 나는 '개척자'였다. 육아에 대체 인력을 두지 않고서 (혹은 못하고서) 풀타임 전업 육아와 박사학위 논문을 병행하는 방법을 아무도 알려 주지 않았으니까. 더구나 그 한중간에 둘째까지 임신을 했으니 그야말로 나는 전사처럼 일상과 투쟁을 했다. 논문을 쓸 수 있는 시간은 아이를 잠재우고 난 밤시간뿐이었기에, 낮에는 전업주부가 되고 밤에는 박사학위생으로 사는 초인적인 생활을 했다. 결국 무리한 일상은 내 몸을 병들게 했고 13주차에 접어든 임신도 종결에 이르렀다. 그날은 홀로 병원에 누웠다. 큰아이를 맡아 줄 사람이 없어 함께 데려왔는데, 의사의 검진 시간 내내 간호사와 함께 있던 아이의 울음소리가 그치지 않아 나를 더 신음케 했다. '아무도 날 돕지 않았어!' 그날의 분노와 슬픔을 글로 쓴다면 이 글을 아마 영영 맺지 못할지도 모른다. 그런데, 나의 그 경험이 작아질 만큼 17세기 뉴잉글랜드의 첫 개척자 여인들은 절박하고 고단한 노동 가운데 출산과 양육, 그리고 상실을 일상처럼 겪었다는 말이 아닌가! '신음하는 케이크', '신음하는 맥주'라는 '문화'를 만든 것은 그래서였을 것이다. 극복할, 넘어설, 연대할 방법을 찾기 위하여. 그래! 생명을 낳는 고통은 우리를 '신음'하게 만들지만, 케이크를 먹자. 맥주(음료)를 들자. 힘을 내자. 나도 또 새롭게 오늘날 여성들의 신음을 극복하고 넘어서고 연대하는 방법을 모색하고 길을 내는 '선배'가 되자.

세일럼의 '고통받는' 소녀들

기독교
허Her스토리 **24**

 척박하고 외로운 땅에서, 더구나 본토에서 쫓겨온 사람들끼리 신음도 기쁨도 함께 나누며 평화롭게 살았으면 오죽 좋았을까. 무늬만 종교개혁이었던 영국 국교회의 위계적이고 강압적인 의례에 저항하며, 자유로운 신앙을 외치던 분리파·독립파 개혁 신앙인들이었는데. 1692년 뉴잉글랜드의 작은 마을 세일럼Salem에서 벌어진 '마녀재판'에 대한 이야기를 하려니, 안타까움이 크다. '마녀'라 하여 여자들만 마녀로 몰린 사건은 아니었다. 남녀노소 할 것 없이 무려 140명이 기소되었다. 그중 열아홉 명이 마녀 판결을 받고 교수형을 당했다. 한 사람은 재판을 거부하다가 성난 군중에게 압사당했고, 다섯 명은 판결을 기다리며 투옥되어 있던 중에 옥사했다. 그중엔 영아도 포함되어 있었다.[1] 돌이켜 이 사건을 분석하는 학자들은 정착기 집단 갈등이 일으킨 비극이라고 입을 모은다.

표면적으로 드러난 비극의 발단은 이랬다. 세일럼이 건설되던 초창기부터 주요한 공동체 구성원이었던 푸트남Putnam 가족의 소녀들이 자기들을 도와주던 서인도 출신의 하녀 '티투바Tituba'를 마녀로 고발하면서부터였다. 경건하고 엄격한 청교도 집안에서 자란 소녀들은 이국적인 점성술로 미래를 이야기하는 티투바의 '마술'이 신기했고, 그녀에게 자신들의 미래를 점쳐 달라고 졸랐다. 청소년기의 불투명한 미래에 대한 단순한 호기심을 넘어서 어떤 지점에서는 절박함도 있었을 것이다. 그들의 부모조차 낯선 땅에서 불안하고 척박한 정착 과정을 거치고 있었으니, 이런 환경이 아니더라도 사춘기에 접어든 소녀들의 마음은 얼마나 초조했을까. 그런데 앤 푸트남Ann Putnam을 비롯하여 티투바에게 점을 보았던 소녀들이 이후 히스테리적인 발작을 일으켰다. 작은 천조각이 하나 사라져도 티투바가 마술에 쓰려고 가져갔다며 의심했다. 기독교인으로서 해서는 안 될 일(이교도적 미신 행위)을 했다는 죄책감이었을까? 아니면 지금까지 꾹꾹 눌러놓았던 절제되고 억압된 감정의 폭발이었을까? 원인이 무엇이었든, 한두 명도 아니고 열 명이 넘는 소녀들은 신들린 듯 광기에 사로잡혔고, 티투바를 비롯하여 마을 사람들을 '마녀' 혹은 '악령에 사로잡혀 흑마술을 부리는 자'로 지목하기 시작했다.

> 신들린 사람들은 어떤 다른 아이들, 하인 혹은 성인 여성이 할 수 없었던 일들, 즉 그들의 목사들에게 명령을 하고, 교회에서 공개적으로 증언했으며, 설교에 대하여 비평하였다.[2]

도대체 '사탄에게 사로잡히는 것'과 '신적 계시를 받는 것'은 무엇으로 구별되는 것일까? 불과 반세기 전, 평신도들도 하나님으로부터 직접 계시를 받을 수 있으며 신과 소통하는 내적 친밀함은 신앙인의 능력이라고 주장한 앤 허친슨을 '교회를 어지럽히는 자'요 '정통에서 벗어난 신자'로 규정하고 내쫓았던 이들이 아니던가! 그런데 이제는 겨우 십 대를 통과하고 있는 소녀들의 기원 모를 신들림에 권위를 부여하다니. 푸트남가家의 소녀들(과 그녀의 친구들)은 아버지 집안의 세력을 업고 많은 이들을 '마술을 부리는 자들'로 고발했다. 그 소녀 군단 중에는 마녀재판이 있기 직전 세일럼에 부임하여 푸트남 가문을 비롯한 초기 정착 가문들과 사이가 좋았던 목사 사무엘 패리스Samuel Parris의 딸도 포함되어 있었다. 사실 패리스 목사는 이 마녀재판이 시작되기 이전(1692년 3월 27일), 이미 이를 부추기는 설교를 한 바 있다. 요한복음 6장 강해 설교였다. 교회 안에 마귀들이 많다는 주장과 이들을 분별하여 교회의 성인들을 지켜야 한다는 것이 주된 요지였다. 마녀재판이 한창 진행 중이던 9월의 설교에서는 "용, 사탄에게 선동된 사람들"을 배척해야 한다고 목소리를 높이기도 했다.[3]

목사의 설교는 소녀들에게 정상적으로는 가질 수 없었던 '신적 권위'를 부여한 셈이다. 소녀들의 '마녀의 목록'은 그리스도로부터 직접 계시받은 것으로 간주되었다. 소녀들이 마녀로 지목한 이름 가운데는 아이들이 태어나기도 전에 세일럼을 떠난 사람의 이름까지 포함되어 있었다. 이것이 어찌 가능할까! 사람들은 그래서 더욱 흥분했다. 정말 신적 계시로구나. 그런데 신기하게도 '마녀의 목록'에 속한 이름들은 모두가 하나의 범주로 묶일 수 있는 사람들이었다. 소녀들의 부모님에게 여러모로 대적하거나 위협이 되는 사람들! 소녀들의 부모는 모두 세일럼 초기 정착민들이거나 그들의 비호를 받는 사람들이었다. 반면, 소녀들이 지목한 '마녀의 목록'에 그녀들의 일가친척은 하나도 없었다.

70세를 넘은 나이에도 용감하게, 이전 정착지를 떠나 새롭고 자유로운 삶을 꿈꾸며 세일럼에 도착한 너스Nurse 부인은, 새로 들어온 사람이면서도 자기주장이 뚜렷하다는 이유로 소녀들의 부모 대화에 '부정적 이름'으로 빈번히 등장했다. 그녀는 마녀로 지목당했음에도 끝까지 부인하다 죽임을 당했는데, 너스 가문이 정착 과정에서 푸트남 가문과 토지 문제로 분쟁이 있었다는 것은 이와 무관하지 않았을 것이다. 또한 새로 부임한 사무엘 목사를 중심으로 자신들의 예배 공동체를 '공교회'라고 선언한 기득권 신자들은 자신들의 교회에 불참한다는 이유에서 몇몇 이웃들을 비난했다. 그 이름들도 여지없이 소녀들의 목록에 등장하여 '마녀'로 고발당했다. 하지만 가톨릭이나 국교회도 아니고 어찌 한 마을에 하나의 공교회만이 존재할까? 그런 규율과 형식주의가 싫어 고국을 떠났던 청교도들이, 이제 같은 이유로 이웃을 정죄하게 된 거였다. 이런 까닭에, 소녀들이 '마녀'라고 고발한 사람들은 반드시 여자일 필요가 없었고, 그 목록에는 바로 직전까지 세일럼에서 교회 사역을 인도했던 조지 바로우George Barrow 목사도 포함되어 있었다. 그는 교수형을 당하는 마지막 순간까지도 "다시는 이런 비극이 이곳에 없기를 기도하자"면서, 누구보다도 열정적이고 정확하게 주기도문을 암송했다.[4]

그런데 유럽에서 일었던 마녀사냥이 마녀 승인과 화형으로의 수순으로 진행되었다면, 세일럼의 마녀재판은 그 전개가 조금 별났다. 끝까지 자신이 마녀가 아니라고 저항한 사람들이 죽임을 당했다는 점이다. 마녀로 지목된 사람 중, 곧바로 자신이 '마녀'임을 인정하고 회개하고 교회 공동체의 일원으로서 권위에 복종할 것을 맹세한 이들은 죽음을 면할 수 있었다. 이쯤 되면 소위 '합리적 추론'이 가능하다. 아! 초기 정착 가정들이 기득권을 지키고자 소녀들의 불안한 히스테리를 악용하여 자신들의 사회정치적 적을 쳐낸 사건이었구나. 그 과정에서 꼬리를 내리고 복종을 맹세한 사람들까지 죽일 필요는 없었던 거구나. 어린 시절 멋모르고 어른들의 농간에 조정당하여 가장 많은 마녀를 지목했던 앤 푸트남은 1706년, 자신의 잘못을 공개사과했다.

> 1692년에 우리 아버지의 집안에 내려졌던 슬프고도 비천한
> 섭리에 대해 하나님 앞에 불쌍히 여겨지기를 바랍니다. 그때
> 나는 어린아이였고 그러한 신의 섭리에 의해 나는 여러
> 사람들을 가혹한 범죄자로 고발하는 도구가 되어야 했습니다.
> 그것으로 인해 그들은 그들의 생명을 빼앗겼으며 지금 나는
> 그들이 무죄한 사람들이었음을 믿게 할 수 있는 정당한
> 근거들과 올바른 이유를 가지고 있습니다. 그것은 그 슬픈
> 시기에 나를 기만한 사탄의 엄청난 미혹이었습니다.[5]

불과 10여 년 전에 이웃을 죽음으로 몰아넣는 증언을 했던 같은 교회 문 앞에서 자신이 "사탄의 농간에 놀아난 것"이라고 고백했던 앤 푸트남에게 '사탄'은 누구였을까? 용서를 구하는 소녀들(이제는 소녀가 아닌 여인들)은 가해자였을까, 피해자였을까? 물론 이 문제는 가해자와 피해자라는 두 대립적 범주로 묶어 판단하고 결론을 내릴 만큼 간단하지도 명료하지도 않다. 하지만, 겨

우 십 대를 넘기고 있었던 사춘기 소녀들은 매일 밤 거실에 모여 앉은 부모의 입에서 쏟아져 나오는 이웃에 대한 저주와 비방과 신앙적 경멸의 언어들로 인해 '고통받았고', 성장한 뒤에는 자신들이 무고한 사람들을 죽음으로 몰아넣었다는 사실에 '고통받았다.' 이 슬픈 사건에 대한 연구 논문을 쓴 양정호는 소녀들이 자신에게 고통을 가져온 '마녀들'을 지목한 것이 '어른들의 폭력적인 대화에 영향을 받은 것'으로 설명해야 한다고 말했다.[6] 매우 동의가 되는 분석이다. 오늘은 어떠한가? 17세기, 근대가 시작되던 계몽과 자유의 시절에 있었던 비합리적이고 폭력적인 마녀재판이 행여 21세기에도 반복되는 것은 아닌지. 어른들의 이기적이고 폭력적인 대화로 인해 여전히 소녀들이(그리고 소년들이) 고통받으며 적을 만들어 가는 것은 아닌지. 그 어느 때보다도 양극화된 혐오가 뚜렷한 이 시절에 어른의 고민과 반성이 깊어 간다.

신대륙에서의 여성 담론, '공화주의적 모성'

기독교
허Her스토리 **25**

　세일럼 소녀들의 조바심과 불안감에는 어느 정도 사회 변동의 요인도 작용했을 것이다. 주로 가족 단위로 이주해 온 초기 청교도 젊은이들이 자녀들을 낳고 그 자녀들이 다시 가정을 이룰 만큼 성장한 무렵 뉴잉글랜드는 서서히 결혼적령기의 남녀 비율이 무너지고 있었기 때문이다. 소위 개척자(프론티어)가 되어 서부로 이동하는 젊은 남자들이 증가하면서 동부의 '기독교적' 마을에는 여성들의 성비가 훨씬 더 높아졌다. 처녀들뿐 아니다. 험난한 환경에서 남편을 잃은 젊은 과부들도 속출하였다. 16세기 유럽의 종교개혁자들이 직면한 종교적 상황과는 조금 다른 방식으로 신대륙에서 '소명으로서의 결혼' 담론이 전개될 환경이 조성되고 있었던 셈이다.

더구나 신대륙 여성들은 유럽의 가톨릭 여성들에 비해 매우 적극적이고 주체적인 편이었다. 황무지를 마을로, 도시로 만드는 작업을 함께했던 만큼 당연히 활동적일 수밖에 없었고, 더구나 신앙에 있어서도 주체적 영성으로 고무된 여인들이었다. 남성 지도자들 입장에서는 설상가상으로, 종교적 자유와 권리가 점차 시민 사회에서의 정치적 참정권으로 확장되어 가면서 여성들이 정치적 사안에 관심을 가지는 일이 벌어졌다. 특히 영국으로부터 독립하려는 정치적 움직임이 일어나자 신대륙의 여성들은 연대를 통한 여론 형성과 공적 행동을 수행하기도 했다. 예를 들어 영국 상품을 국산품으로 대체하려는 운동으로, 1774년 51명의 여성들이 '수입거부협회Nonimportation Association'의 결의안에 서명하려고 모여서 "조국의 평화와 행복에 영향을 주는 것으로 간주되는 모든 사건에 무관심할 수 없다"는 취지의 청원서를 작성하였다. 그러나 식민 상황으로부터의 독립은 신대륙 거주자들 공동의 목표였음에도 불구하고, 이러한 여성 연대의 정치화에 대해 남성들은 당혹함, 불편함, 조롱을 담아 대응했다. 자기 친척 여성이 이 모임에 참여했다는 것을 알고서 한 '영국 신사'는 심각하게 우려를 표했다. "에든턴에도 여성 의회가 있습니까? 그렇지 않기를 바랍니다. 우리 영국인은 남성 의회를 두려워하지만… 고대 여성 전사 아마존인의 시대 이후 숙녀들을 가장 강력한 적으로 숭상해왔기 때문입니다."[1] 건국의 아버지들은 '시민'에 대한 제한된 관념을 공유하고 있었다. 그들의 견해에 따르면, "여성, 노예, 재산이 없는 사람들은 정신적으로 병든 사람이며 공동선에 대하여 독립적이며 합리적인 판단을 내릴 능력을 결여한 사람들"이었다. 이 시절 남성 지도자들의 여성관에 대해 사라 에번스는 다음과 같이 평가한다. "모든 인간men은 평등하게 창조되었다"는 독립 선언서의 문구는 문자적으로 남성들men이라는 언어를 사용하고 있다.… 사실 공화주의적 원칙의 모든 주장은 여성을 제외한다는 점을 암시적으로 내포하고 있다."[2]

독립전쟁 이후 새롭게 공화국이 건설되는 과정에서도 주체가 되려는 여성들과 고무된 여성들의 힘을 제한하려는 남성 지도자들 간의 마찰은 계속되었다. 다만 이 갈등이 아직 공적인 장으로 터져 나오지는 않았다. '새로운 (영국과는 다른) 공화국' 건설이 더 우선적인 시대적, 역사적 과제라는 공감대가 형성되어 있었기 때문이리라. 하지만 가장 잔인한 것은 '줬다 빼앗는 것'이다. 상실감은 일단 가졌던 것을 빼앗긴 사람들의 감정이 아닌가! 주체적 신앙인이요 참여적 개척자였던 신대륙의 여성들은 독립 이후 새롭게 건설되는 나라에서도 역시 주체적이고 참여적이길 원했다. 1776년 애비게일 애덤스는 남편(존 애덤스)에게 보내는 편지에서 당당하게 요구했다. "새로운 국가는 아내에 대한 남편의 무한정의 권력을 규제할 수 있는 새로운 법률을 제정해야 한다"고, "만약 여성들이 특별한 배려와 주의를 받지 못한다면 우리는 반란을 조직하기로 결의하고 우리의 목소리나 대표의 동의가 없는 모든 법률을 준수하지 않을 것"이라고 말이다.[3] 하지만 남편 존 애덤스는 아내의 편지를 사적 투정 내지는 애교로 보아 넘긴 듯하다. 그뿐 아니라 새로운 공화국을 만들던 남성들 모두가 '일부' 여성들의 목소리를 공적으로 진지하게 받아들이지 않았다.

그러나 여성들은 자신들이 가지고 있던 힘, 즉 '공적 문제 해결'을 위한 자발적 연대와 조직화를 멈추지 않았다. 특히 공화국 출범 이후에는 정치와 종교 활동의 경계선이 그어지고 있었으므로, 주로 교회 안에서 연합 단체를 만들어 활동하였다. 물론 '재봉 클럽'이나 '자원봉사단체' 등 젠더화된 노동이 주를 이루기는 했었다. 이번에 우리나라도 코로나19 발생 초기에 마스크 물량이 부족하고 특히나 사회 취약 계층이 마스크 구입에 어려움을 겪고 있다는 뉴스 보도가 나오자, 교회 여선교회를 중심으로 재봉틀로 면마스크를 만들어 지역 주민에게 무상으로 나누어 주는 '여성 연대'가 등장한 바 있었다. 만약 이것을 지극히 '여성적'인 행동이라면서 비난하는 페미니스트가 있다면, 그는 페미니즘을 모르는 자이다. 페미니즘이란 가부장제도 하에 여성에게 배치된 노동을 '운명'이나 '신적 질서'로 강요하고 제한하는 것을 거부하고 저항하는 사상이지, 자신이 살아가는 시대 상황 속에서 여성이 체득한 자신의 재능과 능력을 주체적으로 활용하는 것 자체를 거부하는 사상은 아니기 때문이다.

그러나 막 정치세력화하려는 여성들의 힘이 '공화주의적 모성Republican Motherhood'이라는 개념으로 귀결되면서 이후 전개되는 공적, 사적 영역의 구분과 더불어 사적 영역에 갇히게 되었다는, 후대 페미니스트들의 평가는 옳다. 하지만 이 시절 여성들이 주체적으로 행동했던 '정치적 의미'를 가질 수 있는 행동들이 그 당시보다는 훗날 제도적, 구조적 성평등을 위한 페미니스트적 운동을 위한 토대를 마련했다는 점에서, 충분히 의미를 지닌다고 본다. 미국 여성의 역사를 기록한 사라 에번스도 이러한 중첩적 특성을 지적한다.

> 공화주의적 모성은 여성들이 갓 발견한 정치의식을 가정으로 귀속시켰다. 공화주의적 모성이라는 이데올로기는 모성에

시민적 목적을 부여함으로써 가정의 의무를 감상적으로 바라보게 하는 데 기여하였다. 동시에 일단 복음주의적 종교에 의해 고양되었던 여성의 도덕이며 시민적인 의무는 비록 공식적으로 정치적이지는 않았지만, 정치적 의미를 가질 수 있는 공동체 참여를 촉진시켰다.[4]

일단, 여성들이 자녀 양육 및 가정 관리에 필요한 시민적 자질과 교육적 능력을 길러 내야 한다는 필요성이 제기되었고, 이를 위한 여학교 설립이 추진되었다. 그리고 여성들의 지적 능력 함양은 결국 성평등에 대한 질문으로 이어질 수밖에 없었다.

미국 초기 페미니스트 출판물이라고 할 수 있는 주디스 서전트 머레이Judith Sargent Murray(1751-1820)의 에세이 "성의 평등론On the Equality of the Sexes"(1790년)도 그 포문을 연 저작이다. 전통적으로 여성의 열등성을 입증하는 본문으로 인정받던 창세기 3장의 타락 이야기를 주디스는 매우 새롭게 (필시 남성 목회자들의 입장에서는 '도발적'으로) 해석했다. 여성이 이성, 상상력, 기억력, 판단력 등의 지적 결핍을 보이는 것은 지식 습득의 기회를 갖지 못했기 때문이라고 주장하면서, 주디스는 오히려 창세기 처음 여자는 '지식에 대한 목마름'을 보였고, 반면 남자는 '무기력하게 의존하려는' 모습을 보였다고 읽어 냈다. 이를 근거로 실제로 남성이 정신적으로는 여성보다 못할 것이라는 주장을 하기도 했다.[5]

그러나 머레이조차 그 시절 '공화주의적 모성' 담론에서 완전히 자유롭지는 못했다. 머레이가 거부한 것은 전통적인 여성의 역할이지, 여성성 자체가 아니었다. 머레이는 낭만인 남성들의 상상력에 의존하지 않고, 주체적이고 주도적으로 가정에서의 역할, 시민적 의무, 여성 연대의 힘을 발휘할 것을 강조했지만, 여성들의 힘이 가정과 가사 영역 밖에서 다양한 방식으로 발휘될 가능성에 대해서는 심각하게 생각해 보지 않은 것 같다. 그녀가 상상한 여성의 권리는 결혼 관계 안에서 자신의 주체적 영역과 평등한 권리를 인정받는 정도였다. 특히 부부의 역할에 있어서 '상호관계성'을 강조하였는데, "결혼은 서로 존경하고 서로 친구가 되어 주며 서로 신뢰하고 서로 인내함으로써 감싸 주는 것"이라고 보았다.[6]

물론 머레이가 그리는 부부관계와 결혼생활은 매우 '성경적'인 해석이다. '서로가 함께 kai allēlōn'라는 표현은 사도 바울이 '교회로 사는 방식'을 설명할 때 가장 많이 사용한 표현이라고 한다. 그리스도를 믿는 두 사람이 평생 교회로 살기로 약속한 것이 결혼생활이라면 평등하고 조력하는 상호관계성은 아름답고 귀한 가치요 덕목임이 틀림없다. 다만 이것이 '공화주의적 모성'이라는 개념에 담기고 이후 공고해진 공사 이분적 삶의 영역에 적용되면서 생긴 구조적 한계를 발견하고 비판하고 넘어서는 것은 후배들의 몫이 되었다.

여왕인가 노예인가, '낭만적 여성성'의 함정

기독교
허Her스토리 **26**

남자의 힘은 활동적이고 진보적이고 방어적인 것이다. 남자는 뛰어나게 행하는 자이며 창조하는 자요 발견하는 자, 방어하는 자이다. 그의 지성은 사색과 발명을 위한 것이다.… 그러나 여자의 힘은 지배를 위한 것이나 투쟁을 위한 것이 아니라, 상냥한 처리와 조정과 결정을 위한 것이다.… 여자의 위대한 역할은 칭찬이다. 여자는 경쟁에 참여하는 적이 없지만, 결코 잘못하는 일 없이 경쟁의 승자를 판단한다. 여자는, 그녀에게 주어진 역할과 장소에 의해, 모든 위험과 유혹으로부터 보호된다. 남자는 열린 세상에서 거친 일을 하느라 모든 위험과 시련에 맞서야 한다.[1]

19세기 영국의 저명한 문화비평가 존 러스킨의 이 말이 결코 당시에는 예외적 의견도, 선구적 혜안도 아니었다. 그의 남성 선배들이 약 200여 년간 만들어 온 '근대적 여성관'을 집약적으로 요약했을 뿐이다. 위의 인용구를 한 줄로 표현한다면 이렇게 말할 수 있겠다. 여성은 '세상에서 승리한 남성'을 얻는 방식으로 세상을 이길 수 있다! 그러니 괜히 '남자' 시민들처럼 공적 세계에 나가 주장하고 방어하고 투쟁하려 애쓰지 말라, 그건 남자들이 할 테니 여자들은 칭찬하고 격려하며 남성들에게 싸울 힘을 주는 방식으로 싸워 달라. 18세기 신대륙에서 공화국을 구상하던 남성 지도자들이 바라던 여성 응시도 그랬다. 귀족도 사제도 아닌 제3계급 시민의 평등권을 주장하며 새로운 세상을 건설하고자 했던 17-18세기 유럽 계몽사상가들의 여성 이해도 한결같았다. 아니, 더 거슬러 16세기 종교개혁 시절까지 올라가도 마찬가지다. '만인'이 다 '왕 같은 제사장'이라고 선포했음에도 개신교 지도자들이 입을 모아 동의한 여성관은 이랬다. 지금의 시점에서 생각한다면 모두 '근대를 여는 시민 남성들'로 범주화될 수 있겠는데, 그들의 바람을 아주 명료하게 담은 글, 장 자크 루소Jean Jacques Rousseau의 《에밀》한 구절을 인용해 본다.

> 사려와 분별이 있는 어머니들이여, 나를 믿으라. 여러분의 딸을 절대로 훌륭한 남성으로 만들지 말라. 그것은 자연을 부정하려고 하는 것과 같다. 그녀를 훌륭한 여성으로 만들라. 그러면 그녀는 자신을 위해서나 우리 남성들을 위해서나 보다 더 가치 있는 사람이 될 것이다.… 모든 여성 교육은 남자와 관련된 것이어야 한다. 남자를 기쁘게 하고 남자에게 유용하며

남자에게 사랑받고 좋은 평가를 받으며 남자가 어렸을 때는 양육하고, 장성해서는 세심하게 돌보며 남자에게 좋은 조언을 하고 남자를 위로하며 남자의 생활을 즐겁고 감미로운 것으로 만드는 것, 이것이야말로 시대에 변함없는 여자의 임무이며 어릴 때부터 여자에게 가르쳐야 할 것이다.[2]

남자의 생활을 '즐겁고 감미롭게' 만드는 기술과 성품, 덕목을 배우는 것, 그것이 '마땅히 해야 하는 여성의 책임'을 넘어 '자연이 부여한 여성성'이라는 주장이다. 그렇기 때문에 루소는 신학자나 논증가로 길러진 여성은 (결코 '훌륭한 남성'이 아닌) '모든 사람의 재앙'이라고 비판했다.

물론 전통사회의 혐오적, 비하적 여성관을 막 버리기 시작한 근대 가부장들의 주장을 듣고 읽으며, 그들이 만든 '낭만적 지배 구조'가 여전히 불평등함을 발견하기는 쉽지 않았을 것이다. 18세기 신대륙의 초기 여권 운동가들도 마찬가지였다. 머레이가 주장했던 '여성의 적극적이고 주체적인 모성 실천'이라는 '공화주의적 모성'의 이상도 가부장적 기획 자체를 보는 데까지는 미치지는 못했다. 전통사회의 수동적이고 종속적 여성상을 극복하는 듯했으나, 여성의 자리를 가정에 둠으로써 근본적으로는 루소가 주장하는 '자연적 여성성'의 범주에서 크게 벗어나지 못했다. 그런 점에서 머레이와 동시대를 살았던 메리 울스턴크래프트Mary Wollstonecraft(1759-1797)가 《여성 권리 옹호 A Vindication of the Rights of Woman》(1792년)에서 여성들이 '낭만적으로 부여된 가정에서의 권력'을 자유와 권리로 착각하고 있는 지점을 비판한 부분은 시대를 뛰어넘은 통찰이다. 물론 울스턴크래프트도 여성의 가사와 육아 노동이 결코 사적이거나 개인적, 혹은 종속적 활동이 아니라 시민 사회 건설에서 매우 중요한 공적 역할임을 강조했지만('공화주의적 모성' 개념으로 설명될 만한 주장), 사적 가정에서의 주도적 역할만으로 여성의 권리를 제한하지는 않았다. 미래에는 여성들도 선출권을 가지거나 시민 대표로서의 활동을 할 수 있어야 하며 그것이 여성이 시민으로서 갖는 권리라고 주장했다. 그래서 여성 시민 교육의 필요성을 역설하였다.[3]

무엇보다 울스턴크래프트는 자본주의적 상업 문화가 만들어 낸 '사랑받는 레이디'의 허상을 꿰뚫어 보았다. 근대의 젠더화된(사회·제도적으로 형성된 성적 특성) 여성성 이해를 만드는 데는 종교개혁 이후 형성된 개신교적 여성 담론이 크게 영향을 미쳤다고 했거니와, 가정을 '소명의 장場'으로 여기는 주체적 여성상은 근대인이면서 동시에 개신교도인 신대륙 청교도들의 마음을 차지하고 있었다. 그들은 상업, 공업, 법률, 행정 등에 봉사하며 자수성가형 사업을 일구어 갔지만, 그들이 이룩한 자본주의의 청교도 버전은 대부분 근면, 검소, 절약이 동반된 것이었다. '공화주의적 모성' 형성에도 그러한 덕목들이 어느 정도 힘을 발휘했다. 그러나 신대륙의 구성원이 점차 청교도보다 더 다양한 이민자들로 구성되기 시작했고, 자본주의적 성취가 확장되고 공·사 이분적 배치가 형성되면서 '낭만적 사랑'의 대상으로서의 여성, 즉 한 남자의 사랑과 헌신을 오롯이 받는 '레이디' 이미지가 대중화되었다. 유럽 귀족 궁정문화에서 시작했다는 '낭만적 사랑'은 개신교를 통과하며 절대성을 얻고(마치 신자가 유일신을 향해 고백하듯 "나에게 진정한 사랑은 당신뿐이에요"라고 말하는), 자본주의를 통과하며 사랑의 징표를 상품으로("나한테 선물하는 건데 돈이 아까워?") 증명했다. 이런 문화의 대중적 도래에는, 귀족이 아니게 된 남성들, 산업 현장에서 일해야 하는 남성들이 증가하면서 자기 대신 아내를 꾸밈으로써(트로피 와이프) 자신의 성공을 표현하려고 했다는 분석도 있다. '덕분에' 낭만적 사랑의 문화 속에서 사랑받는 여성은 적어도 사랑하는 남자에게는 절대권력자로 군림할 수 있었다. 아니, 그렇게 보였다.

그러나 이런 사랑의 문화가 한창 퍼져가던 18세기를 살면서, 울스턴크래프트는 자본주의적 상업 사회의 풍요로움이 만든 남녀 관계가 전혀 평등하지 않음을 보았다. 합리적이고 이성적이며 정책 결정 과정에 참여하는 능력을 함양하는 '권리'를 무시하고, 남자들의 칭찬에 놀아나 여왕처럼 꾸미고 아름다움을 뽐내는 것은, 심지어 그 남자를 조종하는 권력을 가졌다 해도 결국은 노예의 삶이라는 것이다.[4] 그 남자가 더는 그 여자를 사랑하지 않게 되면, 남자가 여자에게 부여한 지위나 권력은 금세 사라져 버린다. 또 여전히 사랑의 관계 안에 있더라도 그것은 결코 평등이나 자유와는 거리가 멀다. 남자 '덕'에 누리는 부와 명예와 권력이 내 안에서 나온 것이 아니기 때문이다. 이는 권력 구조에 있어서 종속자의 삶이 아닌가! 따라서 울스턴크래프트가 보기에 근대 시민 사회에서 여자아이의 교육은 루소가 말한 것과는 반대로 진행되어야 했다. '남자를 기쁘게 하는 기술' 따위를 가르치는 것은 소녀를 미래 남편의 노예로 만들 뿐 근대 시민정신에 위배되고 시민권에 반하는 행동이기 때문이다.[5]

생각해 보라. 남자를 기쁘게 하기 위해서만 길러진 여성은 행여 공적으로 행동할 때조차 남편의 '허락'을 구하게 된다. 만약 남편이 아내의 공적 활동을 거절했다면 어찌될까? 평등과 자유를 공적 가치로 선언하면서도, 이 시절 교회는 사도 바울을 소환하며 늘 '아내의 순종'을 강조했다. 행여 남편의 뜻에 맞서는 여인을 언급할 때 소환되는 여인은 에스더였다. 왕의 서릿발 같은 금지 명령에도 불구하고 그녀가 왕 앞에 나아가 자신의 목숨뿐만이 아니라 자기 민족의 목숨까지 구할 수 있었던 것은 '사랑스럽고 아름다운 외모' 덕분이다. 결국 최종 허락은 남편 몫이다. 그러니 남편의 마음에 들게 보임으로써 그의 결정을 돌이켜라. 물론 에스더의 의도가 선했고, 그녀가 가진 권력이 없었으므로 가장 현실적이며 신앙적인 선택이라는 것은 동의한다. 그러나 전통 왕정시대 에스더의 선택지가 근대 시민 여성들의 선택지일 이유는 없지 않은가! 기독교 페미니스트들 사이에서 와스디가 더 긍정적으로 평가받는 이유가 여기에 있다. 와스디는 자신이 공적으로 연모임의 독자성과 중요성을 주장했고, 남편의 무례하고 무리한 제안을 거절하는 권리를 행사했기 때문이다. 물론 와스디는 대가를 치렀다. 그건 울스턴크래프트도 마찬가지였다. 우리보다 먼저 태어난 그녀들의 사투가 새삼 고맙고 한편으로는 안타깝다.

여왕도 종도 아닌,
'노새'의 삶을 산 여인들

기독교
허Her스토리 **27**

 얼마 전 매우 인상적인 해외 기사가 한 편 소개되었다. 에리카 터커라는 한 젊은이의 지극히 개인적인 페이스북 게시글이었는데, 여러 매체에서 퍼 나른 덕분에 알게 된 사연이다. 미국 앨라배마주 버밍햄에 사는 94세 흑인 할머니가 결혼 70여 년이 지나, 그것도 할아버지도 돌아가시고 안 계신데 '나홀로' 웨딩드레스를 입고 즐거워하셨단다. 할머님의 성함은 마사 터커! 최근 손녀 에리카랑 영화를 보다가 영화 속 여주인공이 눈부신 웨딩드레스를 입은 장면에 마냥 부러워하며 결혼 당시 경험을 나누셨다는 것이다. 1950년대 초반에 흑인은 웨딩드레스 피팅(입어 보기) 자체가 금지되어 있었기에 조촐한 원피스를 입으셨다고. "뭐라고요? 아예 드레스 가게에 못 들어갔다고요?" 속상한 손녀 에리카는 당장

숍 예약을 했고 할머니께서 하얀 웨딩드레스를 입고 행복해하시는 모습을 담았다. 영상 속 할머니는 환하게 웃으며 말씀하셨다. "여왕이 된 느낌이야. 오늘이 진짜 내 결혼식 같아."

아니, '낭만적'인 가부장제가 연인/아내를 여왕 대접해 주는 것 같지만 실은 예속과 감정노동에 시달리는 '노예의 삶'이라고 비판했던 울스톤크래프트에 동의해 놓고서, 갑자기 이 뜬금없는 전개는 무엇인지, 의아한 독자도 있으리라. 하지만 여기서 방점은 '순백의 웨딩드레스'가 아니라, 가부장제의 '낭만적' 형태조차 금지되었던 더 끔찍하고 폭력적인 '노예제'에 있다. 마사 할머니의, 할머니의 할머니 세대쯤 되었을 소저너 트루스Sojourner Truth라는 흑인 여성의 시를 보면, 왜 마사의 웨딩드레스가 다른 백인 여성들의 웨딩드레스와 '달리' 해석되어야 하는지가 드러난다.

물론 여성의 권리 증진을 외치는 일에는 백인 여성과 흑인 여성이 차이가 있을 수 없다. 소저너도 외쳤다.

> 저기 뒤에 서 있는 작은 남자분이 하는 말이, 여자는 남자만큼 권리를 가질 수 없다고 하네요. 그리스도가 여자가 아니었기 때문이라고요. (그럼 제가 한 번 되묻죠) 당신의 그리스도는 누구에게서 태어나셨나요? 하나님과 한 여성으로부터 태어나셨어요. 남자는 예수님의 탄생에서 한 일이 없어요. 아무 관계가 없죠. (그리고요,) 만약 하나님이 처음으로 만드신 여성이 혼자서도 세계를 뒤집어 놓을 만큼 힘이 있었다면 이제 여성들이 힘을 모아 그것을 다시 바로잡을 힘이 왜 없겠어요? 이제 일어나 연대하며 뒤집힌 세계를 바로잡아야 합니다.[1]

이 멋진 연설에는 그녀의 백인 동료들도 즉각 공감하고 동의할 것이다. 성경의 권위를 들먹이며 여성을 비하한 미국 남부의, 가부장적 편견 가득한 어느 '작은' 목사에게 날린 '성경적 응답'이었으니 말이다.

하지만 소저너의 그날 연설에는 백인 여성과 연대할 수 있는 이야기만 담겨 있지 않았다. 소저너 트루스, '진리를 찾아 걷는 여행자'라는 의미를 지닌 이 이름은 노예해방 이후 개명한 새 이름이었다. 소저너는 1797년 뉴욕에서 노예로 태어난 흑인 여성이다. 위의 인용 내용은 1851년 오하이오 집회에서 했던 강연 일부로 여러 군데서 다양하게 소개되었다. 이유인즉, 소저너는 글을 읽고 쓸 수 없었기 때문이다. 물론 이 연설을 글로 기록하고 자신들의 저작에 인용해 준 백인 동료들 덕분에 소저너의 글이 지금까지 전해졌다. 하지만 소저너의 백인 동료 여성들 아무도 소저너와 같은 삶을 살지는 않았다. 〈나는 여자가 아닌가요?〉라는 제목의 이 시는 이렇게 시작한다.

> 저기 있는 저 남자분은 여성은 마차에 탈 때 도움을 받아야 하며 구덩이에서 나올 때도 남자가 들어 올려 주어야 하고 모든 곳에서 가장 좋은 곳을 차지해야 한다고 말합니다. 그렇지만 아무도 내가 마차를 타거나 진창을 지나야 할 때 도와주지 않으며 아무도 내게 가장 좋은 곳을 내주지 않습니다! 그렇다면 나는 여성이 아니란 말입니까? 나를 보십시오! 이 팔을 보십시오! 나는 어느 남자보다도 더 많이 쟁기를 끌었고 씨를 뿌렸으며 곡물을 거두어 곳간에 넣었습니다! 그렇다면 나는 여성이 아니란 말입니까? 나는 남성과 똑같이 일할 수

있고, 충분한 음식이 있다면 남자만큼이나 많이 먹고, 채찍질을 견딜 수 있습니다! 그렇다면 나는 여성이 아니란 말입니까? 나는 열세 명의 아이를 낳았으며 이 아이들이 [대부분] 노예로 팔려 가는 것을 보아야 했습니다. 내가 어머니로서 슬픔에 겨워 울 때 주님 말고는 아무도 제 슬픈 울음소리를 들으려 하지 않았습니다! 그렇다면 나는 여성이 아니란 말입니까?[2]

그녀가 진흙탕을 건널 때, 밭을 갈고 채찍질을 당할 때, 아니 자신이 낳은 아이들이 팔려 가는 끔찍한 일을 당할 때, 그녀의 남편은 도대체 어디에 있었을까? 남성/남편의 책무는 '여성/아내를 보호하는 것'이라던 '낭만적 가부장제'는 왜 작동하지 않았던 걸까? 이 질문은 '무책임하거나 무능력한 흑인 남성/남편'이라고 비난을 하기 위함이 아니다. 견디기 어려운 극한의 고통을 홀로(물론 예수님과 함께) 버텨 내면서도, 흑인 여성들은 남편의 부재보다 더 큰 악을 직관할 수 있었다.

얘야, 백인 남자가 세상 모든 것을 다스리는 지배자란다.
흑인 남자가 힘을 쓸 수 있는 세상이 저 바다 어디엔가 있을지 모르겠다만 본 적이 없으니 알 수 없지. 백인 남자는 자기가 할 일을 흑인 남자에게 던져 주고 그 짐을 들라고 한단다.
흑인 남자는 어쩔 수 없이 그 짐을 받아 들기는 하지만 짊어지지는 않는단다. 대신 그는 그 짐을 여자 식구들한테 들이민단다. 내가 보기에 흑인 여자야말로 이 세상의 짐을 지는 노새란다.[3]

조라 닐 허스톤의 소설《그들의 눈은 신을 보고 있었다》(1937년)에서 주인공 제이니의 할머니가 손녀에게 한 말이다. 흑인 남성인들 어찌할 수 있었으랴. 주인인 백인 남성에 의해 자기 자신의 자유와 권리조차도 박탈당한 마당인데. 물론 이 잔혹한 현실을 인정한다고 해서 가정에 충실하지 않았던 흑인 남성들 모두에게 면죄부를 주어야 한다는 말은 아니다. 당시 흑인 남자들의 삶도 안타깝지만, 흑인 노예 여성의 자리는 최악이었기 때문이다. 그녀들은 백인 주인들에게 착취당하고 '동료'라고 생각했던 흑인 남성들에게조차 온갖 폭력을 당해야 했다. 특히 성폭력은 흑인 여성의 '일상'이었는데, 이로 인해 원치 않는 임신과 출산이 이어졌다. 이때 태어난 아이는 혼혈이어도 어머니가 흑인이면 흑인으로 범주화되었다. 까닭은 뻔하다. 노동력을 확보하고 현재의 위계적 제도를 흔들고 싶지 않았을 테니까. 우리나라도 마찬가지 아니었나. 어머니가 첩이면 서자, 노비이면 얼자. 아버지가 누구인지는 중요치 않았다.

이건 남자와 여자의 문제가 아니다. 노예제라는 또 하나의 제도적 폭력은 백인과 흑인 사이를 갈랐다. 노예제가 존속하는 동안 금기시된 것은 "백인 여성이 아프리카 후손의 자녀를 낳을 가능성"이었다.[4] "백인 여성이 흑인 남자와 사랑하여 아이를 낳는 일"은 아무리 근대 가부장제가 사랑을 낭만화하여도 어림없는 일이었다. 사랑받고 존중받을 가치가 있는 여성, 집안에서 여왕같이 대접받을 가치가 있는 여성은 '일단' 백인이어야 했다. 흑인 여성은 "새끼만 많이 낳으면 되는 암퇘지"로 여겨졌기에,[5] 어떤 방식으로 취급당해도 괜찮다고 받아들여졌다. 그건 종종 백인 여성들의 시각에서도 그랬다.

어디 그뿐인가. 당시 의식 있는 백인 여성들이 자신들의 인권을 논하며 사적 가정에 갇힐 것인지를 주로 고민하고 있을 때조차, 노새나 암퇘지로 취급받던 흑인 여성들은 계속 '공적 노동'을 해야만 했다. 그러나 흑인 여성들의 공적 노동은 백인 여성들이 원하는 '인권'이나 '자아실현'과는 거리가 멀었다. 자발적 선택도 아니고, 성취감을 느끼는 일은 더욱 아니었다. 훗날 흑인에게도 근대 교육이 제공되던 당시 많이 배운 '의식 있는' 중산층 흑인 여성들이 (동시대 백인 페미니스트들과 달리) 가정에 남는 '전업주부'가 되려고 투쟁했던 것은, 그녀들의 특수한 맥락에서 읽혀야 한다. 그 선택지가 '저항'이었던 셈이다.

하긴, 21세기인 오늘날도 근대형 중산층 핵가족의 삶은 대다수의 아프리카계 미국인들에게 먼 이야기이다. 그렇다면 자유와 생존권마저 제도적으로 빼앗겼던 시절에 흑인 여성들은 어떻게 자신과 아이들을 지켜 냈을까? 답은 '흑인 가족 네트워크'였다. 혈연으로 뭉친 가족이 아니다. '상황'으로 뭉친 네트워크형 가족이다. 거기엔 한 명의 가장이 없다. 가모장제도 아니다. 모두 할머니, 언니, 이모다. 대부분의 육아는 '공동육아' 형태로 진행되었다. 의식이 있어서도, 대안적 제도를 만들려 고심한 결과도 아니었다. 생존이 그들을 가족으로 만든 것이었다. 그리고 교회는 '흑인 가족 네트워크'의 중심 공간이었다. 노새 같은 삶을 버텨 낸 흑인 노예 여성들에게 서로 가족이 되어 준 동료들과 교회가 있었다는 것은, 너무나 단비 같은 축복이었다.

북아메리카의 미리암,
해리엇 터브만

기독교
허 Her 스토리 **28**

나는 비난을 받고 모욕을 당했네
주여, 나는 비난을 받고 모욕을 당했네
주여, 나는 비난을 받고 모욕을 당했네
나는 당신이 계신지 모르겠네
그러나 나는 내 종교를 버리지 않았네
주여, 난 내 종교를 버리지 않았네
천상의 면류관을 쓸 때까지[1]

자기 증조모의 이야기를 소설로 담은 마가렛 워커는 남부 백인의 대저택에서 끊임없는 노동을 하면서도 신앙을 붙잡았던 할머니의 노래를 이렇게 기록한다. 우리가 흔히 '흑인 영가'라고 부르는 장르이다. "주여", "Oh, Lord!" 때론 구슬프게 때론 흥겹게 박수치고 춤을 추기도 하면서 부르는 이 짧고 강렬한 반복 구절은 결코 진공상태에서 예술혼을 불태우며 만든 노래가 아니었다. 무심한 듯, 애절한 듯 노동요처럼 들리는 흑인 영가는 자유와 해방을 향한 기다림뿐 아니라 "비밀 집회에 대한 신호", "문제가 될 사건에 대한 경고"도 담겨 있는 의사소통의 도구였다.[2]

고향을 잃은 채 낯선 곳에서 과중한 노동을 강요당했던 흑인 노예들에게 신앙은 버티는 힘으로 작용했다. 특히 이집트에서 이스라엘이 당한 고난과 탈출 이야기는 즉각적인 동일시와 희망의 토대가 되었다. 백인 남성들이 (그리고 그들의 세계를 그대로 받아들였던 백인 여성들 다수가) 성경 안에서 흑인 노예제의 정당성을 찾아낼 때, 흑인 여성들은 현재의 삶을 버텨 내고 인종적 평등만이 아니라 성평등을 이루는 멋진 미래를 여는 힘을 성경에서 찾았다. 소저너 트루스와 함께 당대 저명한 여성인권운동가로 활동했던 해리엇 터브만Harriet Tubman(1822-1913)도 성경이 약속한 자유와 해방의 힘으로 승리의 삶을 살았다. 한때 메릴랜드주 동부 해안에서 노예로 살던 터브만은 자신의 노예주가 사망하면서 팔려 가게 되는 틈을 노려 필라델피아로 도망을 갔다.[3] 설마 이것을 '범법 행위'라고 비난하는 신자는 없으리라. 현행법이 반인륜적이고 반신앙적일 때, 그런 법을 만든 시스템을 조롱하고 비난하고 떠나고 도망하는 것은 '성경적'이다.

자유를 얻은 터브만이 이후 동화 속 주인공처럼 "행복하게 잘 살았대요"로 마치는 개인적 안위의 삶을 살았다면, '기독교 허스토리'를 써 내려가며 주목할 이유가 없을지도 모른다. 하지만 그녀는 1850년대 당시 돈으로 현상금 4,000달러가 걸려 있었을 만큼 어마어마한 위협적 인물이 되었다. 터브만은 어떤 '범법' 행위를 자행한 걸까? 터브만은 자신의 자유만으로 만족하지 않았다. 가족들은 물론 지인, 아니 같은 상황에 놓인 다른 흑인들을 구하고자 종횡무진 활약했다. 당시에는 노예제 폐지론자들의 모임인 '지하철도Underground Railroad'라는 비밀조직이 있었는데, 흑인 노예들을 그들의 손으로 이끌기까지 터브만은 뛰어난 지략과 기지로 매번 성공적으로 숲과 늪을 가로질렀다. 들키면 목숨을 잃는 절체절명의 상황에서 인수인계를 위해 터브만이 선택한 암호문은 이러했다. "나의 형제들에게 항상 기도에 힘쓰라고 전하라. 그러면 시온의 오래되고 멋진 큰 배가 다가오리니 승선할 준비를 하라."[4]

극적이고 긴박했을 터브만의 삶을 그리다 보니 이집트의 노예 소녀 미리암이 떠오른다(출애굽기 2장 참조). 파라오의 말도 안 되는 폭력적인 명령으로 갓 태어난 막내 동생을 잃게 된 상황에서 미리암은 지략과 용기로 동생의 생명을 구해 낸다. 나일 강가 갈대밭 숲속, 그런 최적의 장소를 그녀는 어떻게 알아냈을까? 성경 본문에서는 아주 짧게 묘사된 부분이지만, 그 지역에서 오랜 노동과 일상을 살아왔다면 귀족 여성들이 종종 은밀하게 목욕을 즐기는 장소쯤은 알고 있었을 것 같다. 내 아이를 내가 키울 수 없는 절박한 엄마(그리고 누이)는 예나 지금이나 공동체에서 힘 있고 정 있는 사람들의 호의에 기댈 수밖에 없었다. 마을에서 제일 인심 좋은 부잣집 '대문 앞'이나 오늘날 '베이비박스'를 찾는 심정처럼 말이다. 이집트 귀족 여성의 호의는 가능할 것인가? 일종의 모험이다. 이집트인이라는 점에서 위험할 수 있으나 여성이라는 점에서 연대의 가능성이 있다. 확률은 반반, 그러나 다른 선택지가 없지 않은가!

　미리암의 기대와 예상, 간절한 기도는 응답을 받았다. 아기 모세를 손에 들고 "히브리 아이구나!" 금세 알아차렸던 귀부인 앞으로 나아갈 때, 미리암은 얼마나 떨렸을까? 그 귀부인이 바로 히브리 아기들을 죽이라 명령했던 파라오의 딸이라는 것을 알았을 때는 숨조차 쉴 수 없었으리라. 그러나 미리암은 동생을 살리기 위해 용감하게 물었다. "제가 당신을 위하여 히브리 유모를 구해 올까요?" 그것이 왜 공주를 위한 일이겠나, 저 소녀가 구해 올 히브리 유모는 누구이겠나? 뻔히 보이는 소녀의 제안을 들으며 공주는 미리암이 귀여웠을까, 기특했을까, 혹은 미안했을까? 소녀의 전략을 간파하고서도 공주는 말했다. "그래라. 나를 위하여 이 아이에게 모유를 먹일 히브리 여인을 데려와 주렴. 내가 그 삯을 충분히 지불할 것이다."

　훗날 40년 광야에서의 영적 훈련 기간을 거쳐 드디어 히브리인들에게 여호와의 구원과 해방의 메시지를 전하러 온 동생을 만났을 때, 미리암의 기쁨은 이루 말할 수 없었으리라. 약속의 땅, 자유의 땅으로 떠나자는 말에 선뜻 용기를 내지 못하는 이웃들을 격려하며, 누룩을 부풀려 먹을 시간도 없이 급히 떠난 탈출 이야기는 기원전 13세기 이집트 땅에서만 일어난 일이 아니었다. 터브만은 700여 명의 흑인 노예들을 구출하는 작전(1863년 컴바히강 습격 작전)을 성공한 적이 있었는데, 드디어 자유를 얻었다는 말에 서둘러 짐을 챙긴 여성들의 당시 모습을 생생하게 회상했다.

　여기서 당신은 화덕에서 지금 막 가져 나온 것처럼 뜸을 들이는 수증기가 나오는 들통을 머리에 짊어진 젊은 여성을 볼 수 있을

겁니다. 뒤에 처져서 따라오는 젊은 여성은 한 손으로는 앞머리 쪽을 휘감아 받쳐 들고 다른 한 손으로는 밥통에 집어넣었다가 온 힘을 다해 밥을 먹어 가면서… 두서너 개의 옷을 움켜쥐고, 새끼 돼지를 넣은 자루를 등 뒤로 맸습니다.[5]

그러고 보면 등짐을 지고 서서 급히 양고기를 먹던 이스라엘의 마지막 탈출 정경은 유월절 의례로만 박제할 정적인 스토리가 아닌 것 같다. 우리에게도 이런 날이 오는구나! 할렐루야! 주여, 감사합니다! 비명처럼 터져 나오는 감사와 함께, 머리를 단정하게 묶을 시간도 없이, 그러나 자유를 향해 튀어 나갈 힘을 얻고자 밥을 입에 넣으며, 내일을 위한 옷가지와 음식들, 생필품을 짊어지고서 탈출하는 흑인 여성들. 그들을 인도하는 터브만! 그녀들에게서 어찌 '레이디(숙녀)다움'을 기대할 수 있으랴.

그래서 흑인 여성들의 페미니즘은 출발부터 백인 여성들의 페미니즘과 다를 수밖에 없었다. 그들은 '우머니쉬womanish'했다. 우리나라의 문화적 정서에 맞게 이를 번역한다면 무엇이 적절할까? 고민이 되지만 그래도 '아줌마스러운'이라고 해야 할 것 같다. 물론 다분히 비하적 의미까지 담긴 말임을 알기에 현재 통용되는 그대로의 '아줌마스러운'과 '우머니쉬'를 등가로 놓을 수는 없겠다. '아줌마'라는 말의 유래가 '아기 주머니'에서 나왔다는 근거로 젊은 세대 여성들은 이 말을 수치스럽고 비주체적인 언어라고 싫어한다. 한 여성이 온전히 주체로 인지되지 않고 오직 재생산 도구로만 여겨지는 모욕의 이름이기 때문이다. 그만큼의 의식 있는 거부는 아니어도, 행여 길거리를 나섰다가 "아주머니" 이렇게 불린다면 하루종일 기분 잡치는 호명으로 받아들인다. 그 이름엔 두꺼운 팔뚝, 억척스러움과 뻔뻔함, 어쩌면 몰상식과 무례함까지 함의되어 있기 때문이다. 하지만 '아줌마'는 왜 그리 되었을까? 그야말로 나 혼자 살기도 버거운 이 세상에서 나보다 어리고 여린 생명을 낳아 길러 내고 보호하고 살려 보겠다고 생계형 근력을 길러 낸 여성들이다. 그녀들이 태어났을 때부터 힘이 장사라서 "한 손으로는 흘러내리는 머리를 틀어쥐고 등에 새끼 돼지를 메고서 다른 손으로 밥을 퍼먹으며" 걸을 수 있었겠는가! 물론 아줌마들의 맹목적 용감함을 모두 다 용납해야 한다는 말은 아니다. 다만 어쩌다 그들이 하나의 '범주'로서 그리 동서고금을 막론하고 힘세고 용감해졌는지의 사회적 맥락은 파악하자는 말이다.

'우머니쉬'하게 자유와 해방을 찾아, 내 식구들을 이끌고 나온 흑인 여성들은 이후 행복하게 잘 살았을까? 안타깝게도 약속의 땅, 새 세상을 꿈꾸던 그녀들은 한동안은 당혹스럽고 험난한 상황에 놓이게 된다. 흑인 남성들과 연대하여 흑인 인권운동에 투신할 것인가, 백인 여성들과 연대하여 페미니즘 운동을 전개할 것인가? 물론 흑인 남성들과 백인 여성들이 함께 연대하여 '모두를 위한 인권운동'을 전개한다면 딱 좋을 텐데. 사람이 그런 것이다. 자기 아픈 게 먼저인 것! 그녀들이 '흑인 인권'과 '여성 해방' 사이의 갈등과 분열, 혼란을 극복하고 자신들만의 목소리를 내기 시작한 것은 시간이 꽤 지난 20세기 중반 즈음이었다. 하지만 '북아메리카 미리암들'의 생생한 실존적 삶은 이미 흑인 '남성'과 '백인' 여성들에게 자유와 해방의 과제가 아직 남았음을 일깨워 주었다.

여성의 성서,
엘리자베스 캐디 스탠턴

기독교
허Her스토리 **29**

"하나님은 페미니스트셨나요?" 이 무슨 황당한 질문인가. '페미니즘'이라는 말 자체는 근대 시민권 운동에서 배제되었던 서구 여권 운동가들의 투쟁 현장에서 생겨난 것인데, 태초 이전에도 계셨던 하나님이 어찌 '페미니스트'이실 수 있나. 하지만 간절한 눈빛으로 질문한 스무 살 교회 자매의 저 질문은 나에게 이렇게 '번역'되어 전달되었다. "하나님은 태초부터 남녀를 차별하지 않으셨지요? 지으실 때부터 평등하게 창조하신 거죠?" 물론 나의 답은 '예스'다. 그런 의미에서 '하나님은 페미니스트'이시다. 이 역시 번역해서 들어 주었으면 좋겠다. 이때 사용한 '페미니즘/페미니스트'라는 개념은 특정한 시대, 특정한 사람들로부터 발생한 사상을 의미하는 것이 아니라, '사람은 모두 평등하고 자유로운 존재로 창조되었다'는 믿음이라고.

"그럼 이퀄리즘equalism(평등지향주의)이라고 하지 왜 굳이 페미니즘이라고 하나요?" 자주 이어지는 질문이다. 보통은 같은 현장, 다른 청중으로부터 제기된다. 반드시 그런 것은 아니지만 경험적으로는 생물학적으로 남자들, 연령으로는 40대 이후, 직분에 있어서는 목회자들이 많았다. 참 신기하다. 모두 다른 상황, 다른 청중이었는데, 질문은 매한가지라니! 물론 나의 답도 같았다. "그건 '이퀄리즘'이라는 단어가 희생자 집단의 이름을 가리기 때문이에요. 그냥 '인권운동'이라고 하는 것과 '노동자 인권운동' '흑인 인권운동' 이렇게 하는 것이 다른 차이랄까요. 페미니즘이라는 말이 거슬리신다면 '여성 인권을 지지하는 사상'이라고 하셔도 괜찮아요."

서두가 길었던 이유는 '여성 인권운동'의 일환으로 기독교 텍스트를 '건드린' 초창기 페미니스트(소위 페미니스트 1세대), 엘리자베스 캐디 스탠턴Elizabeth Cady Stanton(1815-1902)을 소개하기 위해서였다. 영국의 식민 상태에서 벗어나 미국의 자유와 권리를 주장한 〈독립선언서〉 내용에 '여성 인권'이 빠져 있다는 것을 발견하고, 스탠턴은 이 본문을 패러디하여 1848년 〈소감 선언문 Declaration of Sentiments〉을 작성했다. 스탠턴 이전에도 저작이나 강연을 통해 여성 인권을 주장한 여성들은 있었지만, 이렇게 '선언서'를 작성하고 연대 서명을 받고 이어 여성 권리대회를 개최하는 정치적 행동으로 옮긴 사례는 드물었다. 더구나 뉴욕도 보스턴도 아닌 세네카 폴스라는 한적한 시골 마을, 게다가 사적 공간으로 치부되던 집안에서 작성되고 발표된 공적 선언문이라는 점이 상징적이다.

그러나 스탠턴의 여성 인권운동은 흑인 인권운동과 동시에 전개되는 과정에서 예기치 못한 충돌을 경험하게 된다. 스탠턴도 처음에는 흑인 인권운동과 연대했었다. 남편인 헨리 스탠턴에 반하게 된 계기가 노예제 폐지 운동에 앞장서고 있는 모습 때문이었고, 신혼여행으로 런던에서 개최했던 '세계 반노예제 대회'(1840년)에 참여할 정도였으니, 초창기 스탠턴이 흑인 인권운동과 연대했던 열정은 의심할 여지가 없다. 그런데 같이 갈 줄 알았던 흑인 남성과 백인 여성의 인권운동이 미국 〈독립선언서〉의 수정안을 두고 갈라질 줄은 몰랐다. 세부법 개정안이 유색인 남성들을 포함시키는 '남성' 연대로 흘러가는 동안, '여성'이라는 범주로 묶인 사람들은 또다시 소외되고 있었기 때문이었다. 여성의 참정권은 물론이고 기혼여성의 재산권까지도 보장받지 못하는 법 조항에 스탠턴은 강렬하게 저항했다. "우리 여성은 이 정부에 결코 동의한 적이 없으며 대표를 선출하지도 않았고 이 정부에 의해 인정받은 적도 없기 때문에, 엄밀하게 말해서 귀하의 정부는 우리에게 어떤 충성도 요구할 수 없다."[1]

어쩌자고 '백인 여성'은 '흑인 남성'에게도 밀려야 하나? 스탠턴은 이렇게 생각했을까? 혹시 이런 분노와 수치감의 밑바닥에 백인 중산층으로서 가졌던 우월감이 깔려 있었을까? 스탠턴의 아버지는 연방의회 의원이자 법률가였고 스탠턴은 당시로서는 드물게 대학 교육을 받은 여성이었다. 삼보(아프리카계 미국인을 비하하여 부르는 말), 패트릭(아일랜드계 이민자), 영 텅(아프리카계 이민자)과 같은 '무식한 사람들'에게 시민권을 주자는 것이냐며 반대했던 스탠턴의 언사는 분명히 화가 나서 비이성적으로 튀어나온 말이 아니었다. 호칭에는 많은 것이 함의되어 있다. 그렇기 때문에 여성을 '미세스 아무개', 유색인 남성을 '삼보'라고 부르는 것은 "백인 남성이 만물의 주인이라는 원리에 기초한 것"이라고 주장했던 스탠턴이다. 그랬던 그녀가 1860년대 말부터 '삼보'라는 말을 자주 사용했다는 것은 다분히 의도적이라고 볼 수밖에 없다.[2] 이제 흑인 남성들과의 인권운동 연대를 그만두겠다는 것이다. 이 지점에서 백인 여성 인권 운동가들은 분열했다. 백인 여성 참정권 협의회도 둘이 되어 버렸다. 한쪽은 그래도 '우선적'으로 유색인 남성들의 인권을 법안에 넣는 일에 전략적으로 힘을 모으고 후에 여성 인권을 도모하자는 쪽이었고, 스탠턴과 동지들은 이를 거부하며 '여성'에 방점을 찍은 인권운동을 전개하려는 쪽이었다.

북미 여성 인권 운동의 전개에 있어 또 하나의 갈등은 성스러운 텍스트로서의 '성경' 해석으로 발생했다. 발단은 스탠턴의 페미니스트적 성경 주석에 있었다. 온통 기독교적인 북미 상황에서 성경만큼은 건드리지 말자는 현실파(혹은 온건파)가 압도적이었다. 이 문제에 있어서는 심지어 스탠턴과 평생 운동을 함께했던 단짝 수전 앤서니Susan Anthony(1820-1906)도 스탠턴을 만류했다. 그러나 스탠턴은 '기독교적 미국'에서 성서 해석의 문제를 해결해야만 여성 인권의 근본적인 답을 얻을 수 있다고 판단했다. 하여 80세가 되던 1895년에 《여성의 성서 Woman's Bible》를 출간한다. 페미니스트적 시각에서 성서 주석서를 출간한다는 것도 세간의 화제였으나, 이에 더하여 스탠턴은 당시 독일을 중심으로 유럽에서 부상하고 있던 비평적, 인문학적 성서 해석 이론 방법론을 받아들여 논란을 더했다. 오빠들이 가는 도시의 유명 대학교를 따라가지 못했던 것이 마냥 속상했지만, 근처 신학교에서 공부한 것이 어찌 보면 이런 비평적 해석학을 접할 기회였는지도 모른다. 스탠턴은 성서의 모든 텍스트를 '하나님의 직접 계시'로 보지 않았다. 내가 사용하는 말로 표현하자면 '경經'보다는 '서書'의 측면을 강조한 것인데, 기록한 사람들의 성별이나 시각, 사회적 상황, 인간적 제약 등을 통과하여 신 체험을 기록한 것이기에 모든 본문을 절대화할 수 없다고 주장했다. 성서는 처음부터 '중립적'이지 않았으며 남성들이 자신의 지배권을 정당화하기 위한 신적 근거로, 그러니까 '정치적'으로 사용되어 왔다는 것이다. 그러니 이젠 여자들도 여성 인권을 위한 정치적 무기로 성서를 읽어 내야 한다고 밝혔다.

《여성의 성서》는 성서를 다시 쓴 것은 아니고 여성 억압적으로 해석되어 온 본문에 대한 페미니스트 시각의 주석서였다. 예를 들어 창세기 인간 창조에 대한 주석에서 스탠턴은 창세기 1장의 제사장 문서(바벨론 포로기 전후로 기록된 문서)와 창세기 2장의 야훼 문서(1장보다 더 오래된 문서로 왕국시대 전기에 기록된 문서)를 구별하여 주해한다. 후대의 문서인 제사장 문서가 남녀의 동등한 창조를 기록하고 있는 반면, 보다 오래된 야훼 문서에서는 여자가 단지 '남자의 고독' 때문에 생겨난 존재처럼, 그리고 남자의 종속물인 양 그려져 있다는 것이다. 이것만 보아도 신을 이해하는 인간의 이해가 발전해 가는 것인 바, 기원전 9세기경의 조야한 사고와 포로기 이후의 사고가 달라졌다고 본 것이다. 역시 야훼 문서에 속하는 3장 타락 이야기는 여성의 종속을 마치 '신적 명령'인 것처럼 담아 놓고 있는데 이 텍스트 자체가 이미 가부장제의 산물이기에 이를 근거로 결혼한 아내의 남편에 대한 절대 순종을 주장하는 것은 공정하지 못하다고 보았다. 오히려 더 후대의 성찰을 담고 있고 형이상학적으로도 발전된 기록물인 창세기 1장에서 남자와 더불어 여자도 '하나님의 형상'이라고 기록하고 있음에 포착하면서, 스탠턴은 성서조차도 태초의 질서로서 남녀 평등을 입증한다고 보았다.

> 언어가 어떤 의미를 갖는다면, 우리는 신성 안에 남성적 요소와 동등한 권능과 영광을 갖는 여성적 요소가 이 텍스트들 속에 선언되고 있음을 발견하게 될 것이다. 하늘에 계신 어머니와 아버지여! 하나님은 그의 형상대로, 남성과 여성을, 인간을 창조했다.[3]

당시로서는 매우 급진적인 스탠턴의 성서 주해에 놀라 자신들은 스탠턴의 성경 해석과 입장을 달리한다고 선언한 여권 운동가들이 속출했다. 심지어 스탠턴이 창립하고 초대 회장을 지낸 '전미여성참정권협회'에서도 스탠턴의 입장이 협회의 입장과 같지 않음을 천명했다. 많은 도서관이 《여성의 성서》를 소장하기 꺼렸고, 책을 모아 불사르는 과격한 퍼포먼스를 실시하는 사람들도 있었다. 그러나 이렇게 이슈가 되면 될수록 한편에서는 많은 사람이 《여성의 성서》를 읽었다. 스탠턴은 주저하지 않고 더 나아갔다. 수년 뒤에 직접 기록한 자신의 일대기에서는 오늘날까지도 완전히 해결되지 않은 여성 안수 문제나 교회 내 여신도 역할의 제한에 대해 피력했다. 이렇게 여성의 문제에 있어서 (어쩌면 '백인' 중산층 여성의 문제에 있어서?) 스탠턴의 혁명적 언사는 주목받을 만하다.

나는 내 인생의 작가예요,
샬롯 브론테

기독교
허 Her 스토리 **30**

당신이 습관적으로 탐닉하는 백일몽은 어지러운 마음의 상태를
야기할 것입니다. 그리고 세상의 모든 평범한 일들이 당신에게
단조롭고 무익하게 보이는 만큼 그에 비례하여, 당신은
그런 일에 부적합해질 것이며 다른 어떤 것에도 적합해지지
않을 것입니다. 문학은 여자의 일생의 사업일 수가 없으며,
그래서도 안 됩니다. 여자가 해야 할 의무를 다하고 있을수록,
재예才藝로서든 오락으로써든 간에, 문학을 할 여가는 더 적어질
것입니다. 당신은 아직 그러한 의무에 부름을 받지 않았는데,
부름을 받게 될 때 당신은 명성에 대한 열망이 줄어들 것입니다.
상상 속에서 자극을 찾지 않게 될 것입니다.[1]

이 편지는 영국의 저명한 계관시인 로버트 사우디Robert Southey가 샬롯 브론테Charlotte Brontë(1816-1855)에게 보낸 충고이다. 샬롯은 자신이 쓴 시에 대해 전문가 평가를 받고 싶어 사우디에게 자신의 작품을 보냈는데, 두어 달째 소식이 감감하더니 떡하니 이런 편지가 돌아온 거였다. 시 자체에 대한 평가는 한 줄도 없고 여자가 시를 쓰고자 하는 욕망을 '백일몽'으로 치부했다. 더구나 "여자가 해야 할 의무"를 다한다면 언제 시를 쓰고 예술적 상상력을 발휘할 시간이 있겠느냐는 그의 질책은, 재능이 있든 없든 여자가 에너지와 시간을 쏟아야 할 우선순위는 가정 업무에 있다고 믿었던 당대의 가치가 여실히 드러난다.

여자는 왜 '작가'가 되면 안 되는 걸까? 물론 오늘날 이런 질문을 하는 사람들은 거의 없겠지만, 샬롯이 살았던 19세기까지도 '지어 내고 창조하는 권위'는 남자의 몫이라고 생각했다. 여자가 만들어 내야 하는 것이 있다면, 아이나 쿠키와 같은 것이어야 한다는 가부장적 편견이 '상식'이고 '가치'였던 시절이다. 권위를 가진 남성 전문가들이 "문학은 여자의 일생의 사업이 될 수 없다"고 단언하던 때에, '지어내고 창조하는 능력과 열망'을 가지고 태어났고 그 능력을 자신의 존재 밖으로 표현하고자 열망했던 소녀의 일생은 어떠했을까?

샬롯 브론테는 유난히 문학적인 재능이 풍부한 가정의 셋째 딸로 태어났다. 아버지는 영국 국교회 목사였고 어머니는 신앙이 깊은 감리교도였다. 이러한 가정 배경은 당연히 샬롯에게 기독교적 가르침과 가치를 내면화하게 했을 것이다. 샬롯의 어머니는 수필을 쓰기도 하셨다는데, 작가적 재능을 가지고 있었던 것 같다. 그러나 여섯 자녀를 남겨 두고 일찍 세상을 떠났다. 샬롯이 다섯 살 무렵이던 때였다. 가난한 목사의 아이들은(더 어렸던 둘은 빼고) 곧 자선기숙학교에 보내졌고, 거기서 열악하게 지내다가 두 언니가 결핵으로 목숨을 잃고 만다. 이 사건으로 샬롯과 동생 에밀리는 집으로 돌아올 수 있었지만, 이후에도 경제 사정이 좋지 않았던 탓에 샬롯은 하기 싫었던 입주 가정교사 일자리로 생계를 유지해야만 했다.

브론테 가문은 딸 부자였다. 브론테 가문의 유일한 아들이었던 남동생 브랜웰은 예술적 재능이 풍부했는데도 제대로 된 직업을 가지지도, 열정을 쏟아 만족할 만한 일을 찾지도 못했다. 보통 딸 많은 집 외동아들이 성공하는 경우는 극히 드물다. 왜일까? 얼른 떠오르는 생각은 과도하게 집중된 기대의 무게가 이유이지 싶다. 재능 많은 딸에게도 그 기대와 지원을 골고루 분배했다면 차라리 아들의 인생도 조금은 가벼웠을 텐데. 어쨌든 일찍 여읜 어머니의 부재와 지속적인 가난 때문이었는지, 혹은 기준이 높고 엄격한 목사 아버지 때문이었는지, 술과 아편으로 도피했던 남동생은 불륜 스캔들의 주인공이 되기도 하다가 결국 1848년 가을에 일찍 죽었다. 그리고 믿기 어려운 불행이 연이어 일어났다. 브랜웰이 죽은 해 12월에 동생 에밀리가 죽었고, 다음 해 5월엔 앤마저 떠나보냈다. 엄마도 일찍 암으로 돌아가셨던 병력이 있고 아버지도 건강 체질은 아니셨으니, 온 집안이 병약했던 것은 맞는 듯하다. 하지만 그래도 그렇지, 어떻게 동기들이 모두 다 젊은 나이에 줄줄이 생을 마감할 수가 있나! 엄마도 언니들도 동생들도 죽음으로 떠나보낸 채, 샬롯은 아버지와 둘만 남았다.

어지간히 무딘 사람이라고 해도 함께 자란 동기들을 다 여의는 상황은 그 자체로 스트레스이다. 하물며 브론테 가문의 아이들은 풍부한 상상력으로 성경 속 인물이 되어 역할극도 함께하고 시와 수필, 소설을 써서 나누어 읽으며 서로의 창의력을 격려했던 '작가 공동체'였다. 이들의 문학적 상상력을 '무익'하고 '부적합'하다며 힐난했던 시절에 필시 서로는 위로였고 힘이었고 안전한 울타리였을 것이다. 아, 샬롯의 마음은 어떠했을까? 감히 상상할 수도 표현할 수도 없지만, 그야말로 미치지 않고 일상을 살아가는 것이 불가능할 만큼 힘겨웠을 것이다. 실제로 샬롯은 우울증, 불면증, 식욕부진, 악몽으로 괴로웠고 점점 쇠약해져 갔다고 한다.

"정신이 나약해서 그래. 극복해야지!" 혹자는 이렇게 차가운 평가를 조언이라고 내뱉었을지도 모른다. 글쎄, 샬롯의 아버지도 그러했을까? 문학 비평가들은 샬롯의 첫째 소설 《제인 에어》(1847년)에 등장하는 완고한 인물 브로클허스트 씨가 샬롯의 아버지를 반영하는 캐릭터일 것이라고 추측한다. 어디 아버지뿐이었을까. 샬롯 주변엔 온통 개신교 목회자로 가득했는데, 대부분 목사 직업을 가진 이들은 (모든 목사님이 다 그런 것은 아니지만) 늘 가르치고 주장하고 지적하고 조정하려고 한다. 강단을 독점해 왔기 때문에 생긴 습관이다. 다른 성례전을 생략하거나 약화시킨 개신교의 경우, 말씀(케리그마) 선포는 교회 공동체의 가장 중심이 되는 힘이고 권위였다. 그런데 케리그마의 선포는 오직 목사의 몫이 아닌가! 브로클허스트 씨의 실제 모델이 누구이든, 샬롯의 아버지 패트릭 브론테는 당대 완고한 목회자의 전형적 인물이었던 것으로 보인다.

'아버지의 답이 정답'인 세상에서, 아버지와 둘만 남게 된 소녀가 견디는 방법은 둘 중 하나다. 순응하거나 저항하거나. 저항의 방법은 다양할 수 있다. 하지만 나이나 힘의 불균형을 고려할 때 아버지의 존재를 흔들고 의사 결정을 바꿀 만큼 영향력 있는 저항은 불가능했다. 19세기 영국 여성 작가들을 비평적으로 분석한 연구서 《다락방의 미친 여자 The Madwoman in the Attic》가 말하듯이 "부적절한 백일몽"(사우디의 표현)을 꿈꾸는 여성 작가들은 창조하고 지어 내고자 하는 열망을 가질수록 '깊은 죄책감'을 느꼈고, 재능과 실재의 간극 사이에서 서서히 미쳐갈 수밖에 없었다.[2] 어머니로서, 아내로서의 일상 노동을 하는 것을 거부하거나 이차적으로 여기며 이 땅에 아직 도래하지 않은 언어를 지어 내려는 자신들의 창조성이 행여 하나님을 거스르는 일인지 불안해하며, 아니 본인은 그리 믿지 않더라도 주변에서 온통 그렇게 응시하는 사회에서 작가로 살아간다는 것이 어찌 맨정신에 가능했을까? 결국 "어지러운 마음 상태"가 되어 버린 그녀들은 상심한 마음과 쇠약해진 몸으로 일찍 죽거나 그녀의 존재를 부끄럽게 여기는 가족들에 의해 다락방에 갇혀 버리거나 할 운명이었다. 《제인 에어》에서 미친 채 다락방에 갇혀 있는 로체스터의 아내는 혹시 꿋꿋하게 자신의 삶을 개척해 나가는 용감하고 단단한 단독자 제인 에어의 또 다른 이면, 즉 제도적 폭력으로 인해 상처 입고 미쳐 버린 동시대 여성의 표상이 아니었을까.

동기 중 그래도 가장 오래 살았던 샬롯이었지만, 그녀도 39세의 젊은 나이에 결핵으로 세상을 떠나고 말았다. 당시의 문화를 고려할 때 그녀가 38세에(1854년) 초혼을 한 것도 특이한 이력이다. 샬롯을 오랫동안 짝사랑했던 같은 교구의 부목사 니콜스 Nichols가 상대였다. 그 이전에도 다른 남자들의 숱한 청혼을 거절했고 니콜스에 대한 마음도 남다르지 않았던 샬롯이었는데, 아버지가 그 결혼을 반대하자 결혼을 승락했다는 것은 매우 의미심장하다. 결국 결혼식에 오지 않았다는 샬롯의 아버지는 그녀에게 어떤 존재였을까? 6월에 결혼해서 다음 해 3월에 죽었으니, 그야말로 1년도 못 채운 결혼생활이었다. 병사하던 당시 샬롯은 임신 초기였다고 하는데, 결국 '책 말고 아이를 낳으라'고 강요하던 시절을 통과하며 고통받던 샬롯은 자신의 아이를 낳지 못하고 죽었다. 그녀는 후회스러웠을까? 안타까웠을까? 죄스러웠을까? 그러나 샬롯의 두 번째 소설 《셜리 Shirley》(1849년)의 등장인물 로즈 요크 Rose York의 말을 기억해 보면, 샬롯은 당당하게 하나님에게 돌아갔을 것 같다. 짧았고 힘겨웠던 생애 동안 샬롯은 이 땅 '아버지들'(가부장들)의 제한과 폭력 앞에서도 굴하지 않고, 그녀에게 지어 내는 권위와 재능을 부여해 주신 하늘 '아버지'에게 의지하여 보석같이 빛나는 작품들을 남겨 놓았으니 말이다.

> 만일 나의 주님께서 나에게 열 탤런트를 주셨다면, 나의 의무는 그것으로 장사를 하여 열 탤런트를 더 만드는 것입니다. 집 안의 장롱 먼지 속에 그 동전을 묻어 두어서는 안 되지요. 나는 그것을 주둥이가 부서진 찻주전자에 넣어 찬장 속에 차 관련된 물건들 사이에 놓아 두지는 않겠어요.… 무엇보다도 그것을 식료품실 선반 위에 빵과 버터, 과자, 햄과 함께 정렬되도록 차가운 감자 수프 그릇 속에 숨겨 놓지 않겠어요.… 어머니, 우리 각자에게 우리의 탤런트를 주신 주님은 언젠가 집에 오셔서 모두에게 보고서를 요구하실 거예요. 많은 집에서 찻주전자, 낡은 긴 양말, 해진 리넨 조각, 버드나무 무늬의 뚜껑 달린 수프 그릇들이 아무 이익을 남기지 못하고 묻혀 있는 것들을 드러내겠지요. 적어도

당신의 딸들이 주님이 오실 때 주님께 이자라도 돌려 드릴 수 있게 되도록 그들의 돈을 환전상에게 맡기는 것이라도 허용해 주세요.[3]

한 여자의 힘,
스크랜튼 대부인

기독교
허 Her 스토리 **31**

〈한 사람의 힘 The Power of One〉이라는 영화를 본 적이 있다. 인종차별이 심각하던 남아프리카 공화국에서 백인 아이가 경험하는 세상과 사람들 이야기였다. 영국계 소년이었지만 아프리카 줄루 부족 출신 유모와 정서적 유대가 깊었던 PK는 어려서 부모님을 모두 여의고 유모와도 헤어져 험난한 일들을 겪는다. 독일계 백인들이 주류인 기숙학교를 다니던 시절에는 영국인(독일의 적국)이라는 이유로 집단 린치를 당했고, 독일이 패전하자 자신의 보호자였던 독일계 교수님과 함께 포로수용소에서 지내기도 했다. 다 똑같은 사람인데 피부색으로 나누고 정치적 이유로 차별하는 세상은 어린 PK의 눈에는 너무나 이상하고 폭력적이었다. 그런데 이성적으로 설명 불가능한 세상을 통과하면서도 PK가 가진 존재의 힘은 결국 그를 남아프리카 인권운동의 지도자로 부상시킨다. '피스 메이커!' PK가 줄루 부족이 기다리던 평화의 사자라고 믿게 된 아프리카 원주민들이 그의 해결방식을 신뢰했고 그를 따랐다. 그리고 작고 여리고 민감한 아이였던 PK는 어느새 인종차별 제도와 맞짱 뜨는 힘 센 청년이 되어 있었다.

어떻게 가능했을까? PK에게는 세 명의 스승이 있었다. 줄루 부족 출신 유모는 두려움이 엄습해 올 때 어떻게 마음을 지킬 수 있는지 알려 주었다. 포로수용소에서 만났던 흑인 아저씨는 몸의 방어를 위해 권투를 가르쳐 주었다. 대부를 자처했던 독일계 교수님은 인생의 선택에 직면하여 답을 얻는 방법을 말해 주셨다. "PK, 언제나 머리와 가슴으로 동시에 생각하렴. 그러나 아무리 생각해도 답을 얻을 수 없을 때는 자연으로 가라. 거기에 답이 있을 것이다." 포기하고 싶었던 어느 순간에 PK는 교수님의 말씀을 떠올리며 아프리카 광활한 산을 오른다. 그리고 가는 지류의 물줄기가 모여들어 거대한 폭포를 이루며 떨어지는 모습을 보고 '아하'의 체험을 한다. "나는 그냥 '한 사람'인데, 한 아이였다가 조금 자라 주먹이 세고 똑똑해진 것뿐이지 그냥 '한 사람'인데 내가 이 제도적 폭력 앞에서 무얼 할 수 있겠어?" 친구들의 고통에는 질끈 눈 감고 그냥 자기에게 온 행운을 잡고 옥스퍼드로 유학을 떠날까 생각하던 차였다. 하지만 자연은 PK에게 답을 주었고, 그는 그렇게 한 방울 한 방울 거대한 폭포를 이룰 사람들을 길러 내는 일에 투신한다.

영화 이야기로 시작한 까닭은 우리나라 여성 교육에 커다란 폭포를 만들어 낸 한 여자의 힘에 대해 말하고 싶어서이다. 한국 최초의 근대식 여성 교육기관인 이화학당의 설립자 메리 스크랜튼Mary Fletcher Benton Scranton(1832-1909)의 이야기이다. 그녀는 53세의 나이에 한국 땅을 밟았다. 미국 매사추세츠가 고향인 여인이다. 비행기로 하루 내에 도착하는 요즘 시절도 아니다. 1832년 생이니 그 시절 '조선'은 적어도 미국인의 시선에서는 아프리카 줄루 부족과 크게 다르지 않았을 것이다. 물론 그것은 줄루 부족에게도 우리에게도 너무나 큰 실례요 오해의 시선이지만, 고향을 떠나는 19세기 말 미국인 입장에서는 그리 보였을 일이다.

아들 윌리엄 스크랜튼William Benton Scranton(1856-1922) 부부와 함께 메리 스크랜튼이 한국 땅을 밟은 19세기 말 조선은 그야말로 격변의 시기를 겪고 있었다. 서구 열강은 물론 청과 일본까지 그 작은 땅에서 격돌했다. 어디 그뿐인가? 국가 차원에서 가톨릭 신부들과 신자들에 대한 박해가 연이었던 곳임을 익히 알고 있었다. "어렵습니다. 갈 수 없어요." 동아시아 선교를 담당하고 있는 감리교 선교사 로버트 매클레이Robert Samuel Maclay가 넌지시 의중을 건넸을 때 윌리엄은 펄쩍 뛰었다. 자기 목숨만 위해서는 아니었을 것이다. 예일대 졸업 후 콜롬비아 의과대학을 거쳐 막 개업한 전망 있는 의사로서의 실리 때문도 아니었을 것이다. 조선 땅은 정치적으로뿐만 아니라 여러모로 열악한 선교환경을 가진 곳이 아닌가. 일찍이 혼자되신 어머니의 외아들 윌리엄이다. 윌리엄은 16세 되던 때(1872년) 아버지를 잃었다. 남편과 아버지를 여읜 어머니와 아들! 세상에 둘만 남아 서로 의지하고 보호하는 마음이 여느 모자지간보다 컸을 일이다. 어머니만 홀로 두고 그 길을 떠나기도, 그 위험한 곳에 어머니와 동행하기도 힘들었다.

그런데 윌리엄의 아내 룰리Loulie Wyeth Arms의 회고에 따르면 한국 선교 이야기를 먼저 꺼낸 것은 메리였다고 한다. 더구나 처음에 주저하던 윌리엄이 생각을 바꾼 것은 장티푸스로 죽다 살아난 즈음이었다는데, 그 기간에 모자가 마음을 모았던 것으로 보인다. 앓고 있는 아들을 돌보며 어머니는 무슨 말을 했을까? 정확한 것은 알 수 없지만, 이 용감하고 신실한 모자와 그들과 동행하고자 했던 룰리는 어린 딸까지 품에 안고 조선 땅을 밟았다. 물론 이 시기가 서구 열강의 제국주의적 식민지 점령과 겹친다는 점에서 선교사들에 대한 비판의 시선들이 있는 것이 사실이다. 하지만 개별 선교사들이 의도치 않았던 일이고, 그 '우연성' 때문에 그들의 선교적 열정과 순수성이 폄훼되어서는 안 된다고 본다.

메리 스크랜튼은 단지 아들을 홀로 조선에 보내는 것이 불안해서 태평양 건너 낯선 땅까지 따라나선 극성 어머니가 아니었다. 그녀는 이미 미국 감리회여성해외선교회 Women's Foreign Missionary Society of Methodist Episcopal Church 연회 서기를 맡아 일하면서 해외 선교의 동향을 긴밀하게 파악하고 있었다. 여성해외선교회는 여자 선교사 파견을 독자적으로 수행하던 기관으로 '남편 따라 선교지 가는 선교사 부인'이 아니라 신앙인 단독자로서 선교 사명을 감당하는 여성 선교사 파송을 감당하고 있었다. 선교회의 모토는 이랬다. "여성이 여성에게!" 사실 스크랜튼이 한국 선교를 지원했을 때 선교회에서도 처음엔 당황했을 것이다. 대부분 독신의 20-30대 기독교인들이 해외 선교지로 파송받고 있었기 때문이다. 누가 봐도 '아들 따라 가겠다는 어머니'로 보일 일이었다. 하지만 메리 한 사람만 놓고 보아도 그녀는 자격이 충분했다. 메리는 아버지, 오빠, 조카로 이어지는 3대 목회자를 배출한 신실한 집안 출신이다. 감리회의 창시자 웨슬리의 말마따나 '세계가 다 나의 교구'인데, 어디서인들 선교적 사명을 못 감당하랴! 더구나 아들의 선교 사역을 도울 수 있다면 그야말로 일석이조가 아닌가! 다시 생각해 보니 50대 엄마 이미지의 선교사도 나쁘지 않을 것 같았다. 오히려 진입 장벽을 낮출 수도 있는 일 아닌가. 가뜩이나 푸른 눈의 낯선 이방인들인데다가 유교 문화권의 여성 응시가 강한 곳인데, 젊은 미혼의 여자 선교사보다는 나을 수도 있었다. 가족이 함께 간다면 정서적 안정감은 선교에 도움이 될 수도 있는 일 아닌가! 이리하여 메리 스크랜튼은 여성해외선교회가 파견하고 후원하여 한국 땅을 밟은 최초의 여자 선교사가 되었다.

그러니 메리의 입장에서는 처음부터 여성 선교가 목표일 수밖에 없었다. 단지 기독교 신앙으로 인도하는 것만이 아니었다. 물론 민영익이 다리가 되어 조선 정부로부터 공식적인 허가를 받은 조건이 교육과 의료사업에 중점을 두는 것이기는 했지만, 여성 전문 교육기관 설립은 메리의 고향 미국에서도 강조되고 있던 교회 여성들의 사업이었다. 앞서 살펴보았듯이 '돕는 배필', '종속자'로 사는 것이 운명이라고 여기지 않으며, 여성을 '하나님의 딸'이자 주체적 시민으로서 길러 내기 위해 교육기관 설립에 열심을 내던 시절이었다. 1885년 6월에 한국에 도착한 메리는 1년도 채 되지 않아 여자들만을 위한 학교를 준비하기 시작했다. 당시 외국인들이 안전하게 거처할 수 있었던 정동 지역의 초가집 19채와 인근 빈터를 사들여 본격적인 여성 교육을 위한 교정을 짓기 시작했으니 추진력이나 배포가 대단했다.

그런데 터도 있고 인력도 있고 재정 지원도 되건만, 정작 근본적인 문제가 생겼다. 학생 구하기가 쉽지 않았던 것이다. 저잣

거리엔 푸른 눈을 한 선교사들이 동네 소녀들을 잡아먹는다는 기괴한 소문까지 돌았다. 그도 그럴 것이 낯설게 생긴 사람들이 먹여 주고 재워 주고 입혀 주고 공부도 가르쳐 준다니 그 말을 곧이 믿을 사람들이 어디 있었겠나! "나, 이대 나온 여자야" 하는 어느 드라마의 유명한 대사처럼, 근현대 여성 교육의 명문 사학으로 위상을 굳건히 하고 자랑하는 교육기관이 된 건 훨씬 후의 이야기이다. 오히려 이화학당의 출발은, 꽃님이, 간난이, 점동이 같은, 이 땅에서 가장 가난하고 힘없는 소녀들을 초대한 무상배움의 터전이었다. 스크랜튼이 수양딸로 삼았던 여메례의 경우도 아들 윌리엄이 운영하던 병원의 문지기 부부의 딸로서 12살에 부잣집 첩으로 팔렸던 기구한 사연의 소녀였다. 물론 그녀는 신앙훈련과 교육을 마치고 전도부인으로 활동하는 '주체적 신앙인'의 삶을 살게 되었다. 이화학당은 물론이고 가는 곳마다 학교를 세우고 여성보호단체를 만들었던 '어머니' 스크랜튼을 본받아, 여메례도 보호여회, 평양 진명학교, 부강 성결교회 등을 창립했다.

"Initiative Ewha!" 여성에 관한 한 뭐든 '최초'를 달성했던 이화여자대학교의 모토 중 하나다. 이 역시 요즘 재학생들에게는 무한경쟁, 승자독식의 세상에서 냅다 달려 경쟁력 있는 분야 최고 꼭대기에 오르는 최초의 여성이 되라는 의미로 읽힐지도 모를 일이다. 하지만, 메리 스크랜튼과 그의 아들 윌리엄이 이 땅에서 이룬 '처음'은 수직축이 아닌 수평축의 확장이었다. 아들은 외국인이 안전하게 거주할 수 있는 공간 정동을 떠나 동대문, 남대문, 서대문 도성 밖의 가난한 사람들을 위해 병원을 열었고, 어머니 메리는 아들의 병원 옆에 여성들을 위한 배움터와 보호 공간을 창설했다. 훗날 이화여대 의과대학이 되는 보구여관 역시 조선 최초의 근대식 여성 의료기관이었는데, 내외법이 강한 조선 땅에서 여성 건강 증진을 위해 여성 병원을 설립하고 여자 의사와 선교사 파송을 촉구한 것도 메리였다. 스크랜튼 한 사람의 힘이 조선에서 어떤 물방울들을 모았을까? 앞으로 몇 장에 걸쳐 그 기적의 폭포 이야기를 이어 보려 한다.[1]

로제타와 에스더의 길

기독교
허Her스토리 **32**

"기올병원? 기얼?" 초등학교 들어갈 무렵이었던 걸로 기억한다. 아버지를 따라 산책이나 수련회 장소 답사에 자주 동행했던 나는 가족 이야기를 종종 들었다. 친할머니가 결혼 전 평양의 한 기독교병원 간호사이셨다는 이야기를 하시던 중에 병원 이름이 나왔는데 얼른 귀에 들어오지 않았다. '올'은 아닌 거 같고 그럼 '얼'인가? 장소명이 아니라면 의미를 담았겠지 싶어 갸우뚱 추측하다가 이어지는 할머니의 결혼 이야기가 더 흥미로워 그냥 흘려 지나쳤다. 그 이름을 정확하게 알게 된 것은 한참 지나 한국 교회사를 배우면서였다. 평양에 세워진 최초의 근대식 병원 이름이 '기홀' 즉 선교사 홀William James Hall을 기리는 병원이라는 의미임을 알게 되었다. 그리고 그 이름에 담긴, 할머니의 결혼 스토리보다 더 극적이고 가슴 아픈 사연도 비로소 접했다.

'기홀병원'이라는 이름을 발음할 때마다 기념해야 하는 윌리엄 홀이 헌신된 목회자요 의사였으며 선교지 한국에서 최선을 다했던 것은 의심의 여지가 없다. 그러나 그가 다른 나라가 아닌 한국으로 오게 된 데에는 사랑했던 로제타의 영향이 컸다. 윌리엄 홀과 함께 기억해야 하는 이름 로제타 셔우드Rosetta Sherwood(1865-1951)! 로제타는 의료 선교사로 단독 파송을 받아 윌리엄보다 먼저 한국 땅을 밟았다. 미국에서부터 알고 지냈던 윌리엄은 로제타에게 청혼을 했다가 거절당한 적이 있었단다. 호감이 없었다기보다는 의사로서 전문적인 선교 사역에 뜻을 둔 로제타였기에 주저되는 바가 있었던 것 같다. 당시 고등교육을 받은 여성이 가부장적 제한에 매이지 않고 자유롭게 자신의 소명대로 활동하려면 아무래도 독신이 유리했던 건 사실이었다. 더구나 로제타는 어려서부터 병약했는데, 자신의 건강 상태로 자녀들을 낳고 돌보는 일을 병행할 수 있을지 자신이 없었다. 하여 1890년 홀로 한국에 오게 되었던 것이다.

로제타는 메타 하워드Meta Howard의 후임으로 보구여관 의사로 선교활동을 시작했다. 1887년 메리 스크랜튼이 설립한 보구여관은 '여성을 보호하고 구제한다'는 의미를 지닌 최초의 한국 근대식 여성병원이었는데, 최초의 의사였던 하워드는 건강상의 이유로 2년 만에 미국으로 돌아갈 수밖에 없었다. 그 뒤를 로제타가 이었다. 도착 다음 날부터 환자를 보살폈다니 책임감과 헌신이 대단했음을 짐작할 만하다. 하긴 로제타의 집안은 정통 청교도 가문으로 아버지 로즈벨트Rosevelt 역시 남다른 행보를 걸었던 인물이었다. 뉴욕 근처 큰 농장을 경영하셨던 아버지는 앞에서 해리엇 터브만을 소개할 때 언급했던 '지하철도Underground Railroad'라는 노예탈출운동의 회원이었다. 자신의 농장을 해방 노예들의 거점으로 내주기도 하였다. 가장 큰 배움은 자라면서 직접 보는 것 아니겠나. 그런 아버지를 존경했던 로제타는 낯선 땅 한국을 사역지로 삼고, 특히 몸이 아픈 여성들을 주요한 선교 대상으로 여기며 매일 최선을 다했다. 초기엔 언어 장벽으로 고생을 하기도 했는데, 시집도 안 간 처녀가 화상을 입고 온 것이 안타까워 자기 피부로 흉터를 가리는 식피술을 시도하려고 통역을 부탁했단다. 그런데 아무래도 의학용어인데다가 제대로 전달이 되질 않는 거였다. 결국 안타까움에 로제타는 자신의 피부를 떼어 내어 환자를 치료했다. 후에야 이 과정을 이해하게 된 환자는 다 회복된 뒤에도 병원 주변을 맴돌며 로제타에게 성경 이야기를 배웠고 기독교인이 된 뒤에는 보구여관에 오는 환자들에게 성경을 읽어 주는 일을 자원했다고 한다.

선교 사역은 조금씩 확장되어 갔지만, 로제타의 가정은 순탄치 못했다. 자신을 뒤따라와 변치 않는 마음으로 구애했던 윌리엄 홀이 결혼한 지 얼마 되지 않아 죽고 말았다. 1894년의 일이었다. 우리가 교과서에서 동학농민운동과 청일전쟁의 해였다고 읽고 있는 그 추상적인 연도를 온몸으로 통과한 서양인 선교사 부부는 너무나 큰 대가를 치러야 했다. '조선의 둘째 도성'이라 불리던 평양을 의료선교의 거점으로 만들고 활발하게 활동하던 윌리엄이 청일전쟁 부상자들을 치료하러 갔다가 발진티푸스에 걸려 병사를 하고 만 것이다. 당시 아들 셔우드Sherwood Hall는 겨우 두 살, 배 속에는 딸 에디스Edith Hall가 자라고 있었다. 그러니까 에디스는 유복자인 셈이다.

"에디스 홀, 1895-1898." 대학 시절 학과 숙제를 위해 양화진 외국인 선교사 묘지에 방문했을 때 내 발을 멈추게 했던 이름이다. 아니, 이름보다는 생몰연대가 나를 사로잡았다. 1895년에 태어났는데 1898년에 사망했다고? 그리고 옆을 보니 홀Hall이라는 성을 가진 묘비들이 나란히 모여 있었다. 늦더위가 가시지 않아 아직 햇볕이 따가웠던 가을학기 초에, 대충 이름만 외웠다가 도서관에 가서 사전이나 역사책을 찾아 보고서 빈칸을 메우려고 작정했었는데, 갑자기 먹먹해진 가슴을 진정시키며 그 자리에서 잠시 기도했던 기억이 있다. 세세히 알지 못하면서도 막연하게나마 이 가족의 역사가 짐작되었다. 생년을 비교할 때 필시 부부였을 선교사와 너무나 금세 아내의 곁을 떠난 남편, 그리고 어린 딸, 그 뒤에도 홀의 성을 가진 사람들이 이곳 양화진에 묻혀 있다면 홀 집안의 한국 선교는 계속되었다는 이야기일 터였다.

남편의 죽음을 기리며 평양 기홀병원을 설립했던 로제타는 딸 에디스를 기리며 '에디스 마가렛 어린이 병동'을 건립했다. 유복자로 태어나 한국 땅에서 짧은 생을 마감한 딸은 평소 병자를 치료하는 엄마 곁에서 아픈 여아들을 눈과 마음에 담았다 한다. 잠자리에 들 때면 잊지 않고 그 아이들의 건강을 위해 기도했던 딸, 남편의 빈자리를 위로해 준 딸이기에 '작은 위로자'라고 불렀던 에디스를 잃고서 로제타는 무슨 기운으로 자신의 사명을 이어 갔을까? 물론 그녀의 흔들리지 않는 신앙이 가장 큰 동력이었겠으나, 훗날 로제타가 '참된 위로자'라고 불렀던 박에스더를 비롯하여 딸처럼 여겼던 한국의 소녀들이 힘이 되지 않았을까, 그런 생각을 해 본다.

로제타는 자신의 일기에서 '나의 소녀들'이라는 표현을 자주 사용했다. 학교에서, 병원에서, 성경공부반에서 눈을 맞추고 귀를 집중하며 학문과 신앙을 스폰지처럼 쏙쏙 빨아들이던 조선의 소녀들! 그중 '점동이'라는 아이가 특별히 귀했다. 점동이는 로제타가 한국에 도착한 사역 초기부터 만났던 소녀였다. 아홉 살 아래인 점동이는 평소 '언니, 언니' 잘 따르기도 했지만 무엇보다 영리하고 기민했다. 통역도 곧잘 했고, 약을 계량 저울에 달아 분배한다거나 환자에게 투여법을 설명하고 상처를 소독하는 등의 보조 업무를 제법 정확하게 수행했다. 점동이는 기독교 신앙을 받아들였고 세례 후에 '에스더'라는 이름을 받게 된다. 후에 남편 윌리엄을 잃은 로제타가 안식년으로 미국에 돌아갈 때 에스더와 동행했는데, 미국에서 에스더는 볼티모어여자의과대학에서 수학하여 조선인 최초로 서양의학 학위를 가진 여의사가 된다.

    그러고 보면 로제타의 남편 윌리엄도, 에스더의 남편 박유신(혹은 유선)도 당시로서는 드물게 아내의 재능과 사역 영역을 인정하고 지지한 남편인 것 같다. 박유신은 윌리엄의 병원에서 그를 조력하던 소년이었는데, 홀 부부가 에스더와 유신을 짝으로 맺어 주었다. 나이 차이가 꽤 나는 부부였다. 아버지를 일찍 여의고 맏이로서 생계형 노동을 해야 했던 유신은 스물여섯이 되도록 미혼이었기 때문이다. 결혼하지 않으면 온전한 성인으로 여기지 않던 유교적 조선에서 유신의 처지가 얼마나 고단하고 힘겨웠을지. 그러나 에스더는 유신의 집안 배경보다는 같은 신앙인임을 제일 중요한 혼인 조건으로 여겼다. 하여 열일곱 혼기가 꽉 찬 에스더는 유신과 서양식 결혼식을 올리게 된다. 로제타의 미국 길에 동행했던 유신은 자신의 아내 에스더가 학업을 이어갈 수 있도록 생계 노동을 감당하고 지원을 아끼지 않았다고 하는데, 아내가 학위를 취득하고 귀국할 때에 함께 귀국할 수 없었던 안타까운 사연이 있다. 유신이 매달 학비 50달러를 에스더에게 보내며 로제타 집안의 농장에서 일하다가 과로와 영양실조로 에스더의 졸업을 한 달 남겨 두고 병사했기 때문이다. 귀국 후 광혜여원, 보구여관 등에서 활발한 의료선교 활동을 이어 갔던 에스더도 10년 짧은 사역 끝에 서른넷의 젊은 나이에 폐결핵으로 사망했다. 1910년, 정치적 독립국가로서의 조선이 끝나던 해였다.

그러고 보면 로제타와 에스더는 참 많이 닮은 삶을 살았다. 자기 소명에 충실했고 타국에서 남편과 자녀들을 잃었고 가족을 타국 땅에 묻었다. 평양 선교 시절에 첫아들을 생후 이틀 만에 잃은 에스더는 미국 유학 시절 돌 무렵의 딸을 폐렴으로 보내야 했기 때문이다. 누가 더 힘겨웠을까를 묻는 것은 무의미하다. 혹자는 로제타가 에스더를 동등한 의사로 대하지 않고 자신의 보조자로 응시했다면서 서양 선교사들의 우월적 시각에 대해 비판하기도 한다. 역사가도 아니요, 두 사람의 기록들을 1차 자료로 꼼꼼하게 분석한 마당도 아닌 터에 섣불리 판단할 문제는 아니겠다. 다만 '참된 위로자'였고 그리스도 안에서 자매였던 에스더마저 병으로 떠나보냈던 로제타에게 남은 몫이 더 무거웠던 것은 사실일 것이다. 로제타는 한국 땅에 여의사들을 길러 내는 '조선여자의학강습소'(고려대학교 의과대학의 전신)를 설립했고(1928년), 한국 땅에서 한국어로 공부하며 의료선교의 길을 걸어간 여성 신자들의 길을 준비했다. 그런 어머니의 모습을 보며, 아들 셔우드 부부도 손자 윌리엄도 같은 길을 따라 걷게 되었다. 혼자 걸으면 첩첩산중 위험한 진로겠지만, 많이 걸으면 길이 된다고 하지 않던가! 문밖을 나서는 것조차 허용되지 않던 조선의 내외법에도 불구하고, 담장을 넘고 길을 나선 여인들의 행보는 로제타와 에스더 이후에도 멈추지 않았다. 그리고 길을 내었다.[1]

조선 여성 그리스도인으로
사는 법?

기독교
허Her스토리 **33**

나의 세례받던 날은 내 인생의 가장 기쁜 날이었다. 우리 조선 여자들은 몇천 년 동안을 남자들의 압박 아래서 성명이 없이 살았다. 만일 우리 조선에 예수의 빛이 비치지 않았다면 조선의 여성 모임이 오늘 이만치도 발달되기 어려웠을 것이다. 바로 말하면 조선 여자의 자유 운동은 그리스도의 빛이 우리 반도에 비추이던 날로부터 시작된 것이다.[1]

점동이가 에스더가 되어 전문의사요 한 개인으로서 주체적인 삶을 살 수 있게 된 것은 다 기독교인이 된 '덕분'이다. "아이고, 지지리 가난하게 살면서 고생했는데 서양 선교사를 만나더니 저렇게 훌륭해졌대요!" 당시 사람들은 필시 그렇게 생각했을 것이다. 신문물을 받아들인다는 것은 곧 개신교도가 되는 것과 동의어로 여겨졌을 것이고, 개신교도가 되는 순간 유교적 조선에서 여성을 억압하던 모든 굴레가 사라지고 자유의 삶을 살 것이라고 말이다.

어쩌자고 세례명을 '셔커스'로 받았는지 그 사연이 무척이나 궁금한 위 인용문의 여인도 자신이 세례받던 날의 기쁨을 개인사로 평가하지 않았다. 아, 이제 조선에 예수의 빛, 자유와 해방과 평등의 빛이 비춰는구나! 성명 없이 살던 여자들이 드디어 이름을 얻고 지위를 얻고 온전한 삶을 얻겠구나! 이 여인에게 그리스도인이 된다는 것, 세례를 받는다는 것은 단순히 종교적 차원의 일이 아니었다. 전인격에 혁명적인 전환이 일어나는 것이다. 사도 바울도 그리 선언하지 않았던가. "너희는 유대인이나 헬라인이나 종이나 자유인이나 남자나 여자나 다 그리스도 예수 안에서 하나이니라"(갈라디아서 3장 28절).

그런데 이게 무슨 일인가? 대한민국 근현대사의 성장 속도와 발맞추어 빠르게 성장했던 개신교 역사를 고려한다면, 지금쯤은 이 땅에서 기독교 신앙을 가진 여자들의 주체적이고 자유로운 삶이 '일상'이 되어 있어야 할 텐데. 이상하게도 김셔커스가 기쁨의 탄성을 토해낸 지 70여 년이 흐른 1999년 20세기의 끝자락 서울 한복판에 화려하게 솟은 한 대형교회에서 들려온 설교의 내용은 우리의 고개를 갸우뚱하게 만든다.

여성은 아내로서 책임이 있습니다. 여성은 성경 말씀을 비유로 들자면 교회와 같은 것입니다. 그리스도를 향한 순종과 예배가 있는 곳이지요. 따라서 아내들도 교회로서 순결과 아름다움을 갖추고 있어야 하며 교회로서 예배가 양육의 사역이 요청되는 것처럼 집안에서 자녀들을 돌보고 위해서 중보하는 사역을 잘 감당해야 합니다. 그리고 '상응하는 돕는 자'로서 남편을 있는 그대로 받아들이고 인정하고 존경하며, 남편에게 맞추어 나간다면, 그런 아내는 '완전한 남자'를 만드는 '완전한 여자'가 될 것입니다.[2]

서지 정보가 없는 까닭은 내가 우연한 기회에 그곳에서 주일 예배를 드리다가 위의 설교 말씀을 들었고, 매우 쓰임새가 있는 본문이기에 실시간으로 받아 적었기 때문이다. 물론 해당 교회 이름이나 목사님 성함을 못 밝힐 이유는 없다. 익명으로 처리할 만큼 심각하게 비난받을 설교 내용도 아니다. 다만, 개교회나 한 목회자에 대해 평가하는 자리가 아니고, 또 위의 설교 내용의 대표성에 주목하고자 해서 익명으로 소개했다. 개신교 목사님들의 경우 흔히 대부분 위와 같은 논조로 여신도들에게 조언하고 설교하기 때문이다. 바깥세상은 오히려 남녀평등의 '신'문화가 일상이 되어 있는데, 어쩌자고 교회는 여지껏 남녀의 위계를 강조하는가? 거의 한 세기가 지나는 동안 도대체 무슨 일이 벌어진 걸까?

이미 살펴보았듯이 고대 교부 중에는 여자에 대해 혐오에 가까운 발언이나 모욕적인 비하를 서슴지 않은 인물들이 많았다. 더구나 여성의 '열등함'을 '신적 질서'라고 망언했던 이들도 있었다. 그에 비한다면, 필시 개신교적 여성관의 대표격일 위의 설교에는 여자를 비하하는 내용이 전혀 들어 있지 않다. 그러나 분명히 저 설교가 권고하는 여자의 삶은 세례를 받으면서 비로소 주체가 되었다고 노래한 김셔커스의 자유와는 거리가 멀다. 설교의 주장에 따르면, 여자가 '완전'하게 되는 길은 오직 내조의 삶을 통해 남자를 완전하게 만드는 것뿐이라는 말이니 말이다. 이를 위해 첫째, 그리스도 앞의 교회처럼 남편과의 관계에서 순결하고 아름다워야 한단다. 둘째, 교회가 후속 세대의 신앙교육에 열심인 것처럼 '집안'에서 자녀 양육에 힘쓰란다. 셋째는 남편을 인정하고 존경하고 맞추어 나감으로써 그에게 도움이 되는 아내라 되라고 조언한다. 그러니까 결혼하지 않은 여자는 '완전한 여자'가 될 가능성이 아예 없는 셈이다. 더욱 안타까웠던 것은 당시 현장 예배에 참여한 만 명쯤 되는 성도의 70퍼센트 이상을 차지한 여신도들이 "아멘" 큰 소리로 화답했던 광경이었다.

도대체 그리스도인으로 거듭나면서 얻게 된 이름처럼, 단독자가 된 여자의 자유는 어디로 갔는가? 20세기 초에는 열려 있던 그 자유가 어쩌자고 같은 세기의 마지막 순간에는 사라졌는가? 결혼하든 독신으로 살든 그건 그 여자의 선택지여야 한다. 그것이 '자유'이다. 그리스도인이 누리는 자유는 물론 '내 마음대로 살겠다'는 무책임과 방종의 의미가 아니다. 하나님과의 인격적 관계 안에서 내가 받은 소명대로 내가 헌신할 일과 삶의 영역을 선택할 수 있는 자유를 의미한다. 그 자유는 남자만 받은 것이 아니다. 창세기 1장에서 '다스리라'는 청지기적 사명을 부여받은 남자와 여자는 피조 세계를 향하여 같은 책임과 의무를 지닌다. 남녀 창조 내러티브 어디에도 두 사람의 '다스리는' 행위에 분업이나 위계가 있다는 말은 없다.

그래서 성경을 제대로 읽는 사람이라면 '여자도 사람'이라는 것을 인정할 수밖에 없다. 초대교회도, 종교개혁 초기도, 그리고 우리나라 기독교 선교의 시작 무렵도 당대의 가부장제를 뛰어넘어 교회나 사회에서 여성 리더십을 인정한 근거는 성경에 있었다. 하지만 개인이든 교회든 현재 자리하고 있는 제도를 뛰어넘는(초월) 일은 쉽지 않은 법이다. 특히 제도의 힘이 강하고 견고할 때, 교회가 세상을 바꾸기보다는 세상 제도의 힘에 교회의 작동 방식이 잠식당하는 경우가 더 많았다. 이것이 앞서도 언급한 '제도화institutionalization'라는 사회학적 법칙이다.

그렇다. 물리에만 법칙이 있는 게 아니다. 사람들이 모여 사는 사회도, 동서고금을 막론하고 사람의 '종적 특성'에서 나오는 공동의 법칙이 있다. 즉, 낡은 제도가 더는 구성원들에게 의미를 주지 않을 때 새로운 제도를 향한 의미 추구와 시도가 생겨나기 마련이고, 이러한 제도적 변환기에 새로운 삶의 방식을 꿈꾸는 이들은 구성원 모두의 생생한 의미를 담아내려 애쓴다.

이때는 여자들의 의미도 매우 유의미하게 반영된다. 인류의 반이 아닌가! 더구나 기독교의 경우 언제나 새 출발의 기반은 성경이기에, 성경 자체에 담긴 계시적 차원, 즉 평등과 해방의 메시지가 다시 구성원들의 개인적 의미 추구에 적용될 가능성이 존재하게 된다. 새롭게 생성되는 제도는 구성원들을 통제하거나 억압할 충분한 힘을 아직 가지지 않았기 때문이다. 그런데 새로운 제도가 제법 그 틀을 확립하고 그 안에서 실질적인 의사결정권을 소유한 사람들의 말이 '정답'이 되는 과정을 거치면, 그때부터는 그와 다른 의미나 다른 방식의 삶을 추구하는 사람들은 지탄받게 되어 있다.

개신교 가정 윤리가 형성되는 과정에서 여성의 자리에 대한 제도적 제약 역시 그렇게 발생했다. 이미 종교개혁 당시 '소명으로서의 결혼' 담론과 실천이 생겨나던 상황, 미국에서 '공화주의적 모성'이 힘을 얻던 상황에 대해서 살펴보았다. 이게 참 미묘하다. 당시에는 해방의 힘이었으나 결국 여성에게 굴레가 되는 것으로 귀결되었으니 말이다. 그 일이 조선 땅에서도 일어난 것이다. 더구나 '서구화', '근대화'라는 이름으로, 발전, 성공, 부의 상징으로서 일차적으로 서구 땅에서 이미 '패키지'가 된 근현대·개신교 가부장제 결합체가 들어왔다. 그 견고한 결합체의 실질적 힘을 보지 못하고, 새로움에서 해방의 출구를 보았던 조선 기독교 여성들은 그 패키지로 유교 가부장제를 뛰어넘을 줄 알았다. 하지만 처음부터 '오직 믿음으로 sola fide'라는 이 근원의 원칙만 붙잡고 새 땅에서 새로운 같이 살기의 방식을 건설하지 못한 까닭에, 조선의 여신도들은 또 다른 '가부장적 패키지'에 갇히고 말았다. 이미 문화와 생활 습관 속에 깊이 자리 잡은 유교 가부장제의 여성 이해에, 서양에서 들어온 '부드러운 가부장제'(여성을 인격적으로 존중하나 기능적 위계를 설정하는) 패키지가 덧붙는 방식이었다.

    자유를 아예 맛보지 못하고 노예의 삶을 살았던 사람, 자유를 잠시 맛보았으나 다시 그것을 빼앗긴 사람, 둘 중 어떤 인생이 더 불행할까? 더 고통스러울까? 답은 자명하다. 물론 근현대·개신교 가부장제와 유교 가부장제의 결합물이 물리적인 의미에서 여성을 노예의 삶으로 인도했다는 말은 아니다. 하지만 '자유'라는 키워드를 기준으로 하여 자유민의 상대어를 노예라고 지칭한다면, 적어도 근현대화 modernization에 발맞추어 성장한 개신교인들의 사는 방식에서 여신도들의 선택지는 자유민보다는 노예에 가까웠다고 말하는 것이 솔직한 평가이다. 분명히 유교 가부장제

아래서의 여성 위치보다는 진일보했지만, 조선 기독교 여성들에게 자기 삶을 스스로 선택하고 자기 삶의 주체가 될 자유는 여전히 없었으니 말이다.

불꽃으로 빙벽에 맞선 여인, 나혜석 1

기독교
허Her스토리 **34**

"나도 꽃으로 살고 있소. 다만, 나는 불꽃이요." 시나리오나 연기력, 완성도 모두 수작이었다고 생각하는 드라마 〈미스터 션샤인〉에서 여주인공 애신이 한 말이다. 당대 명망 있는 사대부 가문의 영애로 평생 수나 놓으며 꽃처럼 살 수 있었을 텐데, 남자로 변복을 하고 항일운동 저격수로 활동하는 그녀가 위태롭고 안타까워 애인이 건넨 걱정에 대한 답이었다. "거사에 나갈 때마다 생각하오. 죽음의 무게에 대해. 그래서 정확히 쏘고 빨리 튀지. 봐서 알 텐데." 참혹한 전장에서 죽음의 실재를 너무나 많이 겪은 군인 출신의 연인에게 애신은 농담을 던지는 여유마저 보인다. "그렇게 환하게 뜨거웠다가 지려 하오. 불꽃으로! 죽는 것은 두려우나, 난 그리 선택했소." 이 드라마에 환호한 젊은 세대 여성들은 페미니스트 운동을 전개하는 자신들의 홍보 문구에 애신의 대사를 자주 소환했다. "우리는 불꽃이다!" "불꽃페미, 파이팅!"

하지만 애신이 허구의 극중 인물인 반면(모델이 된 인물들은 있었으리라), 그녀와 비슷한 시대를 살면서 스스로 '불꽃'이라 불렀던 실제 여인이 있었다. 명망 있는 사대부가의 여식인 것도, 당시 여인들이 가지 않는 길을 걸은 것도, 독립운동에 참여한 것도, 더구나 애신의 불꽃같은 성정도 거울처럼 닮은 여인, 바로 나혜석이다. 물론 드라마 속 애신보다는 늦게 태어났다. 나혜석은 1896년생이다. 애신은 살짝 맛만 보았던 서양식 신교육도 제대로 받았다. 사촌오빠가 설립한 기독교계 중학교(삼일여학교)를 거쳐 진명여고를 수석 졸업하고 일본에서 유학하여 서양화를 전공했다. 물론 조선 최초의 여성 서양화가인데다가 신여성 중에서도 유난히 독보적인 그녀였으니 세간의 주목은 온통 나혜석을 향했다. 하지만 어떤 삶을 선택하며 살았기에 자신의 인생을 '불꽃'이었다 회고했을까?

제도가 바뀌고 시스템이 교차하는 전환기에는 아무도 안전하지 못한 법이다. 그나마 살고자 하는 지혜로운 선택지는 어떤 제도, 어떤 시스템이 결국 이길 것인지 재빠르게 파악하여 그쪽에 붙는 것이다. 구한말 친일파들은 그런 선택을 했다. 하지만 어느 쪽이 살길인지 알면서도 옳은 길을 선택하며 불꽃처럼 죽어간 사람들도 있었다. 그래서 우리는 이름도 빛도 없이 죽을 길을 걸어간 무명의 의병, 독립투사의 삶을 숭고하다고 평가한다. 그런데 자신의 삶을 '불꽃'이라 평가했던 나혜석의 삶과 죽음은 동시대에는 비난받고 그 후로는 한동안 가려졌었다. 그녀가 온몸을 던져 불꽃처럼 싸운 상대는 당시 '민족자결주의'의 이름으로 남녀노소, 빈부귀천, 엘리트와 서민 할 것 없이 공동의 적으로 삼았던 일본제국주의가 아니었기 때문이다. 더 견고하고 오래된 빙벽, 조선의 유교 가부장제를 녹이려 자신을 불사르느라 나혜석은 고독했고 치명적으로 상처 입었다.

 사실 기독교 여성사를 다루는 이 글에 나혜석을 포함시킬 것인지를 놓고 잠시 고민했다. 우리나라의 페미니즘 역사를 소개하는 일이라면 망설일 일이 아니었다. 하지만 '기독교' 여성사가 아닌가. 기독교 사학에서 교육을 받고 일본 유학 당시 친구의 전도로 기독교인이 된(1917년) 세례교인이라는 것, 또 정동교회 예배당에서 기독교식으로 결혼한(1920년) 최초의 여인이라는 것은 사실이나, 이것만으로 나혜석을 기독교 여성이라고 불러도 될지 주저되었기 때문이다. 지금까지 소개한 인물들은 혼자 살든 결혼을 하든, 제도에 순응하든 반항하든 다 자신의 기독교적 신념 때문에 그리했다. 하지만 봉건적 가족 제도에 저항한 나혜석의 불꽃 같은 삶을 이끈 동력은 첫째는 타고난 성정일 터이고, 둘째는 당시 엘리트 여성들을 고무했던 계몽주의적 자유주의 사상과 초기 페미니즘이었음이 자명하다. 더구나 자신이 불리한 상황에서 예수님의 이름을 부적절하게 거론하는 그녀의 글을 발견하니 회의도 들었다. "그러지 맙세다. 당신과 내 힘으로 못 살겠거든 우리 종교를 잘 믿어 종교의 힘으로 삽세다. 예수는 만인의 죄를 대신하야 십자가에 못 박히지 아니했소?" 남편과 동행했던 유럽 여행길에서 남편의 절친 최린과의 외도로 이혼 위기에 놓이자 기독교인이었던 남편 김우영을 설득하며 한 말이다. 이쯤 되면 아무리 '허'스토리라도 나혜석은 아니다. 발끈 화가 날 신자도 있으리라. 용서하고 희생하신 예수님의 사랑은 가해자가 언급할 이야기가 아니지 않는가. 손해 보고 고통당한 쪽에서 오히려 원수를 향해 먼저 건네는 사랑의 말이어야 한다. 그런데 최린과의 부적절한 관계가 들통나고 가정이 파탄에 이를 위기에 처한 당사자가 예수의 십자가 운운하다니!

　기독교 정신을 편의로 들먹이는 것만은 아니다. 보기에 따라서 나혜석은 단순히 자유연애 사상에 고무되어 정조를 시대착오적이라 여겼던 신여성보다 더 '괘씸'할 수 있었다. 근대적 자유를 사상으로, 삶으로 마음껏 누리다가도 그것이 자신의 안락한 삶에 위협될 때는 전통적 가정의 책임을 묻는 기회주의자쯤으로 여겨질 수도 있다. 남편의 이혼 압박에 그녀는 고령의 시모가 얼마나 놀라실지, 아이들은 어찌 보살필지, 또 아내와 남편이 어찌 불타는 사랑만으로 살겠는지, 이런 논리로 남편에게 이혼 결정을 재고할 것을 요청했다. 또한 비슷한 시기에 불륜 상대였던 최린에게는 자신이 이혼당할 시 생계를 보살펴 줄 것을 요구하고, 이것이 좌절되자 '정조유린 청구소송'을 걸었다. 별일이다. 그녀가 공개적으로 써서 화제가 된 《이혼 고백서》에 따르면 그녀는 최린과 연애할 때 결혼생활은 유지하겠다고 말했고 쌍방 합의를 보았음을 당당히 밝혔단다. 남편과 애인을 동시에 가지겠다는 말인데, 이런 연애 경험이 오히려 남편과의 관계를 더 돈독히 할 수 있다는 논리도 펼쳤다. 그런데 갑자기 '정조유린'이라니! 나혜석은 소송을 취하하는 조건으로 최린에게서 당시로는 거금인 수천 원을 받기도 했다.

　아, 격변기에는 이렇게 사는 방법도 있군요! 요즘 젊은 남자들이 '뷔페미니즘'이라고 비아냥거리는 삶의 방식으로 보일 수도 있을 일이다. 뷔페에 가서 자기가 좋은 음식만 골라 먹듯, 페미니즘 사상과 가부장제의 전제 중에서 자기에게 유리한 것만 골라서 취하는 기회주의적 페미니스트의 삶 말이다. 표면적으로 볼 때 나혜석의 행동들은 그런 면모가 보인다. 그녀가 유교적 조선의 전통적 여성이었다면 '정조 유린'이니 '생계비 지원'이니 이런 이야기가 이해될 수도 있다. 그러나 나혜석은 남편 김우영과 결혼할 당시 소위 신여성다운 '결혼 조건'을 공식화하여 세간의 화제가 된 바 있다. "첫째, 일생을 두고 지금과 같이 나를 사랑해 주시오. 둘째, 그림 그리는 것을 방해하지 마시오. 셋째, 시어머니와 전실 딸과는 별거케 하여 주시오." 전통과는 거리가 먼 요구였다. 화가로서, 독자적 개인으로서, 근대적 아내로서 당당하게 제시한 '권리 청원'인 셈이다. 김우영은 나혜석보다 10년 연상의 법률가였는데, 이미 한 번 상처한 남성이었고 전실 부인과의 사이에서 딸이 하나 있었다. 요즘에 들어도 진보적이다 싶은 주장들에 대해 보수적인 부산 사내 김우영은 동의했다. 심지어 이 둘의 신혼여행지는 나혜석의 첫사랑이었던 최승구 시인의 무덤이 있는 고흥이었다. 나혜석의 요구에 따라 폐결핵으로 쓸쓸히 요절한 최승구의 무덤에 비석도 세워 준 남편이라니! 김우영은 세간의 조롱을 어찌 견뎠을까? 미와 재능을 겸비했다는 나혜석의 매력에 쏙 빠져서였을까, 아니면 아내를 교회 사랑하듯 사랑하라는 사도 바울의 가르침 때문이었을까, 그도 아니면 어리고 철없는 아내 정도는 마음껏 뛰어놀아도 내 손바닥이다 싶은 능력 있는 가장의 우월감이었을까. 하여튼 나혜석은 이렇게 당당하고 자유로운 신여성의 삶을 살았다.

그렇다면 신여성답게 자신의 삶도 스스로 개척해야 하지 않았을까? 왜 갑자기 양쪽 남자들(남편과 애인)에게 '책임'을 묻는가 말이다. 물론 나혜석은 그동안 경제적 어려움을 모르고 자랐다. 수원 부잣집 사대부 가문에서 태어났고, 그림 재주 있다고 유학 가서 서양화를 전공할 정도의 지원을 받았으며, 일본에서는 미리 가 있었던 오빠 경석의 보호를 받으며 그야말로 사교계의 여왕으로 일거수일투족이 신문에까지 보도될 정도의 화려한 삶을 살았다. 나혜석의 마음을 얻고자 자살극을 벌인 남자가 드물지 않았고 당대의 최고 문인 이광수의 마음도 잠시나마 훔쳤던 팜므파탈이다. 엘리트 여성답게 인류애, 민족애를 논했으나 3.1운동 투옥 당시 김우영의 변호로 석방이 가능했고 아버지와 남편의 지위와 경제력으로 이후에도 줄곧 호사를 누렸다. 우리나라 최초로 유럽과 미국을 여행한 여인이기도 하다. 이도 남편과 애인 덕분에 가능했다. 외교관이었던 김우영이 만주 변방에서 5년간 고생한 보상으로 일본 정부가 제공한 관비로 한 여행이었다. 남편이 법률 공부를 위해 독일 베를린에 체류해야 하는 상황에서 나혜석은 그림 공부를 위해 파리에 남겠다고 했다. 김우영은 그것을 허락해 주고 심지어 당시 파리 외교관이었던 친구 최린에게 아내를 보살펴 주기를 부탁했다. 당시 통역사를 동반하여 파리 전역은 물론 미국 관광까지 즐긴 최린과 나혜석의 모습은 세간의 화제였다고 한다.

하지만 이때 발생한 최린과의 염문으로 이혼 위기에 놓이자 나혜석은 모순된 태도를 보였다. 자신의 선택에 책임을 지기보다 오히려 남편과 애인에게 생계비를 요구하지 않았나. 물론 그녀가 공개적으로 밝힌 《이혼 고백서》의 내용을 세세하게 살펴보면 논리는 있다. 어려서 첩들을 두고 살던 아버지를 보아 온 그녀이다. 도대체 남자는 처첩 거느리기가 가능한데 여자에게는 왜 허락되지 않는가! 여자를 사람 취급한다면 어찌 이렇게 이중적으로 대할까. 그녀가 생활 독립을 위한 노력을 하지 않은 것도 아니다. 취미로 그림 활동을 한 것이 아니었던 그녀는 결혼생활 중에도 자신의 그림을 팔아 생활에 보탠 전업화가였다. 공모전에서 입상할 정도로 작품의 예술성도 뛰어났다.[1] 아, 난해하다. 이런 나혜석을 '기독교적'으로 해석한다면 어찌 접근해야 할까? 더구나 말년에는 불교에 귀의하려 했던 여인, 이런 '문제적' 여자 나혜석을 왜 굳이 소환하는가? 잔뜩 의문과 회의를 남겨 놓았지만, 나의 대답은 다음 장에서 이어갈까 한다.

불꽃으로 빙벽에 맞선 여인, 나혜석 2

기독교
허Her스토리 **35**

한 인간으로서 나혜석을 변호할 생각은 없다. 그녀가 선택한 삶은 다분히 자기중심적이었고 공개적 설명도 모순적이었기 때문이다. 물론 모든 인간이 이기적인 본성을 가지는 법이며, 더구나 우리나라 초기의 '근대 여성'이었던 그녀가 남다른 자의식을 가지고 있었던 것은 이해가 된다. 그랬다면 적어도 자기 안에서는 주장에 일관성이 있어야 하지 않을까? 혹 변했다면 생각이 바뀐 부분에 대해서도 끄덕일 논리가 존재해야 한다. 그럼에도 이혼에 즈음하여 그녀가 공개적으로 밝힌 변호를 읽다 보면 고개를 갸우뚱할 구석이 꽤 많았다.

예를 들면, 모성에 대해서도 그러하다. 1923년 〈동명〉에 연재한 "모된 감상기"에서 나혜석은 자식을 '모체의 살점을 떼어가는 악마'라고 표현했다. 출산 경험을 공적으로 기술하여 발표한 사례가 드물거니와 모성을 천성으로만 여기던 종래의 전제를 비판한 글로써, 페미니스트들 사이에서는 매우 긍정적으로 평가받고 있다. 하지만 이혼의 위기에 처해서 나혜석은 모성애의 존귀함과 위대함을 들어 자기 자식을 모성애로 기르지 못하게 막는 것이 어미에게도 자식들에게도 쌍방 간 불행하다는 이유로 이혼할 수 없노라고 주장한다. 물론 1녀 3남을 낳아 기르는 동안 모정을 알게 되었고 '모성애'란 경험을 통해 배워 가는 것이라는 점을 후에 밝힌 바 있기는 하다. 그러나 11년 남짓했던 결혼 시기 행적을 돌아보면 화가로서의 '나 되기'와 '엄마 되기'가 충돌할 때마다 그녀가 우선적으로 선택했던 것은 대부분 '나 되기'였다. 일찍이 나혜석 본인도 《이상적 부인》(1914년)에서 주장했던 것처럼, 자신의 재능을 살려 나가는 것이 '이상적'이라고 생각했던 바이니, 그녀의 평소 행보는 이해가 된다. 그런데, 유독 본인에게 불리했던 이혼의 순간에 '모성의 거룩함'을 앞세우다니! 나로서는 좀 불편했던 것이 사실이다.

그럼에도 나는 인간 나혜석을, 그녀의 삶의 선택과 주장을 '기독교적'으로 성찰하고 싶었다. '기독교인' 나혜석을 기억하고자 하는 것은 아니다. 적어도 나의 기준에서 그녀는 '서구 문화'로서의 기독교는 받아들였을지언정 기독교 신앙의 핵심까지 닿았던 신실한 신자는 아니었다. 그러나 그녀가 욕망했던 것은 결국 '개성을 가진 사람의 삶'이었다는 점에서 기독교의 핵심적 인간관과 맞닿아 있다고 생각했기 때문이다. '하나님의 형상'으로 살아 내기 위한 '사람'이 여성일 때 발생하는 사회적 모순과 부조리를 자멸의 길을 통해 처절할 만큼 극적으로 고발하고 있기 때문이다. 그 모순과 부조리가 나혜석의 모순과 부도덕보다 크기에 나는 그녀를, 그녀의 이름을 기억하려고 한다.

> 나는 사람으로 태어난 것을 후회합니다. 나는 사람으로 태어나고 싶어 태어난 것이 아니라 사람이 어떠한 것인지 이 세상이 어떠한 곳인지 모르고 태어난 것 같사외다. 이 인생됨이 더 추하고 비참한 것이오, 더 절망적으로 되었다 하더라도 나는 원망치 아니합니다. 지금 나는 죽어도 살아도 똑같다고 생각합니다.[1]

이혼 후 소감을 전하는 공개적인 글에서 나혜석은 자신의 심정을 이렇게 토로했다. 사람이 무엇인가? 그녀는 자신의 정체성을 여성이기 이전에 먼저 사람으로 받아들이고 있다. 즉, 개성과 재능을 가지고 있으며 이를 표출하고 세상에 내어놓을 때에 비로소 존재감을 느끼고 삶의 기쁨을 맛보는 사람 말이다. 만약 그 기쁨이 남자에게만 허락된다면, '남자만 사람'인 세상이다. 비록 나혜석이 기독교적 언어로 표현하지는 않았지만, 그런 세상은 하나님이 태초에 창조하신 '기쁨'(에덴)을 상실한 세상이다.

"여자도 사람이다." 이것은 세속적 페미니즘의 주장만이 아니다. 태초의 질서다. 하나님이 그리 명하셨다. 다스림의 명령도 남자와 함께 받았으며, 이름 짓고 지어 내고 선택할 능력을 여자도 함께 받았다. 창세기 2장을 설렁설렁 읽는 이들은 미처 알아채지 못했겠지만, 하나님께서 창조하신 만물에 이름을 붙이던 아담은 아직 남자와 여자로 분화하기 전의 인간, 즉 사람(아담은 히브리어로 '사람'이다)이었다. 물론 그림 그리는 재능이 있다고 모든 사람이 캔버스와 유화 물감을 들고 일본으로, 구미로 여행을 떠날 여건이 되는 것은 아니다. 그런 여건이 못 된다 하여 사람의 삶이 아닌 것은 아니다. 하지만 그럴 여건이 되는데 남자라서 가능하고 여자라서 막는다면, 그건 다른 이야기이다.

사실 이 점에서만 본다면 나혜석은 지금과 비교해도 개인적으로는 월등하게 유리한 조건을 제공받았다. 아직도 짝지어 유학을 보내는 집안 어른들은 잊지 않고 당부한다. "남편이 먼저다. 남편 공부 뒷바라지를 잘하고, 그리고 너는 나중에 하면 된다." 나는 홀로 유학 중에 남편을 만나 결혼했는데도 같은 이야기를 들었다. 시가에서만 들은 이야기가 아니다. "남편을 먼저 세우고 여자가 다음이 되어야 집안이 안정된다"는 이야기를 친정에서 듣게 될 줄이야! 무려 21세기 초의 이야기다. 하물며 나혜석 시절이랴! 그런데 나혜석은 아버지와 오라비의 도움으로 동경 유학을 했고, 남편의 도움으로 파리로 학습 여행을 떠날 수 있었다. 심지어 남편이 특별히 부탁한 덕분에 파리 외교관과 통역사를 대동한 도움도 받았다. 그야말로 '꽃길'을 걸었다고 생각되었을 수도 있는 조건이었다.

그건 혜석의 오빠 경석도 같은 생각이었던 것 같다. 늘 우직하고 신실하게 곁을 지키며 물심양면 지원을 아끼지 않았던 남편이 최린과의 불미스러운 일로 이혼을 청구하자 당황한 나혜석은 오빠를 찾아갔다. 남편 김우영과 친분이 두터웠던 오빠에게 중재를 부탁하기 위해서였다. 그러나 오빠는 냉정했다. 아무리 여동생이라지만 외도를 하고 가정에 충실하지 못했던 대가는 책임져야 한다고 생각했던 것 같다. "해라, 이혼. 네가 그동안 너무 고생을 모르고 살았다." 이후 삶에 지치거나 난관에 부딪혀 오라비 집을 찾을 때마다 불같이 화를 낸 까닭에, 올케가 나혜석을 깊은 방에 몰래 숨겨 주어야 했다고 한다.

졸지에 이혼 청구를 받고 간통죄 고발 위협 속에 거의 반강제적으로 이혼에 합의했지만, 두고두고 억울했던 나혜석은 비슷한 시기에 기생 서방이 되려고 돈 많은 기생과 정분을 나누었던 남편은 전혀 사회적 지탄을 받지 않음에 분개했다. 사실 자신이 생계를 도모하기 위하여 최린에게 편지를 보낸 것이나, 생각보다 변호사 전업이 만만치 않아 돈 많은 기생의 후원을 받으려 했던 남편의 행보나 의도나 똑같은데, 왜 자기만 비난을 받아야 하느냐는 고발이었다.

> 조선 남성 심사는 이상하외다. 자기는 정조 관념이 없으면서 처에게나 일반 여성에게 정조를 요구하고 또 남의 정조를 빼앗으려고 합니다. 아아, 남성은 평시 무사할 때는 여성의 바치는 애정을 충분히 향락하면서 한번 법률이라든가 체면이란 형식적 속박을 받으면 작일까지의 방자하고 향락하던 자기 몸을 돌이켜 금일의 군자가 되어 점잔을 빼는 비겁자요 횡포자가 아닌가.[2]

"기생 애인에 열중하고 지난 일을 구실 삼아 이혼 주장을 고집불통하는" 남편에 대한 항변이었다. 물론 내 잘못을 상대방의 잘못을 들춰내 무마할 수는 없는 일이다. 정조가 어찌 부부 중 한 사람에게만 해당하는 일이랴. 기독교적으로 보자면 더욱 그러하다. 특히 개신교의 '언약' 사상은 사회나 교회에만 아니라 가정에도 적용되는 바 피차 신실함으로 지켜야 할 덕목이었다. 이 점에서 본다면 경제적 이유로든 질투나 복수심으로든 돈 많은 다른 여자를 물색한 남편 역시 기독교적 신앙으로 자신의 감정을 다스린 인사는 아닌 것이 분명하다.

그런데 이혼 이후 삶의 조건은 너무나 달랐다. 남편도 최린도 공적 경력이나 가정생활에 큰 타격을 입지 않았다. 하지만 나혜석은 공개적인 저격 글들은 물론이고 길에 나서도 돌이 날아오는 삶이었다. 뛰어난 재능으로 그림이 입선을 하여도 그림을 사 주는 이 없었다. 점점 전시회를 하기도 어려웠다. 자녀들과 노모를 위해 자신의 자유로운 애정관도, 주체적 자아관도 접고 현모양처로 살겠노라 호소하던 그녀였건만, 일찍이 개화하여 기독교인으로 가득했던 양가 집안 누구도 기독교적 덕목인 사랑과 용서는 잊은 듯했다. 선뜻 재기의 기회를 주는 이 없었다. "너희 중 죄 없는 이가 먼저 돌로 치라" 하신 예수님의 가르침은 영영 잊었던 걸까?

예술이 무엇인지, 인생이 어떠한 것인지, 조선 사람은 어찌 살아야 하고, 인류는 어찌 나아가야 하는지를 묻고 배우고 실천하고 싶었다던 한 사람 나혜석을 가로막은 것은 유교 가부장제와 기독교 가부장제라는 빙벽이었다. 차갑고 견고한 그 벽을 맞닥뜨린 그녀는 개성과 주장을 가진 사람 될 '욕망'을 멈추지 않고 불꽃처럼 자꾸 덤벼들었고, 지쳤고, 병들었다. 그리고 1948년 이름도 밝혀지지 않은 무연고자 병자로 홀로 쓸쓸히 죽었다. 그러나 그녀가 《이혼 고백서》의 말미에 스스로 썼듯이 "불꽃으로 타올라 한 줌 재가 될지언정", "먼 훗날 나의 피와 외침이 이 땅에 뿌려져 우리 후손 여성들은 좀 더 인간다운 삶을 살기" 바랬던 그녀의 이름은 21세기로 접어들며 다시 호명되고 있다. 수많은 이유 중에서 기독교적으로 나혜석의 이름을 다시 부른다면 이유는 하나이다. 여자라서 개성을 접어야 하는 세상을 멈추는 것, 그것이 하나님의 뜻이기 때문이다.[3]

'아버지'의 언어로 여성의 의미를, 전밀라

기독교
허Her스토리 **36**

　가부장제 사회에서 나고 자란 딸이 아버지와 동일시하기란 쉽지 않은 일이다. 근대 정신분석학 이론에서 어린 딸은 아버지를 상대로 어머니와 연적 감정을 갖게 된다는 '엘렉트라 콤플렉스'를 말한다. 한편, 생물학적으로나 정서적으로 어머니와 동일시를 하게 되는 딸들이 많은 까닭에 가부장적 전제를 내면화한 딸들은 순종적 여성상으로 길러진다는 페미니스트들의 비판 이론도 있다. 오히려 동성이라는 이점 때문에 어머니와 딸의 관계가 훨씬 더 안정적이고 인격이나 도덕 발달에 도움이 된다는 이론도 있고, 유아의 가장 초기 발달 단계의 주체화 과정에서 씨름하게 되는 대상은 아버지가 아니라 어머니라는 주장도 있다. 모두 읽어 보면 그 나름으로는 끄덕일 부분이 있는 심리 분석들이다. 그러나 어느 이론도 부모 자식 관계를 모두 다 설명하지는 못하는 것 같다. 무엇보다 중간에 어머니나 남자 형제를 끼우지 않고서, 그리고 이성의 감정도 중요하지 않은 상태로, 여아가 '하필' 아버지의 삶과 가치, 언어와 행동을 모방할 가능성은 없을까? 어쩌면 너무나 '사람'의 삶을 살고 싶었으나 끝내 생생하게 꽃피우지 못했던 나혜석의 비극은 그가 '아버지의 언어'를 배우지 못한, 혹은 거절한 까닭이 아니었을까 싶다.

그것은 결코 아버지의 세계에 포섭 당한다는 뜻이 아니다. 여성의 의미들이 현재의 언어와 문화 안에 도래하려면 전략적으로라도 '아버지의 언어'를 배워야 했었다는 말이다. 프랑스 페미니스트들은 '여성적 글쓰기'를 주장하지만, 그것이 이 세계에서 '옹알이'의 수준을 넘어서야 함을 강조한다. 여기서 '옹알이'란 아직 언어가 되지 못한, 그러니까 상대방에게 소통 가능한 의미로 전달되지 못하는 '나의 말'을 의미한다. 아가들이 '옹알이'를 넘어 자신이 태어난 세계의 언어 규칙을 익히고 그 문법대로 자신의 의사를 표현해야 하듯이, 우리가 사는 세계 안에서 여성의 의미가 '언어'로서 권위와 설득력을 획득하려면 그 문법은 아직까지는 '아버지의 언어'를 사용해야 한다는 말이다.

그런 점에서 전밀라는 '아버지의 언어'를 배우고 그 힘으로 '여성(적) 목회자'의 길을 연 선각자였다. 4녀 1남 중 장녀였던 전밀라는 일찌감치 '권서勸書'를 하시던 아버지와 매우 친밀하게 지내며 아버지의 삶을 동경했다. 전밀라의 아버지 전연득은 개신교도가 된 이후 유교적 가풍이 강했던 집성촌을 떠나 충주로 이주를 했다. 당시 확대가족은 연대의 근거일 뿐만 아니라 생계의 기반이었는데, 당장 먹고살 길이 막혔던 아버지는 충청도와 강원도 일대를 두루 다니며 성경과 기독교 서적을 팔고 복음 전도하는 일을 하셨다. 집에 돌아오면 성경 이야기를 맛깔나게 전해 주셨고, 그런 아버지 덕분에 전밀라는 정규교육을 받지 못했음에도 일찌감치 한글을 깨우치고 기독교적 콘텐츠에 익숙한 어린 시절을 보냈던 셈이다.

그러다가 우연히 알게 된 선교사 모리스O. L. Morris 부인의 권유로 원주에 있는 고등교육 입학 예비학교를 다니게 되었다. 충주에서 원주까지 100리도 넘는 길을 아버지는 딸의 손을 잡고 1년을 걸으셨다. 덕분에 전밀라는 상급 학교로 진학할 수 있었다. 오며 가며 그 긴 걸음 동안 아버지와 딸은 무슨 이야기를 나누었을까? 어린 시절부터 유난히 아버지의 바깥 일정에 함께했던 나는 그 집 부녀 사이의 내용은 구구절절 몰라도 그 기분과 영향을 알 것도 같았다. 삼남매의 맏이였던 나도 아버지와 같이 걸었던 시간이 많았다. 2년 터울로 종종 있는 두 남동생 육아로 지친 어머니를 도와주시려는 마음도 있으셨으리라. 당시 원주제일감리교회 교육 목사셨던 아버지는 서울 갈 일이 있으면 꼭 나를 데려가셨다. 낯선 터미널이나 사람 가득한 서울 거리에서 행여 아버지 손을 놓칠새라 큰 손을 더 꼭 붙잡았던 기억이 있다. "여기서 잠깐 기다려라." 연회 행정모임, 감리교신학대학원 수업, 동창들과의 만남, 남자 어른들로 가득한 세상에 다가갔지만 나는 언제나 문 앞에 남겨졌다. 얼마나 지났을까? 감신대 마당 한가득 그림을 그리고 있을 때까지 아버지가 나오시지 않은 적도 있었다. 하지만 노을이 운동장에 드리울 무렵 양복을 입은 남자 어른들이 위풍당당 건물을 나오는 장면 속 아버지의 모습은 늘 멋져 보였다. 나도 얼른 커서 아버지처럼 저 건물에 들어가는 어른이 되고 싶었다.

그러니까 나는 '아버지의 딸'이었던 셈이다. 가부장제를 통과하며 자신의 꿈을 접고 주장도 접고 희생과 사랑의 이름으로 가정을 지킨 이 땅의 어머니들이 초라해 보였다는 의미는 결코 아니다. 그러나 '어머니'라는 호칭이 아들과 딸에게 주는 의미는 다르다. 아들에게는 그저 미안하고 어떻게든 갚고 싶은 사랑의 이름인 경우가 많지만, 딸에게 '어머니'라는 이름은 상당히 양가적이다. 고마운 이름이면서 동시에 닮고 싶지 않은 이름일 때가 많다. 아들과 달리 딸에게 비친 어머니는 미래의 나일 수 있기 때문이다. "난 엄마처럼은 살지 않을 거야!" 부도덕한 삶을 산 건도 아니요 게으른 인생은 더더욱 아니었는데, 도대체 이 땅의 근현대 신식 문물을 접한 딸들은 왜 그렇게나 어머니의 인생을 거절했을까?

> 과거 전도사 생활 내가 무엇을 했는지, 실로 여전도사의 일은 애매하다고 생각합니다. 죽도록 일을 하였어도 일한 보람이 나타나지 아니하며, 자취도 결실도 보이지 않는 일입니다. 마치 한 가정으로 비교할 때에 어머니는 집에서 죽도록 일했으나 밖에서 활동하는 아버지 일만 중요하고 어머니의 일은 쉽게만 보고 아무것도 아닌 것으로만 생각하고 있습니다. 그러나 실상 따지고 보면 어머니의 숨은 역할이 얼마나 그 가정을 윤택하게 하며, 명랑하고 즐겁고 편리하게 가꾸어 나가고 있습니까? 이와 같이 교회에서 여전도사의 위치는 중차대한 위치에 있으나 인정받지 못하고 있는 것이 사실입니다.[1]

이것이다. 어머니의 인생을 부정했다기보다는 그 인생이 이 세계 안에서 배치되고 평가되는 방식에 대한 거절이었다. 그것이 부당하여 어머니와는 다른 방식으로 아내가 되고 어머니가 되고 싶어 스스로 '사건'이 되었던 나혜석은 너무나 큰 '아버지의 법제도'에 부딪혀 죽어갔다. 누가 옳고 누가 더 현명한지의 문제를 말하려는 것이 아니다. 다만 전밀라의 해법은 달랐다. 그녀는 '아버지의 언어와 제도' 속으로 당당히 걸어 들어갔다. 다만 그것은 '명예 남성'이 되는 길, 그러니까 우연히 선교사를 만나고 다행히 딸을 지지하는 아버지를 만나 개인만 성공한 예외적 사건으로 남는 선택은 아니었다. 전밀라는 '제도'를 활용했다. 우리나라 최초로 여성 목사가 된 것이다.

감리교는 1930년 여성 목사안수의 길을 제도적으로 열었다. 우리나라에 들어온 교단 중 최초였으나 생각하면 크게 자랑할 일도 아니다. 슬로브핫의 다섯 딸들이 회막 문 앞에 서서 모세와 온 이스라엘의 회중에게 당당히 외쳤듯이(민수기 27장 1-11절 참조) 도대체 왜 여호와의 몫을 받는 일에 딸이라고 제한이 있어야 한다는 말인가! 가부장제의 법과 언어가 아직 힘이 있던 시절에는 회막 문 앞에 서는 소녀들도 필요하지만, 소녀들의 당돌한 질문에 자신의 즉답을 하는 대신 여호와께 아뢰는, 제도적 힘을 가진 성인 남자들의 연대도 필요하다. 그들의 지지로 쑥쑥 성장하여 제도적 힘을 갖게 된 성인 여성들이 많아져야 한다. 전밀라의 성실성과 신앙을 눈여겨본 교장의 추천으로 감리교신학대학에 입학하고 졸업 후 전도부인, 여전도사의 사명을 감당하던 전밀라는 보조자로서 제한받는 여교역자 입지의 한계를 깨달으며, 1955년 3월 정동제일교회에서 목사안수를 받는다. 어머니의 돌봄처럼 교회에 헌신하는 여성 목회자들의 노력이 제도적 힘을 얻도록 말이다.

지금도 여성 담임목사를 청빙하기 꺼리는 문화인데 하물며 그때랴. 아무도 가지 않으려는 산간 마을 외진 곳에 후배 목사를 파송하는 마음도, 그곳으로 달려가는 마음도 모두 편치만은 않았으리라. 하지만 여선교회 전국연합회 총무로 일하면서 전밀라 목사는 외지에서 교회를 가꾸는 여성 후배 목사들을 격려하러 달려가는 발걸음을 주저하지 않았다. 일례로, 1972년 춘천지방 김명분 목사의 개척지를 방문하여 쓴 "선교지를 따라-북산교회 방문기"에는 여성적 돌봄과 아버지의 언어를 몸으로 체화한 여성 목사의 노력이 여실히 담겨있다.² 교회 반경 내 110가구가 산다는 지역에서 파송 1년 만에 교인 50명, 교회학교 학생 70명이 모이는 교회를 일구기까지 김명분 목사의 지역사회 섬김이 얼마나 고되었을까? 그 짧은 방문기 끝자락에 지역에서 전해 온다는 '며느리 죽은꽃' 이야기와 무덤가에서 "뒷박 바꿔 줘"라며 울었다는 새소리 사연을 실은 함의를 어쩌면 알 것도 같다. 설마 평신도 위에 군림하고자 목사가 되었겠나? 남자 목사처럼 대접받고 싶다는 마음도 아니었으리라. 평생 죽도록 일하고 배곯으며 일하다 이름도 없이 죽어간 며느리의 무덤가에 핀 꽃처럼, 우는 새처럼, 전해지지 않은 여성들의 의미를 제도와 문화 안으로 가져오기 위해 꽃이 되고 새가 되려는 몸짓이 아니었을까? 그렇게 아버지의 제도 안에서 언어를 가지고 모습을 가지려는 것은 또 하나의 유의미한 허스토리이다.

혼자가 아닌 연대의 힘으로,
최덕지

기독교
허Her스토리 **37**

　감리교단의 전밀라가 목사 안수를 받은 것은 1955년 3월의 일이었고, 최덕지가 평양여자고등성경학교 동문 김영숙, 김소갑숙과 함께 목사안수를 받은 것은 같은 해 5월이었다. 그러니까 굳이 말하자면 우리나라 최초의 여성 목사는 전밀라이다. 하지만, 제도적 안수를 놓고야 2개월 뒤였겠지만 최덕지는 이미 1951년 '명예목사'로 추대된 바 있다. 당시 장로교단에서는 교회법상으로 여성 목사 안수가 불가했으나, 신앙의 이름으로 신사참배 반대 운동을 전개하고 오랜 투옥 생활을 견뎌 낸 '승리의 종'으로 평가되어, '여성'이 아닌 '최덕지'에게 수여하는 목사직이라 했다. 그래서 '명예'라는 타이틀이 붙었던 것이다. 하지만 '최초'라는 것이, 뭐 그리 중요할까? 우리나라처럼 '최초', '최다', '최대', '최고'를 좋아하는 민족도 드물지 싶다. 문득 문화 사회학적 연구를 해 보고 싶기는 하지만 오늘의 관심사는 아니다. 오히려 비슷한 시기에, 더구나 감리교처럼 교회법이 허용한 상황이 아님에도, 1955년 한 여성의 목사 안수를 놓고 예수교 장로회 재건교회 교단의 교회법이 수정되는 사건을 일으킨 '최덕지'라는 인물이 궁금해진다.

최덕지는 1901년생이다. 그해 태어난 기독교 거물들이 참 많다. 김재준, 김교신, 함석헌, 이용도, 내 기억 속에 있는 이름들은 다 남자들이다. 아, 그런데 최덕지 목사도 1901년생이었구나! 함석헌은 종종 '자신은 20세기에 태어났다'면서 서너 해 선배들에게 '당신들은 19세기 사람'이라는 농을 건넸다고 들었다. 물론 동시대의 고난을 경험하는 것에 수년 차이가 대수이겠나. 그러나 '상징성'은 있는 것 같다. 새로운 백 년을 여는 해에 태어난 사람들, 선조들의 못난 행동으로 나라의 운세가 기우는 중이었으나, 내가 아는 1901년생들은 모양은 달라도 모두 '민족'과 '신앙'을 양손에 꼭 쥐고 앞을 향해 전진해 갔다. 최덕지도 그중 하나였다.

최덕지는 통영에서 태어났다. 통영갓 장인으로 유명한 경주 최씨 집안의 무남독녀였다. 나이 마흔에 처음 기독교를 받아들인 친할머니 덕분에 며느리인 최덕지의 어머니도 일찌감치 교회를 다니셨다. 그렇게 어머니 포대기에 업혀 통영의 대화정교회에서 자랐다. 대화정교회는 통영에 처음 세워진 교회(1905년)였고 서양 근대식 교육을 하는 진명학원을 함께 운영하고 있었다. 그곳에서 교육을 받은 최덕지는 마산 의신여학교에 진학을 한다. 이 학교는 창신학교와 더불어 민족주의적 의식이 투철한 기독교인들이 뜻을 모아 세운 학습 공간이었다. 자연스레 최덕지는 그곳에서 민족의식을 배웠다. 특히 교사 박순천(명련)의 영향을 크게 받았다고 한다. 졸업반이던 1919년 3.1운동이 일어났다. 통영에서는 3.1 독립선언서를 구하지 못해 자체적으로 발문을 준비하고 통영 장날인 3월 13일을 기해 만세운동을 벌이려고 계획 중이었다. 그런데 사전 밀고가 있었는지 대부분의 남자 주동자들이 잡혀가게 되었다. 당황하여 흐지부지될 만한 상황이었다. 그럼에도 당시 진명유치원 교사들이었던 문복숙, 김순이, 양성숙은 계획대로 일을 진행하기로 결심하고 만세운동을 시행했다. 이때 태극기 제작 지원책이 최덕지였다.

그 후 그녀는 졸업을 반년 앞두고 아버지가 위독하셔서 고향으로 내려갔다. 어머니를 먼저 잃은 뒤 형제자매 하나 없이 혈혈단신인 최덕지에게 아버지는 유일한 혈육이었다. 그러나 지극한 병간호에도 불구하고 아버지는 돌아가셨고, 상심한 최덕지는 학교로 돌아가는 대신 고향에 정착하게 된다. 그리고 자신의 모교회인 대화정교회에서 집사, 여전도회 회장, 주일학교, 유치원, 야학 교사를 하며 신앙적 헌신을 다했다. 특히 이 시절의 최덕지는 '민족주의적' 기독교인들과 어울리며 조직 활동에 앞장섰다. 통영여자청년회, 통영부인회, 근우회 통영지회 등 통영지역의 여성 관련 조직에는 여지없이 그녀가 있었다. 민족 독립을 위해서는 교육이 기초가 되어야 함을 절실히 공감하였고, 무엇보다 낱낱의 개인이 아닌 뭉쳐진 힘으로 싸워야 한다고 믿었기 때문이었다.

그러다가 근우회에서 사회주의적 여성 운동가들의 영향력이 더 커지자 한발 뒤로 물러났다. 그즈음 일제강점기의 정책이 점차 무력적이고 강압적으로 전환되면서 민족운동의 동력이 비단 민족의식 고취와 교육뿐 아니라 신앙의 철저함에 있음을 절감하게 되었다. 특히 1931년 가을, 동갑내기인 이용도 목사가 순회 부흥회차 통영 대화정교회에 머물렀는데, 최덕지는 이용도의 민족애뿐 아니라 종말론적 신앙과 종파적 성격에 영향을 받았다. 그녀의 증언집이나 설교집의 내용을 보면 자신의 시절을 마지막 때로 인식하면서 기성교회가 사탄의 세력에 굴복하는 것에 주의해야 한다는 주장이 두드러진다. 물론 1920년대 말-1930년대 민족주의적 기독교인들의 공통 정서이기는 했지만, 핵심 어휘나 교회론적 주장에서 이용도가 떠른다. 나중에 이용도 목사가 이단으로 몰려 배척을 받을 때에도 최덕지는 그를 지지하고 변호했다.

최덕지는 33살에 평양여자고등성경학교에 진학했다. 선교사의 권고가 있기는 했지만 늦은 나이였다. 더구나 통영에서 평양까지, 그것도 '여자'가 신학을 선택하는 결단이 어찌 쉬웠을까? 그녀를 신학의 길로 이끈 원인이야 여럿 있겠지만, 남편의 이른 죽음도 영향이 있었을 것이다. 최덕지는 유일한 혈육인 딸 '혜수'에게 말하기를, 결혼해서 은월리에서 지냈던 짧은 시간이 일생에서 가장 행복했었노라고 했다. 최덕지는 스무 살이 되던 해에 고성 출신 엘리트 김정도와 결혼했다. 아버지를 잃고 이내 결혼하였기에 새로운 가족을 얻은 마음이었을 것이다. 당시 남편은 동경 유학 중이었던지라 방학 때만 볼 수 있었다. 그러니 얼마나 애틋했을까. 아내와 갓 태어난 딸이 보고 싶어 고성보다 먼저 발길을 옮긴 곳이 통영이었는데, 김정도는 그만 당시 통영에 돌고 있던 장티푸스로 죽고 말았다. 결혼한 지 두 해 만의 일이었다. 그 후 10년 동안 그녀가 조직 활동에서 보여 준 외적 에너지는 어쩌면 가족을 잃은 큰 상실감을 이겨 내려는 몸짓이었을지도 모르겠다.

그러나 외적 운동만으로는 채움을 얻지 못했는지 최덕지는 결국 평양으로 향했다. 신학 수업을 받는 동안에는 평양 산정현 교회를 섬겼다. 그곳은 '민족'과 '신앙'을 함께 붙잡고 살아 내는 민족주의적 기독교인들이 집결한 공간이었고, 자연스레 최덕지의 민족주의적 신앙심은 더욱 강화되었다. 학교를 졸업한 후에는 마산 지역에 파송 받아 80여 개의 교회를 순회하며 전도, 심방, 교육을 담당하였다. 그즈음에 일제의 신사참배 강요가 노골적으로 드러나기 시작했다. 특히 기독교 사학에 대한 탄압이 강했고 개중에는 자진 폐교를 결정한 곳들도 있었다. 그러나 최덕지가 속한 예수교 장로회 총회는 다른 제도적 교단과 마찬가지로 현실적 타협을 선택했다. 예배 시간에 군수물자를 대기 위한 국방헌금을 걷었고 신자들에게 신사참배는 배교가 아니라 국가의식일 뿐이라고 설교했다.

교회를 지키기 위해 현실적 타협을 하는 것이 어찌 신앙이라 하겠느냐 판단했던 최덕지는 자신이 속한 교단과 분리주의적 입장을 취했다. 혼자만의 신앙적 행동이 아니었다. 이미 조직화되어 있던 경남부인전도회의 네트워크를 활용하고, 교회와 성경학원을 중심으로 신사참배 반대 운동을 벌였다. 조직적인 악에 대항하기 위해서는 선善도 조직적으로 힘을 모아야 했다. 반대 운동의 대가로 4번이나 투옥이 이어졌고, 마지막 투옥 때는 1941년부터 해방까지의 오랜 기간을 감옥에서 지냈다. 중간엔 평양 감옥으로 이송되기도 했다. 그때 함께 감옥 생활을 했던 동료들은 최덕지가 매 맞아 죽을 수도 있겠다 싶을 만큼 고초를 당했다고 증언한다. 그 와중에서도 최덕지는 다니엘처럼 세 이레 동안 조국을 위해 금식기도를 하고, 동료들을 독려하며 매일 네 번의 예배를 드렸다. 《죽으면 죽으리라》의 저자 안이숙은 최덕지의 초인적 동력이 무엇인지를 알아보았다. "그는 자기 혼자가 아니다. 그를 붙드신 분이 확실히 그의 편이시다."

해방 이틀 후 자유를 얻은 신앙의 동지들은 함께 주기철 목사가 시무하던 산정현교회에서 두 달간 모여 한국 교회를 어떻게 다시 신앙적으로 재건할 것인가를 논했다. 자신들은 온갖 고난 속에서도 신앙을 지켰지만 배교한 다수의 총회파 지도자들과 교회를 용서하고 그들에게 기회를 허락해야 함을 피력했던 다른 이들과 달리, 최덕지는 타협과 기만으로 얼룩졌던 기성 교회 '밖에서' 교회 재건이 이루어져야 함을 주장했다. 그렇게 '예수교 장로교 재건교회'가 먼저 분리되어 나왔다. 그러나 곧이어 한국 교회의 재건이 예수 신앙을 중심으로 이루어지는 것일진대, 장로교나 감리교 같은 구분이 중요하지 않다는 판단으로, 장로교라는 이름을 빼고 '예수교 재건교회'로 명명했다. 최덕지가 명예 목사의 칭호를 받은 곳은 바로 이 재건교회였다. 하지만 옥고를 치르고 선교적 사명을 힘쓴 그녀의 '예외적' 행보 때문에 허락하는 목사 안수라는 말에, 최덕지는 도전적 요구를 한다. "오늘 이 총회 석상에서 나 일개인 최덕지에게 목사 안수를 한다면 안 받겠습니다. 그러나 여자에게 성직을 줄 수 있는 것이 성경적으로 진리냐, 아니냐, 줄 수 있느냐 줄 수 없느냐 하는 것을 분명히 결정해 주시기 바랍니다." 그녀는 언제나 혼자가 아닌 연대의 힘을 믿었고, 그날 '성경적 진리'에 입각하여 세 명의 여성 목사가 탄생했다.[1]

나야 뭐,
황득순 이야기

기독교
허Her스토리 **38**

전밀라와 최덕지 이후에 어찌 기독교 여성 인물이 없으랴. 여전히 제도나 조건은 여성에게 유리하지 않았지만, 그래도 해방 이후에는 많은 여성 지도자들이 교단마다 배출되었다. 그런데 난 이즈음에서 인물별로 기독교 여성을 불러오는 작업은 그치려 한다. 가장 큰 이유는 비교적 최근의 인물들이기에 자료 접근성이 쉽다는 것이다. 또 하나는 아직 생존해 있는 인물들이 많기에 그 생애사를 '역사'라는 관점, 즉 되돌아 성찰하는 학문적 시각에서는 평가하기 이르다고 여겨서이다. 어쩌면 대부분 내가 이렇게 저렇게 관계된 분들이 많기에 "나는 왜 빼느냐, 섭섭하다"는 말씀을 들을까, 지레 겁을 먹은 것인지도 모르겠다. 몇 번을 고민하고 기도해도 베다니의 마리아로부터 소환한 기독교 여성의 이름들,

개인적 삶에 대한 회고는 여기까지가 맞는 것 같다. 하지만, 나의 이 결심이 기독교 허스토리를 여기서 마무리하겠다는 말은 아니다. 1980-1990년대 이후의 상황에서는 인물보다는 사건과 사상, 현상과 문화 위주의 핵심어로 정리하고자 한다.

그런데 개인의 이름을 부르는 가장 마지막에 황득순, 이 이름은 꼭 언급하고 싶다. 그동안 내가 과거의 이름을 소환하는 데에는 일종의 원칙이 있었다. 개인의 삶이지만 그 인생이 동시대의 사회적, 종교적 이슈를 대변할 때, 제도에 굴하지 않은 선각자적 삶을 살아 내었을 때, 그리스도의 제자된 삶을 살았으나 오해되고 잊혀진 경우일 때. 하지만 오늘 부르는 이름은 셋 중 그 어디에도 해당하지 않는다. 하지만 알고 보면 '가부장제'라는 설정값 위에 '기독교'라는 신앙을 얹고 거기다 '지도자'라는 명함을 내어놓은 남편 덕분에 가정을 지탱하는 몫이 여느 여인보다 무거웠을 이름이다. 저항 한 번 못해 보고, 자기 목소리 한 번 내지 못하고, 늘 인내하고 버티고 살아 낸 이름이다. 그러나 한탄하며 버티지 않았다. 지키고 살려 내며 버텼던 이름이다. 실은 꼭 기독교적이어야만 했을 상황도 아니었다. '하필' 대한민국 근대사가 내어놓은 대단한 사상가, 함석헌의 아내이기에, '기독교 허스토리'의 범주에 넣을 뿐이지, 이리 산 어머니들이 이 땅에 어디 황득순뿐이겠나. 그래서 이번 이야기는 이 땅의 모든 '황득순'들에게 바치는 나의 헌정사다.

함석헌은 아내를 먼저 보내고 나서야 비로소 아내의 별칭을 자녀들에게 전해 들었다. "어머니는 늘 '나야 뭐', 하셨어요." 그 짧은 한마디에 그녀의 인생이 다 담겨 있다. 물론 요즘 젊은 세대들에게는 함석헌이라는 이름도 낯설게 들리겠지만, 내 세대까지는 아니었다. 주체적이고 창의적인 기독교 사상을 낳은 훌륭한 인물이었고, 시대의 거짓에 굴하지 않고 진리의 말씀을 천명했으며, 달변에 카리스마 넘치는 외모까지 갖춘, 요즘 말로 '스타형 강사'의 자질도 함께 가지고 있던 분이다. 1901년생으로 장수하셔서 1989년에 돌아가셨으니, '함석헌'이라는 이름은 1970-1980년대를 기독 청년으로 살아온 사람들에게는 익히 존경을 불러오는 이름이다. 그런데 아무도 '황득순'이라는 이름은 기억하지 않는다. 가끔 함석헌 생애사를 기록하는 부분에 등장하기는 했겠다. 몇 년도 누구와 결혼했다, 이런 정보를 위해서 말이다. 어차피 역사는 '공적'으로 드러난 것을 정리하니까. 하지만 그 후 그녀의 삶이 어땠을지에는 아무도 관심이 없었다.

황득순은 열여섯에 남편 얼굴도 모르고 시집와서 남편이 유학 생활, 옥살이, 시국 강연, 해외 유람으로 비운 가정을 오롯이 지켜 낸 이다. 유려한 문장가로 알려진 함석헌이 평소 아내 이야기는 거의 하지 않았었는데, 아내가 죽고 난 뒤에야 남긴 "나야 뭐"라는 제목의 소회 안에 비로소 황득순의 생애가 압축적으로 담겼다. 꽤 긴 내용이지만, 나 역시 그녀를 기억하기 위해 비교적 자세한 인용구를 남긴다.

> 아내는 누가 지어 주었었는지 모르나, 이름자대로
> 순順이었습니다. 그저 순종해 산 인생입니다. 열여섯의 소녀로
> 시집살이를 시작했고, 우리 집안 어른들이 본래 통 말이 없는
> 분들이기도 하지만, 스물에 가까운 큰 가족에 밤낮 손님이
> 끊이지 않는 집의 맏며느리로서 불평 한번 없이 섬김으로만
> 살아온 사람이었습니다. 더구나 내 손위 누님이 결혼하자마자

가정이 행복스럽지 못해, 남편과 함께 우리 집으로 들어와 칠, 팔남매를 한 솥에서 밥을 먹으며 길러 냈어도, 그 부엌에서 언제 한번 큰소리 나본 일이 없어서, 문중에서 칭찬거리였습니다. 1945년 해방이 되고, 공산당 천지 되어 숙청당하고 맨손으로 쫓겨나게 될 때, 나는 도리어 당황했어도 그 사람은 까딱이 없었고, 1947년 내가 38선 넘어 이리 온 후 한동안 그는 머리에 광주리를 이고 평생에 모르던 행상을 해서 가족을 연명시켰습니다. 그 후 아이들을 끌고 죽음의 선을 넘어 이리 온 것도 그의 용기로 된 것이오, 내가 경찰서, 감옥을 밤낮 드나들 때에 부족 없이 뒷바라지를 해 준 것은 그의 사랑으로 된 것입니다.[1]

이어지는 함석헌의 고백에는 뒤늦은 후회가 오롯이 담겨 있었다. 아내는 그렇게 순종했는데 자신은 성실하지 못했음을 한탄했다. 세 차례의 해외여행 동안에 아내가 계속 아팠던 이야기도 담담히 풀어냈다. 물론 함석헌이 즐기자고 떠난 여행은 아니었다. 언론이 통제되던 군사정권 시절에 옳은 소리 골라서 공적으로 말하고 쓰다가 벌어진 일이기는 했다. 그가 없는 동안 무교회에 몸담고 있을 때 알게 된 인연들, 그를 스승으로 섬기는 제자들의 도움으로 아내가 치료도 받고 치료비도 감당하고 했다고, 알고 보니 아내의 병명이 오랫동안 신경을 쓰며 애끓고 살았던 결과 얻게 된 파킨슨병이더라고, 함석헌은 고해성사하듯 고백했다.

나의 가장 큰 잘못은 그를 내 믿음의 친구로 생각하지 못한 점입니다. 나는 아내의 선생 노릇을 했던 간디를 못내

부러워하면서도 그렇게 못했습니다. 입관을 해 놓고 아이들이 하는 회고담에서 나는 그들 사이에 어머니 별명이 '나야 뭐'인 것을 알았습니다. 먹을 거나, 입을 거나, 뭣에서나, 자기는 늘 빼놓으면서 늘 하는 말의 첫머리가 "나야 뭐…"였다는 것입니다. 남기고 간 몸을 묻고 돌아와서 아이들이 기념으로 어머니 생전에 쓰던 물건을 나눠 가지려 해서 장속을 들추어 보니 글자 그대로 아무것도 없다는 것입니다. 다 아는 일이지만 새삼 듣고 나서 슬프고 부끄러웠습니다. 그러나 또 기뻤습니다. 이것을 씨알에게 내놓는 기념물로 합니다.[2]

아내가 쓸쓸히 마지막 숨을 거두던 순간도 함석헌은 광주 강연에 가 있던 참이었다. 기독교장로교 전남노회 교사위원회의 초청이었다는데, 아내가 위독하다는 소식을 전해 듣고도 모여든 청중을 어찌할 수 없어서 오후 3시, 저녁 8시 강연을 다 마치고 밤 기차로 서울에 돌아왔다 한다. "총총히 떠나 침대차에 몸을 던져 한잠을 자고…." 함석헌의 이 묘사에 왜 내가 그리 서러웠는지. 이성적으로는 이해가 되었더랬다. 함석헌 역시 노구인데, 그 먼 거리 연강을 하고 난 뒤이니 얼마나 피곤했으랴. 더구나 기차 안에서야 별다른 도리가 없지 않겠는가. 좌불안석한다고 기차가 더 빨리 달리는 것도 아니고, 오히려 앞으로 있을 일들을 위해 체력을 비축하는 것이 더 현명한 일이다. 그럼에도, 아내가 마지막 숨을 거두고 있을지도 모를 상황에 '한잠을 자고'라니! 그런데 또 생각해 보니, 예수님이 잡히시던 밤 수제자 셋도 쏟아지는 잠만큼은 어찌할 수 없었다는 것이 기억난다. 이걸로 내가 딴지를 건다면 그건 옳지 못하겠다.

하지만 함석헌도 고백했듯이 그는 사는 내내 아내를 '믿음의 친구'로 마주 보지 못했다. 배운 사람만, 부자만 귀한 사람인 것은 아니라고. 엘리트만 하나님의 뜻과 통하는 것이 아니라고. 사실 모든 사람은 하나님의 거룩한 씨를 마음 안에 품은 '씨알'이라고. 사는 동안 내 안의 씨알, 하나님의 말씀을 싹트게 하고 자라게 하고 열매 맺게 해야 하는 삶을 사는 것이 인생이라고, 그렇게 시대를 풍미하며 열변을 했던 그가, 아내가 글자 하나 터득하지 못하고 시집와서 내내 궂은 뒤치다꺼리만 하고 사는 동안 어찌 아내의 씨알 됨을 위해 아무것도 하지 않았단 말인가. 황득순이 늘 "나야 뭐" 하면서 뒤로 물러설 때, '함'씨 가문 맏며느리 일 잘한다고 문중 어른들의 칭찬에 으쓱하기 전에, 하나의 씨알 '황득순'의 생명을 싹 틔우기 위해 말 걸어 주고 같이 생각을 나누는 일을 왜 하지 못했을까?

어디 영혼만의 문제이랴. 큰 재산은 못 되어도, 자녀들이 어머니를 기억하도록 작은 물건 하나씩은 나누고 싶었다는데, 그마저도 없이 텅 빈 황득순의 장 속을 함석헌은 아내가 살아 있을 때는 열어 보지 않았다. 텅 빈 장 속을 보며 가난하고 고단했을 삶이 읽혀 남편으로서 "슬프고 부끄러웠다"고 하면서도, 이내 "기뻤습니다" 했던 함석헌은 책임 있는 가장이기보다 사상가였다. 그도 그럴 수 있다. 하지만 어찌 '감히' 그 빈 장 속을 "씨알에게 내놓는 기념물"이라 부를까! 화려한 옷으로 치장하고 온갖 겉껍질로 둘둘 말아 사는 삶으로는 하나님을 온전히 맞이할 수 없다고, '맨사람'이어야 하나님의 마음을 안다고 했던 그는 과연, 황득순이 만난 하나님을 알고 싶기는 했을까? 하여 나는 사상으로야 함석헌의 주장에 귀 기울이고 공감을 하지만, 삶으로는 황득순 편이다.

그녀가 진정한 씨알이다. 땅에 떨어져 제 몸이 썩고 죽어 자기보다 연약한 생명들을 살려 낸 '하나님의 사람'이다. 이런 '황득순'이 우리 곁에는 너무나 많다. 학위가 없어도, 강단이 없어도, 지면이 없어도, 걷는 걸음마다 뻗는 손길마다 살려 내는 일들을 멈추지 않았던 그 이름들을, 우리는 기어이 기억해 내야 한다.

교회가 페미니즘을
싫어하는 이유

기독교
허 Her 스토리 **39**

'황득순' 이후, 그러니까 우리나라에서 전통적인 삶의 방식으로 "나야 뭐", 하며 양보하고 희생하고 인내하고 견뎌 온 어머니들의 세대가 전반적으로 끝난 것은 어느 시점일까? 집마다 개화의 속도가 다르고 서구 문명을 받아들이는 정도가 달랐듯이, 여성의 지위나 권위에 대한 전통적 사고와 습속으로부터 벗어나는 것 역시 모든 한국인이 '짠'하고 일시에 변화되었던 것은 아니다. 그럼에도 개인적 경험이나 사회학적 성찰을 종합하며 말한다면 대략 1980년대 후반부 즈음에 가시적인 변화가 느껴졌다. 그러니까 내가 대학 생활을 통과하던 즈음이다. 여전히 가부장적 응시와 반응이 일상생활 안에 없지 않았으나, 그걸 '당연'이나 '자랑'으로 여기는 사람들은 '낡고' '뒤떨어진' 사람으로 여겨졌다. 예를 들면, 대학 선배를 부를 때에 성이 구분되는 '오빠'라는 호칭보다는 '형'이라는 일괄적 호칭이 더 멋지고 진일보한 것으로 받아들여지고 있었다. 물론 70년대에도 이런 호칭을 사용한 대학생들이 없었던 것은 아니다. 하지만 내가 초등학생이던 70년대에는 여자가 남자 선배에게 '형' 하면 혀를 끌끌 차는 어른들이 주변에 많았다. 하지만 확실히 80년대 후반엔 뭔가 분위기가 좀 달라졌다.

그즈음엔 여대나 일부 학교의 교양과목을 중심으로 '여성학'이 개설되고, 일부 남학생들 사이에서는 여성학 수강을 '개념 있는 것'으로 여기기도 했다. 1970년대 이화여대에 처음 개설된 이래 점차 이웃 학교들로 확산되어 간 여성학은 남녀의 가치나 행동에 스며든 가부장적 전제들을 페미니즘적 시각에서 비판하고 문화 제도에 가득한 성별 불평등을 지적했다. 이것이 개인이나 가풍의 문제가 아니라 제도의 문제임을 배울 때마다 여학생들은 격분했고, 어쩌다 개념을 갖추고자 수강을 한 소수의 남학생은 처음 보는 사이임에도 학기가 지날수록 곁에 앉아 연대하여 마음을 다독여야 했다. 교수자의 입에서 사회와 문화의 부당함이 하나씩 드러날 때마다 함께 앉은 여학생들의 비난의 화살을 오롯이 맞아야 했으니까.

이러한 시절에, 교회는 어땠을까? 굳이 페미니즘이 아니더라도 모든 인간을 평등하게 대하고 서로 사랑해야 한다고 가르치는 기독교 신앙의 핵심을 생각하면 교회 공동체에 남녀 불평등이란 애당초 존재하지 않아야 했을 터이다. 하지만 여성의 사회적 권위와 기능적 역할에 대해서 1980년대의 교회는 오히려 사회보다 훨씬 뒤처져 있었다. 사실 근현대modern라는 새로운 사회상이

성립되었던 서구 유럽이나, 이를 '개화'라는 취지로 적극 받아들였던 우리나라의 경우 개신교는 '문명을 선도하는' 종교였다. 앞에서 '선택적 친화성 elective affinity'이라는 막스 베버의 개념을 들어 소개했었다. 중세 말기 상인이나 공인, 행정가를 중심으로 독자적 경제력을 가지고 살던 독립 도시의 부르주아(시민)들은, 귀족으로 태어나지 못했다는 이유만으로 왕과 봉건영주, 가톨릭 사제들에게 복종하고 심지어 스스로 땀 흘려 일군 재산을 빼앗기는 전통적 신분제 사회가 불만이었다고 말이다. 그러던 당시에 "만인은 하나님 앞에 왕 같은 제사장"이라 외치며 평등사상을 피력했던 종교개혁 운동이 등장했으니 얼마나 반가웠겠나! 나에게 무의미하고 나아가 불리하기만 한 현재의 삶의 방식을 '정당하고 신앙적'인 이유로 거부하고 저항할 수 있는 절호의 기회였다. 하여 부르주아들은 개신교의 편에 섰다. 당연히 이 둘은 함께 새 길을 열었고, 신앙을 개혁하기 위해 시작했던 개신교는 어느새 신앙만이 아니라 삶의 방식도 혁신적으로 바꾸는 부르주아들의 정신적 지주가 된 셈이다.

이는 우리나라에서도 마찬가지였다. 오죽했으면 윤치호는 개신교를 "할 수 있다 정신 Can Do Spirit"이라 불렀을까! 1920-1930년대에 유행한 '모던걸'의 십중팔구는 교회 '문화'를 접해 본 사람들이었다. 불같은 신앙은 없더라도 '교회에 간다'는 것이 개화의 지표인 양 여겨지던 때였으니 말이다. '신식新式'이라는 삶의 방식은 대부분 서양 선교사나 교회 문화를 통해 소개되었다. 세례를 받는 과정에서 생애 처음 이름을 얻게 된 여성들, '자매님'이라 불리며 온전한 인격으로 존중받게 된 여성들, 아니 더 나아가 전도부인, 교회학교 선생 등의 지도자적인 역할을 하는 것이 신학적으로나 제도적으로 허용된 것 모두 교회가 열어 놓은 새 세상이었다. 학교에서 가르치는 여자 선생님들도 대부분은 서양 선교사들이 세운 근대식 교육기관을 통해 배출되지 않았나! 그렇게 교회는 여성을 남성과 '동등하게' 대하는 '혁신적'인 길을 연 듯했다.

맞다. '듯했다'라고 하는 것이 옳다. 우리나라에 들어온 개신교의 사상과 문화는 19세기까지 형성된 '미국발 가부장제적 기독교'였기 때문이다. 뭐든 여성을 위한 '최초'의 시도를 했노라고 자부심이 강한 기독교 사학 이화여대도 1960년대까지는 무엇이 구조적으로 문제인지 인지하지 못했다. 하여 교수자들도 학내 구성원들도 '신식' 여성의 길을 양자택일로 생각했다. 근대식 교육을 잘 받고 결혼하여 엘리트 신앙 가정의 주부가 되는 것이 하나의 선택이요, 둘째는 독신을 '은사'로 받아들이며 전문가의 길을 걷는 것이었다. 여성이 교수나 목사가 되지 못할 존재론적 이유는 없다고 믿었으나, 기능적으로 볼 때 '결혼한 여자'는 공적 생활을 온전히 감당하기 어렵다는 것이 근현대 가부장제의 사회적 통념이었는데, 이를 당연하게 받아들였던 것이다. 사실 두 가지 선택 모두 기독교적 신앙 안에서 정당화되어 왔으니까. 성경이나 기독교 역사에서 빈번히 소환된 사례들은 현숙한 여인이 아내와 어머니의 역할을 순종적으로 잘 감당한 경우이거나, 혹은 독신으로 지내며 '그리스도의 신부'된 삶을 선택한 경우였다.

이것이 신앙적인 정답이라고 선포되고 하나의 '당연taken-for-granted'으로 굳어지고 난 뒤에 한국 땅에 상륙한 페미니즘은 경건한 신자들에게는 그야말로 반反하나님적인 사상으로 보였다. 남편을 '가정의 머리'로 여기는 것은 기독교 가부장제이다!

이렇게 선언하는 여성들은 '하나님' 반대편에 서 있는 듯 보였다. 더구나 대부분 미국 선교사들을 통해 신앙을 전수받은 한국이고 보니 이미 10여 년 전에 미국 땅에서 페미니스트들과 격돌했던 미국 교회의 적개심이 우리나라 교회에 고스란히 전해졌다. 1970년대 중반부터 80년대에 이르는 미국은 '기독교 우파 운동'이라고 부르는 보수적 집단 움직임이 활발했다. 68혁명에 대한 반격이었다. 유럽과 북미권 젊은이들을 중심으로 일어난 68혁명은 '근대'라는 세계를 기획하고 전개하면서 고착화된 각종 불평등에 저항한 커다란 연대 운동이었다. 백인들의 편안하고 행복한 세상을 일구는 데 흑인들의 인권이 희생당했고, 자본주의적 서구 세계의 풍요를 이루는 데 제3세계 피식민지 사람들의 인권이 희생당했고, 남자들의 세계를 구축하는 데 여성의 인권이 희생당했다는 인식 하에 전개된 저항 운동이었다. 그리고 이는 몇몇 개인에 대한 실망이나 비판이 아니라 구조에 대한 저항이었다. 그저 법 항목에 흑인도 넣어 주고 여성도 넣어 달라는 현 체제 '확장'의 개념이 아니었다. 아예 시스템 자체를 다시 구성해야 한다는 매우 근본적인 도전이었다.

자고로 기득권을 가진 사람들은 누가 자신들이 견고하게 쌓은 성을 무너뜨릴 힘이 있는지 누구보다도 성실하고 예민하게 관찰하고 경계하는 법이다. 본질을 건드리지 않는 한 적당히 작은 저항은 그냥 두기도 한다. 그래야 불만이 더 쌓이지 않을 테니. 조선 신분제의 엄격함에도 불구하고 장안 저잣거리에서 광대패가 양반들을 희화화해도 금지하지 않은 것처럼 말이다. 백성은 옹기종기 모여 앉아 광대의 말에 깔깔 웃고 고개를 끄덕이고 때론 한숨을 쉬며 쌓인 한을 풀다가, 이내 다시 시스템 안으로 복귀할 테니까. 하지만 68혁명은 달랐다. 그대로 두면 소위 '개신교(신앙)+자본주의(경제)+자유민주주의(정치)'라는 견고한 삼중의 결합체가 흔들릴 수도 있을 만큼 핵심을 찌르며 공격해 들어왔다. 그들 중에는 서구의 제국주의를 주된 공격 대상으로 삼은 사상도 있었으며, 자본주의적 탐욕을 주된 공격 대상으로 삼은 사상도 있었다. 가부장제가 더 근본적인 상대였던 이들이 페미니스트인 셈이다. 하지만 '개신교(신앙)+자본주의(경제)+자유민주주의(정치)'라는 견고한 삼중의 결합체로 이미 하나가 되어 버린 입장에서는 이 핵심적 셋을 흔드는 저항 집단을 굳이 구별하여 상대할 필요가 없었다. 하여 또다시 '선택적 친화성'이 발동한 셈이다. 모든 페미니스트가 자본주의 경제를 거부한 것이 아니고 자유민주주의 제도에 반기를 든 것도 아니건만, 삼중의 결합체 중 하나라도 공격한 무리는 모두 '공동의 적'으로 선포되었다. 최근 하나의 커다란 운동 세력으로 가시화된 보수 기독교의 적은 어느덧 중점(·)마저 사라진 '좌파게이페미'라는 괴물이다. 하나님이 특별하게 선택하셔서 거룩하게 구별하여 새 땅에 언약으로 세운 삼중 결합체를 흔드는 이들은 불신앙을 넘어 하나님을 모독하는 자들로 선포되었다.

특히 이 삼중 결합을 지탱하는 기초이자 교회를 이루는 근본적인 토대였던 '근현대 핵가족'의 이상과 구조를 흔드는 페미니즘은 용서할 수 없었다. "기독교인이라 하면서 동시에 페미니스트라는 사람은 하나님과 사람들 앞에서 거짓말을 하는 자이다!" 당시의 교회 지도자들이 목소리를 합하여 외친 명제였고, 수적으로나 질적으로나 힘의 압도적 불균형 속에서 1980년대 말 '기독교'와 '페미니즘'이 공존하는 것은 불가능했다.

하지만 아이러니다. 둘 다 모든 인간의 평등함을 약자의 시선에서 주장하며 시작한 이즘(사상)이 아니던가! 이 아이러니는 21세기 새로운 천년을 맞고도 스무 해를 지난 최근에 와서야 비로소 다시 도전받고 있다. 온라인 네트워크를 활용하여 대중적으로 확산하고 있는 영페미니스트의 등장은 세속 사회만의 사건이 아니다. 오늘날 교회의 2030 젊은 여성들은 개교회 안에 고립되어 있지 않다. 서로 연대하여 묻는다. "여자는, 온전한 사람이 아닌가요?"

기독교 영페미니스트들이 온다

기독교
허Her스토리 **40**

 "여자는, 온전한 인간이 아닌가요?" 이런 질문을 21세기, 그것도 젊은 여성 신자들에게 듣게 될 줄이야! 2005년 처음 대학 강단에 섰던 나는 기가 막혔다. 그 무렵의 나는 전업 육아의 자리와 교수자 사이를 저글링해 가는 삶을 개인기로 버티고 있었다. 하긴 '여성학의 메카' 이화여대에서 대학 4년, 대학원 2년, 합하여 6년을 페미니즘으로 무장하고도, 심지어 석사학위 논문으로 관계적 상호성을 새로운 기독교적 덕목으로 제시하는 페미니스트 시각의 글을 썼음에도, 나 역시 망설인 시간이 길었다. 이론보다 더 무서운 것이 교리 혹은 신앙 훈련의 내면화이다.
 개인이 되는 법은 사회에서 배우고 여자가 되는 법은 교회와 집에서 배우는, 분열적 삶을 살았기 때문이다. 하여 '하나님을 세상에 잘 설명하고 싶다'는 신앙적 소명을 나름 굳건히 하고 떠났던 유학길이었음에도, 예상하지 않았던 (그럼에도 생애사에서 자연스런 수순이라고 생각했던) 결혼과 출산은 오랫동안 내적 투쟁을 하게 만들었다. 가장 당황스러웠던 것은 '개인'으로서 나의 선택지를 늘 지지했던 부모님들이, 결혼 후엔 육아와 사회활동을 놓고 다른 말씀을 하셨다는 점이다. 돌이켜보면 그분들도 구조적 분열을 미처 읽지 못한 까닭이었다. "자고로 아이는 어머니 무릎에서 자라야지. 신앙교육은 누구도 대체할 수 없다." 전업 육아로 인해 논문을 쓸 시간을 얻지 못해 동동거리는 나에게 아버지가 하신 말씀이다. "남편 먼저 세상에서 든든히 서고 난 뒤에, 그 뒤에 너의 일을 해도 늦지 않다." 절호의 직업 기회가 왔음에도 남편의 직업 상황이 불투명한 시점에서 기다리고 양보하는 것이 맞는 선택이라고 어머니께서 말씀하셨다. 착한 딸이었던 나는 내 안의 불덩이를 꿀꺽 속으로 삼키며 '순종'했다.

지금 생각하면 어이없는 조언이다. 아버지는 전업 육아를 경험한 적이 없었고 어머니는 전문가였던 적이 없지 않은가? 그러니 엄마이기도 하고 전문가이기도 한 나는 '나만의 길'을 만들어야 했었다. 그러나 선뜻 용기가 생기지 않았다. 권위! 앞에서 '성장하는 데 동력이 되는 힘'이라고 말했던 그 권위를 나도 가지고 있는지 자신이 없었기 때문이다. 혹시 내 의지대로, 내 선택지대로 살다가 '불경건'으로 인해 벌을 받으면 어쩌나. 아니 나는 행여 그렇다 해도, 혹시 이로 인해 내 아이까지 불이익을 당하면 어쩌나. 그런 불안감에 망설였다. 확실한 근거가 있어야 했다. 그래서 그동안 배운 페미니스트 이론과 성경 지식이 나의 '불덩이'에 답을 줄 수 있는지를 묻고 읽고 묵상하느라 몇 년을 보냈다. 그러다

깨닫고 확신하게 된 것이 '돕는 배필'이라고 번역된 언어에 담긴 하나님의 계시였다. 물론 홀로 얻은 깨달음은 아니다. 필리스 트리블Phyllis Trible이라는 구약 신학자가 이미 말했다.

> 에제르는 관계적 용어다. 그것은 호혜적인 관계를 유지하는 단어이며, 하느님, 인간, 동물에게 모두 사용된다. 하지만 단어 그 자체가 관계 속의 지위를 규정해 주지는 않는다. 더욱이 그 단어가 열등성을 함축하고 있지 않다. 관계 속의 위치는 부연된 내용이나 문맥을 통해 알 수 있다.… 하느님은 남자 위에 계셔서 돕는 분이시다. 동물들은 남자보다 열등한 입장에서 돕는 피조물이다. 여자는 남자와 동등한 관계에서 돕는 배필이다.[1]

그렇다. 도움은 관계적인 언어다. 홀로 오지 않는다. 일방적으로 규정한 도움, 제도가 제한한 도움은 나의 필요가 아니기에 도움이 되지 않는다. 분명 대학원 시절에 읽고 논문에도 인용한 구절인데, 짧게 지나가는 저 구절이 그땐 절실하게 다가오지 않았다. 그런데 결혼 후 나의 자리와 경험 속에서 이전에 배웠던 트리블의 텍스트가 다시 기억났고 나를 자극했다. 그리고 그 해석을 확장하며 '관계적'이고 '상호적'인 도움이 가능하려면 먼저 내 정체성과 행복과 재능을 확고히 하고 상대방에게 표현해야 함을 깨닫게 되었다. 그래야 마주 본 자가 구체적인 도움을 줄 수 있는 것 아니겠나. 이런 신앙적 확신으로 나는 가족들의 지지 없이도, 내 길을 걸었다. 불행히도 나의 파트너는 내 주장에 동의하지 않았고, 결국 '상응하는 도움'이 없었던 상황에서는 저글링만 나의 선택지였다. 고단함에 더하여 양쪽 세상으로부터 받는 비난은 보너스였다. 일터에서는 온전히 전문가가 되지 못한 나를 한심한 눈으로 응시했고, 전업주부 비율이 90퍼센트 이상이었던 거주지 이웃 사이에서는 육아에 전념하지 못하는 B급 엄마로 평가되었다. 교회에서는 젊은 여성들에게 본이 되지 못하는 위험한 사례처럼 보이기도 했다.

그런데 신기하게도 2010년을 전후로 여기저기서 페미니스트 시각에서 기독교 여성의 소명에 대한 강의 의뢰가 들어왔다. 그중 2016년 한 복음주의적인 리더십 훈련 학교에서의 특강 후 풍경이 인상적이었다. 페미니즘의 내용으로 보자면 그다지 급진적인 주장을 한 것도 아니었다. 다만, '엄마요 아내의 삶이 여성 그리스도인의 소명'이라고 강조되던 복음주의적 모임 안에 '여성의 나 됨'과 이를 위한 파트너 간의 '서로 도움'의 성경적 정당성이 전해졌다는 것이 새로웠을 뿐이다. 초청하신 분도, 듣는 이들도 '이 주제'는 처음이라고 했다. 그러니 수위나 언어를 조심해 달라고 부탁받았다. 교회에서 나고 자란 나다. 그 의미를 알기에 미리 원고를 준비하지는 않았다. 그야말로 눈빛을 보며 소화 가능한 내용으로 풀어내려 노력했다. 덕분에 강의 내내 큰 마찰이나 혼란은 없었다. 다만 생전 처음 듣는 내용에 살짝 긴장한 형제들의 모습, 그럼에도 충분히 '성경적'이요 '시의적'인 풀이에 공감하는 과정이 있었을 뿐이었다.

나의 놀람은 그 후였다. 강의는 마쳤는데, 다음 강의가 이어져야 한다는데, 자매들이 일제히 내 주변으로 몰려들었다. 부흥회를 한 것도 아니건만 펑펑 우는 자매들도 있었다. 당황했다. 한 번도 들어보지 못했다지만, 이것은 새 사상이 아니었다. 페미니스트적 언어로는 이미 삼십 년 전에 이 땅에 도래했던 말들이다.

다만, 이를 기독교 신앙과 만나게 하고 이를 복음적 언어로 풀어내는 작업이 교회 안에서 들려질 기회가 없었을 뿐이다. "그러니까 제 꿈을 접지 않아도 된다는 거죠?" 그걸 말이라고 묻나! 21세기 적자생존, 무한경쟁의 세상에서 공적 성취를 기대받는 '형제들'의 삶도 만만치 않은 것을 안다. 그러나, '내'가 되는 법을 스무 해 이상 치열하게 배운 21세기 여성들에게 남편을 내조하고 아이들을 신앙으로 양육하는 '전업 육아'를 소명으로 여겨야 한다고 가르치다니! 이미 '기독교 허스토리'를 통해 여성에 대한 '전통적 가르침'의 계보학을 따라온 독자라면, 그것이 이미 지난 시대의 제도적 제한을 담은 설명임을 익히 인정할 터이다.

이후 교회 안에서는 젊은 여신도들을 중심으로 페미니즘을 공부하는 자발적 모임들이 생기고 있다는 소식이 들려왔다. 바야흐로 '기독교 페미니즘'의 때가 무르익었다. 우리보다 먼저 이런 시도를 한 신앙 선배들이 이 땅에 어찌 없었을까? 그러나 너무 일찍 말했던 선배들은 돌을 맞았고 교회로부터 배척당했다. 그런데 시절이 변했다. 신앙의 이유에서가 아니라 현실적으로도 '전업주부'로만 머물 수 없는 생계형 위협이 중산층 가정들을 강타했다. 한동안 과도기에 청교도적 기독교 가정 담론을 고수하려는 분들은 '긴축재정'을 하더라도 아이들은 엄마가 키우는 것이 신앙적이라고 조언했다. 그러다 실직한 가장들이 많아지고 아내의 생계형 노동이 불가피해지자 더 황당한 조언을 했다. 여자의 도움은 '육아와 더불어 가능한 도움을 다 제공하는 것'이라고 말이다. 그러니까 애도 키우고 돈도 벌라는 말이었다. 전업주부의 삶을 신앙적 소명이라 여겨 10년, 20년 '나를 접고' 살았던 어머니들이 갑자기 '생계형 소명'을 덧붙여 노동 시장으로 나아갔다. 교회는 이제 주중 대낮에 헌신된 전업주부들을 동력으로 하는 프로그램을 진행할 수 없는 지경에 이르렀다. 오랜 경력 단절로 자신의 재능보다 훨씬 열악한 평가 속에 묵묵히 가정을 지키며 안팎으로 고생하는 어머니들을 보고 자란 소녀들은 '비혼'을 선언하며 잔뜩 성이 나 있었다.

이런 지경이다 보니 그동안 여성의 '보조 노동'을 소명으로 생각하던 보수적, 복음적 단체 안에서 기독교 영페미니스트들의 목소리들이 들려왔다. 이름도 재기발랄하다. 한 선교단체 여성 간사들의 모임 이름은 '갓페미'란다. 이제 '갓' 페미니스트가 된 여성 그리스도인, 하나님의 딸들인 페미니스트, 거기다가 요즘 젊은이들의 신조어인 '최고', '훌륭한'의 의미를 담은 접두어로서의 '갓'의 의미까지 담았다 한다. 내가 되느라 독주하며 페미니즘이 또 다른 승리주의 담론으로 되는 것을 막겠다면서, 그리스도인의 사랑으로 약자들과 함께 가겠다는 '품는 페미'라는 캠퍼스 동아리도 생겼다. 각자의 소속이 있으면서 네트워크 형식으로 연대하여 활동하는 '믿는 페미'도 있다. 개별 교회 청년부와 대학부에서도 페미니즘 시각에서 성경 읽기 열풍이 불고 있다. '페미니즘의 대중화'가 하나의 문화 현상이 되고 보니 이젠 남자 목사님들도 이게 웬일인가, 배움을 시작한다.《페미니즘과 기독교의 맥락들》(뉴스앤조이, 2018)을 쓴 이유도, 외롭게 외쳤던 선배들을 혈기 있게 일어섰지만 전사前史를 모르는 후배들과 이어 주는 교량이 되는 것이 내 세대의 몫이라 생각해서였다. 기독교와 페미니즘이 공존 가능한지, 세상의 페미니즘과 '기독교' 페미니즘은 어떤 차이가 있는지. 다음 장에서는 기독교 페미니즘의 역사와 주장을 요약하여 소개해 볼까 한다.

기독교와 페미니즘은 공존 가능한가?

기독교
허 Her 스토리 **41**

"너 아직도 교회에 다니니?" 성평등 운동에 참여하며 같이 활동하던 친구나 지인들에게 이런 말을 들었다면서 상처받고 눈물을 뚝뚝 흘리며 찾아오는 신앙인 청년들이 있다. 아무리 설명하려 해도 자신의 페미니스트 동료들은 기독교 신앙을 가진 자신을 무조건 종속적이고 굴종적인 체제의 노예인 양 대한다는 것이다. "아무래도 양자택일을 해야 할 거 같아요. 신앙인이 되거나 페미니스트가 되거나." 자매들도 결국은 이 둘이 공존 불가능하다는 데 동의하는 듯하다.

물론 세속 사상으로서의 페미니즘 스펙트럼 안에는 무신론적 주장도 있다. 하지만 '민주주의'를 수호하는 사람이 신자일 수도 무신론자일 수도 있는 것처럼, 특정한 사상을 믿고 주장하는 것과 신앙이 반드시 일치되거나 반대되는 것은 아니다. 만약에 '기독교 민주주의자'라는 것이 가능하냐고 누군가 묻는다면, 우리는 꽤 쉽게 '예스'라고 대답할 것이다. 사람이 민주주의를 지지하는 근거야 제각각 다를 수 있지만, 만약 그가 '기독교인'이며 그 신앙에 근거하여 민주주의를 지지한다면, 이는 모든 사람이 하나님께서 창조하신 주체적이고 자유로운 존재임을 신앙 고백하기 때문에 그러할 것이다.

그렇다면 '기독교 페미니스트'는 어떠한가? 페미니즘은 여자도 온전한 사람이요 주체이기에 성별 때문에 제도나 시스템이 여자의 자유 선택과 주체적 결단을 제한하거나 조정하면 안 된다는 것을 주장하는 사상이다. 그리고 그러한 제도와 체제를 바꾸려 실천하는 운동이다. 그런데 어떤 이가 이런 주장을 자신의 기독교 신앙 안에서 찾아내고 동기부여 받았다면 어떨까? 하나님이 '사람'을 만드심에 있어 여자도 온전히 당신의 형상으로 지으시고 '다스림'의 권위와 '받은 은사'의 주체적 사용을 허락하셨다고 믿기에, 지금 이 땅에서 그렇지 못한 제도와 실천에 반대한다고 말이다. 그렇다면 그를 '기독교 페미니스트'라고 부를 수 있을 것이다.

사실 성경을 읽어 보면 이미 페미니즘이라는 사상이 있기도 전에, 하나님의 영을 받은 여성들은 자신의 재능으로 공동체를 구하는 리더십을 발휘했다. 랍비돗의 아내 드보라는 그 엄격한 가부장제 한복판에서 재판관의 역할을 수행했고, 미리암도 선지자의 권위를 부여받았다. 슬로브핫의 딸들도 마찬가지다. 모세조차 놓쳤던 상속법의 남성중심성을 야무지게 지적하여 자기들의 몫을 얻어 내었다. "슬로브핫 딸들의 말이 옳다." 당돌한 다섯 소녀들의 저항에 다분히 놀랐을 모세가 회막 안에서 여호와께 여쭈었을 때, 그가 받은 답의 기준은 '정의'와 '공평'이었지 남자냐 여자냐 어른이냐 소녀이냐가 아니었다. 어디 그뿐인가? 여자의 증언은 법적 효력을 발휘하지 못하던 가부장제 한중간을 사셨던 예수님은 부활의 몸을 막달라 마리아에게 제일 먼저 보이셨다. 그리고 제자들에게 가서 그 기쁜 소식을 증거하라고 명하셨다.

이미 살펴보았듯이 초기 기독교 여성 제자들의 주체적이고 모범적인 활동 이야기는 우리가 전해 받은 유산보다 훨씬 더 풍부하다. 베다니의 마리아나 막달라 마리아의 초대교회 사역이 사도행전에 기록되지 않은 것을 어찌 받아들여야 할까? 행전에 기록된 여성들의 신앙적 리더십 역시 긍정적으로 평가할 부분이나, 자신들의 조력자 여성들을 잊지 않고 기록했던 남성 지도자들이 예수님에게 직접적인 가르침을 받았던 1대 여성 제자들의 행적을 생략했다는 것은, 엘리자베스 쉬슬러 피오렌자의 말마따나 '의심'해 보아야 할 상황이다. 따라서 '굳이' 페미니즘을 기독교 안으로 가져오려는 시도가 추구하는 바는, 현 교회 공동체의 와해도 아니요 선한 신자들을 모두 反하나님적인 방향으로 이끌려는 '사탄적인' 책략도 아니다. 오히려 실제 상황을 그대로, 그러니까 예수님을 그리스도로 고백하고 따르던 제자들의 상황을 가부장적 각색이나 취사선택을 벗겨 내고 있는 그대로 보고자 하는 것이다. 그런 면에서 가부장제라는 오래된 렌즈를 통과하면서 기록되고 전해지고 해석된 유대-기독교적 가르침은 '페미니즘의 세례'를 받아야만 비로소 어느 정도 본래의 모습을 회복할 수 있다는 말이다.

사실 제도화되기 이전에는 유대교나 기독교 모두 구성원들

간의 계층간, 성별간 차별이나 제한이 없었다. 사람의 중심을 보시는 하나님의 시선으로 서로를 바라봤다. 그랬기에 서로의 은사를 가로막지 않았다. 일례로 그동안 여성의 종속적 위치를 정당화하는 데 사용되어온 고린도전서 14장을 살펴보자. "여자는 교회 안에서 잠잠하라!" 꽤 오랫동안 여성의 공적 발언을 금하는 '성경적' 교훈으로 소환되었던 사도 바울의 본문이다. 이를 근거로 아직까지 여성의 성직 선택을 가로막거나 교회 내에서 리더십에 제한을 두는 교파도 있다. 그게 뭐 어떤가? '성경적'으로 살기 위함인데! 성경이 그렇게 말하니까, 그 질서대로 살아 내려는 신앙심의 표현인데, 그럼 이를 어기고 페미니스트들의 말을 들으라는 말인가? 아니다. 우리가 받은 유산을 기록하고 전하고 해석해 온 압도적인 성별인 '남성'이 아닌, '여성'의 시각에서 그 본문을 '다시' 읽어 보자는 초청이다. 그래야 안 보이던 것이 보이기 때문이다.

'나도 여자'인데 별반 다르지 않다! 이렇게 반발하는 신실한 여신도들도 계실 줄 안다. 하지만 만약 그렇다면 그건 맞고 틀림의 문제가 아니라 익숙함과 낯섦의 문제이다. 교육학이나 사회학에서 '내면화'라는 용어가 있다. 계속 들어온 이야기에 대해, 더구나 신뢰할 만한 부모님이나 목사님, 신앙 선배들에 의해 반복된 이야기들을 '정답'이라고 생각하게 되면, 그런 상태의 여성을 페미니즘에서는 '거세된 여성'이라고 부른다고 앞에서 말했다. "역시 페미니스트들은 무시무시한 언어들을 창조하는군요!" 하며 필시 불편해할 신도들도 있을 것이다. 하지만 '거세'라는 말은 물리적으로 신체의 일부를 떼어 내겠다는 폭력적 언어로 사용한 것이 아니다. 하나님이 이미 완전한 신체를 부여하셨음에도, 가부장제 5천 년을 통과하는 동안 신체의 한 부분을 획득하지 못하고 나온 '반푼이', '열등의 기호'로 응시된 문화적 가르침을 무비판적으로 받아들였다는 말이다. 불과 얼마 전까지만 해도 유난히 리더십이 강한 소녀를 보면 동네 할머니들은 혀를 끌끌 차며 말씀하셨다. "이그, 하나만 달고 나오지!" 그 소녀는 무엇을 '달고' 나오는 생물학적 과제를 실패한 것일까? 이미 자신의 성별, 성차를 말해 주는 귀한 기관을 '달고' 나온 존재인데 말이다. 하지만 이런 가부장적 풍경 속에서 성장하게 되면, 여성은 주눅 들기 마련이다. '얌전함', '조신함'으로 평가되며 긍정적 시선이 더해진다면 늘 뒤로 물러나는 행동 가짐은 어느덧 여성의 정체성이 되고 만다.

하지만, 초대교회의 실상은 어떠했나? 고린도전서 14장 해당 본문을 낯설게 다시 읽을 때 우리가 주목해야 할 부분은 두 군데이다. 먼저 헬라어 원문에서 '여자'라고 번역된 부분은 여성 전체를 의미하는 표현이 아니다. 정관사가 붙어 있다. 그러니까 정확하게 번역하자면 '그 여자'라고 해야 한다. 그러니까 만약 특정한 여자가 고린도 교회 안에서 잠잠해야 했다면, 그 선행조건은 그 여자가 '잠잠하지 않았다'는 사실이다. 교회 안에는 받은 은사를 사용하며 활발히 활동하던 여자(들)가 이미 있었음이 틀림없다. 그러니 '잠잠하라'고 한 것이 아니겠나? 유대교 회당에는 여성들이 공식적으로 참석할 수 없었다. 하물며 공적 발언이랴! 그러나 초대교회는 그런 가부장적 제도를 뛰어넘어 남녀 차별이 없던 곳임을 확인하게 된다.

또 하나 우리가 주목해야 하는 것은 34절의 앞부분이다. 그동안 그 부분을 쏙 빼놓고 반쪽짜리 말씀을 전한 것이 오히려 이상한 일이다. 온전한 구절은 이렇게 되어 있다. "모든 성도가 교회에서 함과 같이 (그) 여자는 교회에서 잠잠하라." 그러니까 '그 여자'가 교회에서 잠잠해야 하는 이유는 '모든 성도'가 골고루 발언권을 얻기 위함이다. 이것은 남녀의 문제가 아니다. 모든 성도가 교회로 살기 위한 원칙이다. 때문에, 이 본문은 여성 리더십의 제한이라기보다는 '공동체를 위한 은사의 사용'이라는 맥락에서 해석해야 옳다. 당시 고린도 교회에는 발언권을 독점하고서 다른 지체들이 하나님에게 받은 계시를 나눌 기회를 주지 않을 정도로 권력을 독점했던 여성(들)이 있었던 것 같다. 사도 바울은 이를 저지한 것이다. 남성이든 여성이든 성별은 중요하지 않다. 서로의 이야기에 귀 기울이며 공동체로 성장하기 위해서 이제 막 은사를 받고 발언하기 시작한 '약한 지체'에게 기회를 주라는 조언이다.

이런 읽기 방식은 기독교의 가부장성만 넘어서게 하는 것이 아니다. 페미니즘을 자기 계발 담론의 매우 유용한 도구로 사용하는, 그래서 실은 내가 보기에는 '페미니즘의 자기모순'을 낳아버린 최근의 우려스러운 흐름에 대하여, '기독교 페미니스트들'이 제안할 수 있는 가치이기도 하다. 개별경쟁이 제도화된 후기 근대적 사회에서 높은 자리를 쟁취하고 그 자리에 '걸맞는' 위계적이고 고압적인 행동을 하는 특정 페미니스트들에 대해 반론이 가능하다는 말이다. 기독교 교회가 소중하게 여기고 서로 존중하는 '은사' 또는 '재능'은 자본주의 사회에서 모든 것을 재화 가치로 등급 짓고 평가하는 '능력주의meritocracy'와는 매우 대조적이다. '자본주의적 능력을 여성이 획득하는 것'으로 페미니즘을 축소시키는 부정적 경향에 기독교 신앙이 기여할 바가 크다는 말이다.

기독교와 페미니즘은 하나가 다른 하나의 부분집합인 것도 아니며 둘을 합하여 제3의 혼합사상을 만들기 위해 만나지 않는다. 하지만 서로 상대방이 보지 못하는 부분을 발견하게 하며 이를 통해 이전보다 평등하고 자유로운 공동체의 건설에 기여할 수 있다. "만일 곁에 앉아 있는 다른 이에게 계시가 있으면 먼저 하던 자는 잠잠할지니"(30절). "모든 사람으로 배우게 하고 모든 사람이 권면을 받게 하기 위하여 하나씩 하나씩 예언할 수 있다"(31절). 사도 바울의 이 권고를 21세기 기독교 페미니즘의 맥락에서 강조한다면 이렇게 번역할 수 있지 않을까? "교회의 관계 원칙에 따라 이제 막 말하기 시작한 여성들의 목소리를 하나씩 하나씩 세심하게 듣자. 하지만 그가 여성이라도 권위를 독점하게 하지는 말자."

보이지 않는 '그녀'를 드러내며

에필로그

기독교
허Her스토리

결혼 후 시가에서 생활할 때 참으로 낯선 경험을 했다. 유학 중에 한 결혼이었기에 방학을 맞아 한국에 들어오면 주로 시가살이를 했다. 한 젊은 작가의 웹툰 제목 '며느라기'처럼, 처음 며느리가 된 여자들은 당연히 시가 어른들에게 잘 보이려는 '시기'가 있다. 누군들 안 그러겠나? "어머니, 그거 제가 들게요." "아, 그건 제가 깎을게요." "제가 씻을게요." 시키지 않아도 빠르고 분주하게 움직이는 며느리가 오죽 예뻐 보이시겠나? 그런데 점차 이상했다. 나야 연로하신 시어머님을 돕는 차원에서 자원을 한 것이지만, 점점 내 일만 늘어 갔다. 남편은 일하지 않았다. 둘 다 학생이고 학기 내내 고생하다 들어온 것이건만, 왜 남편은 쉬어야 하고 나는 일해야 하지? 그래도 몸 건강하고 젊은 상황이니 투덜거리지는 않았다.

그런데, 첫 아이를 낳고 둘째를 계류유산했을 즈음의 나는 몸 상태가 정말 엉망이었다. 그 와중에 박사학위 논문을 쓰겠다고 밤잠마저 설치고 있을 때라, 정말 몸을 가누고 일어나는 것 자체가 힘들던 시절이었다. 공항에서나마 잠깐 딸을 보고 이내 시가로 보내야 하는 친정엄마는 입국장을 걸어 나오는 나를 보고 단박에 알아차리셨다. "너, 왜 이러니? 어머, 애가 똑바로 걷지를 못해요." 하지만 친정엄마의 외침은 다른 누구에게도 닿지 않았다. 아무도 그 말에 반응하지 않는 거였다. 그리고 이내 시가에서 두 달을 지내는 동안 비로소 깨달았다. 이건 특정 인격에 대한 비난이 아니다. 만약 이것이 특정한 몇몇만 그러한 것이라면 왜 '시어머니'의 공통된 행동이 존재하겠는가? 사회학적으로는 '제도적 감정'이라고 부른다. 특정한 제도 안에서 오래 살면서 그 제도가 요청하는 삶의 방식대로 살다 보면 수많은 '원래 그런 것 taken-for-granted'이 생기기 마련이다. 밥, 설거지, 빨래는 '원래' 여자가 하는 거고, 남편 뒷바라지 역시 '원래' 여자가 하는 거고, 아내는 남편의 그림자 노동을 하는 것이 '원래'라고 말이다.

귀국 후에 어찌어찌 지금은 시부모님과 합가하여 살고 있는 중에도 나의 '며느라기'는 꽤 오래 지속되었다. 다만, 내가 '며느리'가 아닌 '백소영'으로 보일 기회가 있을까 계속 틈새를 노려보기는 했다. 만약 나조차 실패한다면, 다른 여성들에게는 더욱 절망적일 것이기 때문이었다. 여기서 '나조차'라고 한 것은 교만이 아니다. 나는 적어도 밖에서 내 이름으로 활동하고, 내 영역이 있으며, 더구나 내가 주장하는 주제가 다른 분야도 아니고 '공동체로 함께 살기'에 대한 담론이기 때문이다. 감사하게도 '밖에서는'

많은 분이 공감해 주고 고개를 끄덕여 주었다. 신이 나서 책을 쓰고, 쓴 책들은 행여 시가 어른들이나 남편이 한번 꺼내서 보기라도 할까 싶어, 부엌으로 들어가는 입구 옆 작은 책장에 나란히 꽂아 두었다. 하하, 나도 너무하긴 했다. 그 작은 책장을 온통 내 책으로만 가득 채웠으니까.

    그런데 놀라운 것은 그 책장에 책들이 늘어 가는 동안 아무도 그 책들을 뽑아서 읽지 않았고, 아무도 그 책들에 대해 언급하지 않았다는 것이다. 부엌 입구에서 나를 마주친 모든 가족 구성원들이 여전히 나와 나누는 대화들은 '아침밥'에 대한 것이었고 '점심밥'에 대한 것이었고 또 '저녁밥'에 대한 것이었다. 하긴, 나도 좀 별난 인간이긴 한 거 같다. 24년을 밥밥밥 소리를 듣다 보니, 내 몸이 이상해졌다. 더는 밥이 먹히지 않았다. 밥만 안 먹히나? 거의 모든 음식이 내 몸으로 들어가기만 하면 알레르기 반응을 보이며 온몸에서 진물이 났다. 정신력으로 버텨 왔는데 몸이 반란을 일으켰나 보다. 이 증상이 시작된 지 2년쯤 되는 거 같다. 문제는 내 병이 아니다. 여전히 시가 사람들에게는 나의 아픈 모습이 '보이지 않는다'는 것이다. 근 2년째 며느리가 삶은 양배추와 당근으로 연명하고 있어도, 가족 밥상에 대한 관심사는 끊이질 않았다. 내가 못 먹으니 다 같이 먹지 말자는 놀부 심보는 아니다. 다만, 나는 못 먹어도 다른 식구들 먹을 음식은 성실하게 준비했는데, 올라온 밥상을 보며 타박할 일인가?

    그러다가 사건이 터졌다. 간을 볼 수 없으니 음식은 자꾸 맛이 없어지고, 입 짧은 시아버지께서도 식사량이 급격히 줄어드셨다. 하여 기운 없는 몸으로 겨우겨우 밖에 나가 평소 좋아하시는 간장게장 집에서 알배기 게장을 사 왔다. 남편은 알레르기 때문에 외부 간장을 못 먹는지라 오직 시아버님을 위한 음식이었다. 남편 먹을 다른 음식들이 마침 있기에 아버님을 위해서 사 왔던 거였다. 그런데 시아버님 음식 따로, 남편 음식 따로 상을 차려 내니 버럭 화를 내신다. "이거 네 남편이 못 먹는 건데, 왜 이런 걸 사 오냐?" 거기까지만 하시지. 다음 말이 나의 오랜 '며느라기'를 종료시켰다. "가족이 뭐냐? 같이 먹어야 되는 건데. 나만 먹으면 내가 좋을 것 같으냐?" 놀랍게도 그 말에 내 머리보다 내 입이 먼저 반응하고 있었다. 나지막했지만 단호했다. "아버님, 그럼 저는 이 집 가족이 아니군요." 내 말에 일제히 온 가족의 숟가락질이 멈췄다. "저는 지금 2년째 양배추랑 당근만 씹고 있어요. 그런데 이런 저는 안 보이시나요? 여태 제가 못 먹는 것들을 제 앞에서 잘만 드셨잖아요?" 어디 시아버지께 대드냐는 시어머니의 노한 목소리를 뒤로 하고 나는 내 방으로 들어왔다. 그리고 그날 이후 나는 식구들 밥하기를 멈췄다.

부끄러운 가족사를 이런 공적 지면에 구구절절 늘어놓는 이유는 사적인 푸념을 하고자 함이 아니다. 내가 그렇게 목소리를 내고 나서야 시가 사람들에게 비로소 내가 '보이기 시작했다'는 말을 하고자 함이다. 그 이전까지는 '우리의 평안함을 위해 반드시 거기 있어서 온갖 노동을 하되 보이지는 않는' 며느리였는데, 이젠 불편함을 주는 존재로나마 그렇게 '보이기' 시작했다는 말이다. 물론 지금도 출퇴근길에 음식들을 사다 냉장고에 넣어 두기는 한다. 하지만 예전처럼 옆에 서서 끼니때마다 시중들지는 않는다. 풀타임 직장이 있는 며느리가 (학교로) 출근했다가 또 (집으로) 출근하는 삶을 사는 것을 '당연'하게 여기며 내 상태를 보지 못하던 분들이, 이제는 퇴근길 내 얼굴을 살피신다. "오늘은 더 얼굴이 붉어졌구나. 좀 쉬어야겠다." 실은 인격적으로 매우 건강하고 좋은 분들이었던 것이다. 그분들의 눈을 가렸던 것은 '가부장제'라는 제도이다. 중요한 것은 내가 목소리를 내고 나서야 나의 상태가 보이기 시작했다는 것이다.

이 책, 《기독교 허스토리》도 그런 마음에서 썼다. 남자들의 하나님 체험이 부족하거나 못마땅하다는 것이 아니다. 다만 유대교 4천 년, 기독교 2천 년을 지나오는 동안 배타적으로 남자들만 하나님의 말씀을 전하다 보니, 늘 거기 함께 있었던 여자들이 보이지 않게 되었던 것이다. 어찌 남자들만 계시를 받았겠나? 야엘은 어떤 음성을 들었기에 남편과 계약관계에 있는 시스라를 조금의 주저함도 없이 말뚝으로 찍어 버렸나? 훌다는 평소 얼마나 정확하게 하나님의 말씀을 받아 전했기에 나라가 위급한 상황이 되자 높은 직위의 남성 관리 다섯 명이 체면 불구하고 그녀를 향해 내달렸을까? 어찌 예수님의 제자들은 남자뿐이었겠나. 우리가 '예수님의 열두 제자'라는 '당연'을 말할 때, 가려진 여인들은 누구일까?

참으로 놀랍게도 '제도'는 우리의 눈을 이렇게 가린다. 그건 다른 제도도 마찬가지이다. 자본력으로 사람의 귀중함을 평가하는 자본주의 제도에서 오래 살다 보면 누가 우리 곁에 있어도 눈에 보이지 않게 되는 걸까? 언젠가 큰 건물에 주차하고 특강을 하려 들어가려다가 너무나 놀라운 광경을 보았다. 지하 주차장이었는데, 환경미화원 아주머니 두 분이 걸어오시더니 도저히 문이라고는 생각지 못할 곳을 여시는 것이다. 그러고는 그 안으로 사라지셨다. 계단 공간인 듯했다. 자동차 매연으로 사람이 5분 이상은 도저히 머물기 어려운 곳이었다. 오지랖인 줄 알면서도, 어찌면 무례하다 느끼시면 어쩔까 망설이면서도, 마침 오전에 선물로 받아 차 안에 있던 과일들을 가지고 문을 두드렸다. 잠시 침묵이 흘렀다. 예상할 수 있었다. 그 문을 두드릴 사람은 없었을 테니까. 그 문은 환경미화원 외에는 보이지 않는 문일 테니까. 두어 번 더 두드리자 조심스럽게 안에서 목소리가 들린다. "누구세요?" "제가 마침 과일이 좀 있는데, 휴식 때 드시라고 나누어 드려도 될까요?" 그 말에 또 잠시 정적이 흐르더니 이내 문이 열렸다. 하여 나는 그 공간을 잠시 볼 수 있었다. 그 건물은 대한민국 건축대상까지 받은 멋들어진 건물이다. 지하 1층부터 들어선 화려한 상가들과 사무실이 그야말로 번쩍번쩍했다. 그런데 그 건물들이 그렇게 번쩍일 만큼 매일 쓸고 닦는 환경미화원 아주머니들은 '보이지 않는 곳'으로 얼른 숨어 들어가셔야 했던 것이다. 이게 '당연'인 까닭은 우리가 자본주의라는 '제도적 눈'에 조종당하고 있기 때문이다.

    그래서 우리는 우리가 살아가는 '제도'를 만드는 데는 참여하지 않았으나 그 '제도'를 유지하기 위해 매일매일 일하는 사람들을 찾아내고 보이게 해야 한다. 《기독교 허스토리》는 그래서 계속되어야 한다. 여기서 '여성'은 생물학적 여성을 의미하지만 은유일 수도 있다. 허리가 휠 정도로 노동했고, "나야 뭐" 하면서 늘 뒤로 물러났던 이름이다. 가장 오래, 가장 대규모로 보이지 않았던 이름이다. 어쩌면 나조차도 어느덧 제도 안에서 '갑'이 되고 '기득권자'가 되어 누군가가 보이지 않게 되었을 수도 있다. 그래서 또 누군가는 목소리를 내야 한다. 여기 우리가 있다고. 땀 흘리고 때론 피 흘리며 생존을 위한 거친 날숨을 쉬고 있다고. 그들이 보이게 되고 들리게 되어야, 그래야 비로소 우리는 '하나님 나라'를 이 땅에서 확장해 갈 수 있다고 믿는다. 그 나라는 효율성이라는 가치 때문에 아흔아홉 마리로 만족하는 나라가 아니다. 가성비 생각해서 한 마리쯤은 찾으러 나가 에너지를 쓰지 않으려는 나라가 아니다. 그 나라는 기어이 '잃은 양 한 마리'를 찾아서 무리 안으로 품고 들어오는 나라이다. 당장 주변을 돌아보자. 행여 우리 눈이 멀지는 않았는지, 두려움으로 겸허함으로 하나님에게 영안을 밝히시사 간구하면서. 추운 겨울, 행여 바로 내 곁에 있어 떨고 있는데 내가 보지 못하는 이웃은 없는지.

주

1. 예수님의 제자로서 말씀을 사모한 베다니의 마리아

1. 피오렌자는 자신의 저서 In Memory of Her: A Feminist Theological Reconctruction of Christian Origins (New York: Cross Road, 1983)에서 성서를 '신화적 원형mythical archytype'이 아니라 '역사적 모형historical prototype'으로 읽자고 제안한다. 성서가 가부장적 산물로서 여성 억압의 원천으로 작동하는 것은 분명히 맞지만, 그렇다고 탈기독교 페미니스트들과 함께 이 유산을 버리고 초월하여 떠나는 것이 해결책이 될 수 없다는 입장인데, 성서는 동시에 '여성들의 종교적 능력을 위한 원천'이기도 하며 '크리스찬 삶과 공동체의 근원 모델'로서 '여성들의 힘을 반영'하기 때문이다 (56).

3. 막달라 마리아의 '기쁜 소식'

1. 장 이브 를루 지음, 박미영 옮김,《막달라 마리아 복음서》(루비박스, 2006), 30.
2. 같은 책, 30-31.
3. 같은 책, 34-35.
4. 같은 책, 65.

4. 우머니즘과 기독교의 '선택적 친화성'

1. 세부적인 논의에 관심이 있는 독자라면 백소영, "젠더 갈등의 '선택적 혼종성' 양상에 대한 신학, 윤리적 제언,"《기독교 사회 윤리》제43집(2019): 123-151을 참고하라.
2. 막스 베버는 이 논지를 자신의 대표작이자 고전이 된 저서《프로테스탄티즘의 윤

리와 자본주의 정신》에서 주장한다.
3. 북미 흑인 노예 여성의 경험을 바탕으로 출발한 우머니즘은 서구 백인 중산층 엘리트 지식인 여성들의 경험이 '페미니즘'을 대표할 수 없음을 천명한 첫 번째 사례로서 주목할 만하다. 우머니즘에 대한 입문적 설명서로는, 패트리샤 힐 콜린스 지음, 주해연·박미선 옮김,《흑인 페미니즘 사상》(여이연, 2009)를 권한다.

6. 테클라와 트리피나의 여성 연대

1. 닛사의 그레고리우스 외 지음, 김재현·전경미 옮김,《초기 기독교 여성 지도자들》(키아츠, 2018), 12-13.

7. 동정녀 테클라의 영성

1. 이는 베버가 금욕주의적 칼뱅주의자들의 특성인 '이세상적 금욕주의 thisworldly asceticism'와 대비되는 영성으로 정의한 것이다. 막스 베버 지음, 박성수 옮김,《프로테스탄티즘의 윤리와 자본주의 정신》(문예출판사, 2006), 27-28.
2. 테클라 행전은 "순결을 지키고 몸을 더럽히지 않아야 장차 부활이 주어진다"(2장 16절)고 전한다.

8. 소비문화 한복판에서 묵상하는 이집트의 마리아

1. 국제 문제 분석가인 후지이 겐키는 21세기 초 '일본 파산'이라는 충격적인 예측을 담은 이 책을 저술하였는데, 점차 글로벌 경쟁력이 심화되는 국제 자본주의 시장에서 신계급사회가 형성되고 있으며 하류 마케팅이 진행되는 시점이 중산층이 붕괴되고 90%가 하류로 전락하는 지점이 될 것이라고 말했다 특히, 89-91, 117-123을 참고하라.
2. 여기서 소개된 이집트의 마리아 일화는 김정진 편역,《가톨릭 성인전(상)》(가톨릭출판사, 2019), 248-250에서 제공하는 정보를 바탕으로 드라마적 방식으로 서술해 보았다.

9. 교회의 제도화, 여성의 패배?

1. 한스 큉 지음, 이종한·오선자 옮김,《그리스도교 여성사》(분도출판사, 2011), 41.
2. 같은 책, 44-45.
3. 기 베슈텔 지음, 전혜정 옮김,《신의 네 여자》(여성신문사, 2004), 63-64.
4. Ernst Tröeltsch, *The Social Teaching of the Christian Churches II* (Lousville, Kentucky: Westminster/John Knox Press, 1992), 993-997.
5. 한스 큉, 앞의 책, 76에서 재인용.

10. 몸의 고통과 여성의 언어

1. 이충범,《중세 신비주의와 여성》(동연, 2011), 63.
2. 같은 책, 240.
3. 같은 책, 166.
4. 같은 책, 167.
5. 같은 책, 249-250.
6. 같은 책, 251-252.

11. 비리디타스, 힐데가르트를 살려 낸 힘

1. 힐데가르트 지음, 김재현 옮김,《빙엔의 힐데가르트 작품 선집》(키아츠, 2021), 17.
2. 같은 책, 19.
3. 같은 책, 22.
4. 같은 책, 22.
5. 함석헌,《함석헌 전집》3권(한길사, 1996), 169.
6. 《빙엔의 힐데가르트 작품 선집》, 22-23.
7. 같은 책, 84-86.
8. 같은 책, 96.
9. 같은 책, 116, 124, 134.
10. 같은 책, 95-96.

12. 베긴, 어게인

1. 이하 베긴 공동체에 대한 기초 정보는 이충범,《중세신비주의와 여성》(동연, 2011), 197-231에 나오는 사전적 정보, 그리고 Walter Simons, *Cities of Ladies: Beguine Communities in the Medieval Low Countries, 1200-1565* (Philadelphia: University of Pennsylvania Press, 2003)의 내용을 바탕으로 내러티브 형식으로 소개하였다.
2. 이충범, 같은 책, 222.

13. 카타리나의 후예들 1, 카타리나 쉬츠 젤

1. Martin Luther, "Lectures on Genesis," Elizabeth Clark and Herbert Richardson eds., *Women and Religion: A Feminist Sourcebook of Christian Thought* (New York: Harper & Row, 1977), 143-148.
2. 레베카 밴두드워드 지음, 이제롬 옮김,《여성들의 종교개혁》(지평서원, 2020), 55.
3. 키르시 스티에르나 지음, 박경수·김영란 옮김,《여성과 종교개혁》(대한기독교서회, 2013), 235-236.
4. 밴두드워드, 앞의 책, 57.

5. 같은 책, 54.
6. 스티예르나, 앞의 책, 239-241.

14. 카타리나의 후예들 2, 카타리나 폰 보라

1. 이와 관련한 생생하고 상세한 이야기는 스티예르나, 《여성과 종교개혁》, 110-113 참조.
2. 같은 책, 115-116.
3. 같은 책, 124.
4. 같은 책, 122.

15. 결혼은 여성의 '소명'인가요?

1. 각각 경제영역, 정치영역, 가정영역에서 특정한 삶의 방식을 욕망하게 되고 이를 신앙적으로 정당화한 계보학을 정리한 책이다.
2. 스티예르나, 《여성과 종교개혁》, 63, 65.
3. 같은 책, 65-66.
4. 같은 책, 66.
5. 같은 책, 66-67.
6. 같은 책, 70.
7. 같은 책, 71.

16. 낭만적 결혼을 넘어, 취리히의 안나

1. 벤두드워드, 《여성들의 종교개혁》, 27-28.
2. 같은 책, 33.
3. 같은 책, 35-36.

17. 마녀를 만든 사람들

1. 베슈텔, 《신의 네 여자》, 188.
2. 같은 책, 191-192.
3. 같은 책 195-96.
4. 같은 책, 203.
5. 같은 책, 205.
6. 같은 책, 206.
7. 같은 책, 210.

18. 아마도 저는 마녀인가 봐요

1. 베슈텔, 《신의 네 여자》, 211.
2. 같은 책, 224.
3. 같은 책, 232-233.
4. 같은 책, 236.
5. 같은 책, 237.
6. 같은 책, 241.

19. 닉싱Nixing, 거절하기

1. 메리 데일리 지음, 황혜숙 옮김, 《하나님 아버지를 넘어서》, 40; 백소영 《페미니즘과 기독교의 맥락들》(뉴스앤조이, 2018), 131에서 재인용.

21. 마리 당티에르의 '엑싱'

1. 스티예르나, 《여성과 종교개혁》, 272.
2. 같은 책, 276.
3. 같은 책, 267-268.
4. 같은 책, 281.
5. 같은 책, 282.

22. 신의 대륙에 선 앤 허친슨

1. 원종천, 《청교도 언약사상》(대한기독교서회, 2018), 173-174.
2. 앤의 스토리는 사라 에번스 지음, 조지형 옮김, 《자유를 위한 탄생, 미국 여성의 역사》(이대출판부, 1998), 59-67에 나오는 사전적 정보를 중심으로 드라마틱 내러티브로 구성하였다.
3. 하워드 진 지음, 유강은 옮김, 《미국 민중사 1》(이후, 2008), 38.

23. 신음하는 케이크, 신음하는 맥주

1. 에번스, 《자유를 위한 탄생, 미국 여성의 역사》, 62.
2. 같은 책, 62.

24. 세일럼의 '고통받는' 소녀들

1. 양정호 "1962년 세일럼 마녀재판을 통해서 본 17세기 뉴잉글랜드의 종교문화" 《젠더와 문화》 8권 2호(2015), 18.

2. 에번스, 《자유를 위한 탄생, 미국 여성의 역사》, 67.
3. 양정호, 같은 논문, 18.
4. 같은 논문, 26.
5. 같은 논문, 20.
6. 같은 논문, 21.

25. 신대륙에서의 여성 담론, '공화주의적 모성'

1. 에번스, 《자유를 위한 탄생, 미국 여성의 역사》, 89.
2. 같은 책, 97.
3. 같은 책, 98.
4. 같은 책, 101.
5. 같은 책, 101.
6. 같은 책, 107.

26. 여왕인가 노예인가, '낭만적 여성성'의 함정

1. 오정화, 《19세기 영국 여성 작가와 기독교》(이화여대 출판부, 2017), 29.
2. 장 자크 루소 지음, 정봉구 옮김, 《에밀-하》(범우사, 1999), 204.
3. Sylvana Tomasell, ed., *A Vindication of the Rights of Men and A Vindication of the Rights of Woman* (Cambridge Univ. Press, 1995), 181-182.
4. 같은 책, 102-103, 165, 215, 231-234.
5. 같은 책, 248.

27. 여왕도 종도 아닌, '노새'의 삶을 산 여인들

1. 백소영, 《페미니즘과 기독교의 맥락들》, 208에서 번역, 인용.
2. 패트리샤 힐 콜린스 지음, 주해연·박미선 옮김, 《흑인페미니즘 사상》(여이연, 2018), 44. 번역본에서 원문 비교 후 [ ] 부분만 정정하여 인용.
3. 같은 책, 93.
4. 같은 책, 101.
5. 같은 책, 103.

28. 북아메리카의 미리암, 해리엇 터브만

1. 에번스, 《자유를 위한 탄생, 미국 여성의 역사》, 182.
2. 같은 책, 182.
3. 같은 책, 183.
4. 같은 책, 183.

5. 같은 책, 185-186.

29. 여성의 성서, 엘리자베스 캐디 스탠턴

1. 에번스,《자유를 위한 탄생, 미국 여성의 역사》, 158.
2. "Address to Anniversary of American Equal Rights Association, May 12 1869"; 최재인, "엘리자베스 캐디 스탠튼의 혁명성과 모순성,"《여성과 역사》31(2019), 191 참고.
3. *The Woman's Bible* (New York: Prometheus Books, 1895, 1999), 14-15. 한글 번역문은 최연정, "미국 여성운동의 세대간 '단절'과 종교적 배경"《종교학 연구》vol. 25(2006), 76에서 인용.

30. 나는 내 인생의 작가예요, 샬롯 브론테

1. 오정화,《19세기 영국 여성 작가와 기독교》(이화여자대학교출판문화원, 2017), 26에서 인용.
2. 이 책은 Sandra M. Gilbert와 Susan Gubar가 연구했는데, 1979년 출판된 이래 문학계의 남성중심성에 대한 페미니스트적 비평의 대표적 저서로 자리매김하였다.
3. 오정화, 14.

31. 한 여자의 힘, 스크랜튼 대부인

1. 메리 스크랜트의 일대기에 대해서는 이경숙, 이덕주, 엘렌 스완슨,《한국을 사랑한 메리 스크랜튼》(이화여자대학교 출판부, 2010); 백낙준, *The History of Protestant Missions in Korea* (연세대출판부, 1970)을 참고하여, 드라마적 구성으로 서술하였다.

32. 로제타와 에스더의 길

1. 셔우드 홀 지음, 김동렬 옮김,《닥터홀의 조선회상》(좋은 씨앗, 2003); 양화진문화원 편,《로제타홀 일기》전6권 (홍성사, 2016-2017); 이덕주,《한국교회 처음 여성들》(홍성사, 2007)을 참조하여 드라마적 내러티브로 구성하였다.

33. 조선 여성 그리스도인으로 사는 법?

1. 김셔커스, "은혜만흔 나의 생활"《승리의 생활》(조선기독교창문사, 1927), 72. 고어로 된 부분은 현대어로 수정. 백소영,《페미니즘과 기독교의 맥락들》, 259에서 인용.
2. 백소영,《엄마되기, 아프거나 미치거나》(대한기독교서회, 2009), 233.

34. 불꽃으로 빙벽에 맞선 여인, 나혜석 1

1. 자유이용허락 저작물로 제작된 나혜석, 《이혼 고백서》(Onepub, 2018)를 기반으로 드라마화하여 서술하였다.

35. 불꽃으로 빙벽에 맞선 여인, 나혜석 2

1. 나혜석, 《이혼 고백서》(Onepub, 2018), 32.
2. 같은 글, 33.
3. 나혜석, "모된 감상기", 〈여성문학연구〉 창간호(1999); 《이혼 고백서》(Onepub, 2018) 내용을 기반으로 서술하였다.

36. '아버지'의 언어로 여성의 의미를, 전밀라

1. 전밀라, "여전도사의 위치," 〈새가정〉 67 (2020.4), 28-29에서 재인용.
2. 〈새가정〉 (1972. 10월호), 143-145.

37. 혼자가 아닌 연대의 힘으로, 최덕지

1. 최덕지, 《모든 것 다 버리고-여목사의 옥중간증설교집》(1981); 최종규·송성안 엮음, 《이 한 목숨 주를 위해》(1981); 안이숙, 《죽으면 죽으리라》(1968)의 내용을 기반으로 드라마적으로 구성했다.

38. 나야 뭐, 황득순 이야기

1. 함석헌, 〈씨울의 소리〉 제 73호 (1978년 5월호) 머리말에 실린 글.
2. 같은 글, 같은 쪽.

40. 기독교 영페미니스트들이 온다

1. "Eve and Adam: Genesis 2-3 Reread", 백소영, 《페미니즘과 기독교의 맥락들》, 146에서 재인용.

기독교 허스토리: 숨겨진 이름을 찾아서

백소영 지음

2022년 9월 19일 초판 1쇄 발행

펴낸이 김도완
등록 제2021-000048호
    (2017년 2월 1일)
전화 02-929-1732
전자우편 viator@homoviator.co.kr

펴낸곳 비아토르
주소 서울시 종로구 삼일대로 428, 500-26호
    (우편번호 03140)
팩스 02-928-4229

편집 이여진
제작 제이오
디자인 김진성
인쇄 (주)민언프린팅
제본 다온바인텍

ISBN 979-11-91851-48-9 03230   저작권자 ⓒ 백소영, 2022